儒家文化与企业发展系列教材

儒商文化

主编　邵作昌　王永超
顾问　潘汉久　骆成烈

上海财经大学出版社

图书在版编目(CIP)数据

儒商文化/邵作昌,王永超主编—上海:上海财经大学出版社,2017.12
(儒家文化与企业发展系列教材)
ISBN 978-7-5642-2895-8/F·2895

Ⅰ.①儒… Ⅱ.①邵…②王… Ⅲ.①儒学-商业文化-研究-中国 Ⅳ.①F729

中国版本图书馆CIP数据核字(2017)第306328号

□ 责任编辑　徐　超
□ 联系信箱：1050102606@qq.com
□ 封面设计　杨雪婷

RUSHANG WENHUA
儒 商 文 化

主　编　邵作昌　　王永超
顾　问　潘汉久　　骆成烈

上海财经大学出版社出版发行
(上海市中山北一路369号　邮编200083)
网　　址:http://www.sufep.com
电子邮箱:webmaster @ sufep.com
全国新华书店经销
上海华教印务有限公司印刷装订
2017年12月第1版　2021年8月第2次印刷

710mm×1000mm　1/16　15.5印张　286千字
印数:3 001—4 000　定价:43.00元

《儒商文化》编委会

主　任：孙志春
副主任：孔祥林　孙爱民　贾庆超
成　员：王　朝　韩玉田　宁　青
　　　　李爱英　刘　凯　李云鹏
主　编：邵作昌　王永超
副主编：杨红梅　高庆殿　张　晶
　　　　郭敬会　张昊龙
编　委：齐慧丽　史新浩　孔圆圆
　　　　王洪玲　李　娟　赵向东
　　　　钟军凯　李兴志　杨　铭
主　审：韩玉田　宁　青

目录

1　引言

上篇

3　第一章　儒家文化概述
- 3　第一节　儒家思想的产生及其现代意义
- 14　第二节　儒家思想的主要内容
- 21　第三节　儒家思想的基本特征
- 24　第四节　儒家思想的代表人物
- 27　第五节　儒家思想的历史演变
- 31　第六节　儒家思想的物质载体
- 33　第七节　儒家思想的现代意义

37　第二章　文化对企业发展的影响与作用
- 37　第一节　经济与文化的关系
- 48　第二节　儒家文化和企业的关系
- 60　第三节　学习传统文化促进企业发展
- 67　第四节　企业文化对企业发展的影响

72　第三章　儒家文化影响下的企业文化
- 72　第一节　企业文化的兴起与发展
- 76　第二节　企业文化的内涵与内容
- 80　第三节　企业文化的特征和功能
- 90　第四节　中国企业文化的特点

| 93 | 第五节 | 儒家文化对中国企业文化的影响 |
| 97 | 第六节 | 儒家文化在企业文化中的应用 |

101 第四章 儒家文化与企业管理
101	第一节	儒家思想文化在企业管理中的价值
105	第二节	儒家思想文化与现代企业管理的关系
112	第三节	现代企业的儒商精神

中 篇

127 第五章 诚信经营是企业发展的引擎
128	第一节	儒家诚信的敬业观
132	第二节	企业诚信伦理缺失现状
135	第三节	企业信用文化建设
139	第四节	诚信经营与企业可持续发展

145 第六章 义利兼顾、以义为先是企业发展的内在要求
145	第一节	"义""利"释名
148	第二节	儒家"义利观"简说
151	第三节	早期儒家"义利观"的现代意义
157	第四节	坚持义利统一，摆正各种利益关系

160 第七章 以人为本是企业发展的生命线
| 161 | 第一节 | 儒家的人本管理思想 |
| 166 | 第二节 | 儒家人本管理思想的现实意义 |

186 第八章 和谐是企业发展的保障
187	第一节	儒家"和谐"思想探源
191	第二节	和谐与现代企业发展
195	第三节	构建和谐的现代企业
196	第四节	企业"仁义"缺失的危害

下 篇

- 211 **第九章 儒商文化的功效**
- 211 第一节 中国历代商人的经商之道
- 221 第二节 现代企业运用儒家文化取得成功的典型案例
- 225 第三节 境外企业运用儒家文化成功的典型案例

- 233 结束语

- 234 参考文献

- 238 后记

引 言

儒家文化博大精深，在21世纪经济文化新思潮不断涌现的大环境下再次引起世人的关注，使我们传统的文化瑰宝发扬光大，也使每一位炎黄子孙再次承蒙它的恩惠，使我们的民族焕发崭新的风采，才不负一代代圣贤不懈的探索与教诲。《中共中央关于全面深化改革若干重大问题的决定》指出：加强社会主义核心价值体系教育，完善中华优秀传统文化教育。习近平总书记视察山东期间，在济宁与专家学者座谈时表示，研究孔子和儒家思想要坚持历史唯物主义立场，坚持古为今用，去粗取精，去伪存真，因势利导，深化研究，使其在新的时代条件下发挥积极作用。儒家文化是以儒家思想为指导的文化流派。儒家学说为春秋时期孔丘所创，它倡导血亲人伦、现世事功、修身存养、道德理性，其中心思想是孝、悌、忠、信、礼、义、廉、耻，其核心是"仁"。儒家学说经历代统治者的推崇，以及孔子后学的发展和传承，使其对中国文化的发展起了决定性的作用，在中国文化的深层观念中，无不打着儒家思想的烙印。在我国现代企业中，存在三种不良现象：一是"窝里斗"现象，也就是谁都想当"老大"，结果导致自相残杀。二是在企业文化中存在制度失控，尤其是财务上常常出现失控，几乎所有企业都有财务失控的问题，只不过有大有小、有严重与不严重之别而已。三是有些人认为传统的儒家文化制约着现代企业文化的创新。可见，研究儒家文化，把中国传统文化，尤其是儒家文化运用于企业管理，构建适合中国国情的现代企业文化，推动企业发展，具有重要意义。

一、文化的概念与界定

关于文化的定义有四五百种。总体来说，文化大致包括三个层面的内容：物质层面、制度层面和精神层面，这三个层面是不可分割的。在很多时候，当人们提到文化的三个层面，大多指的是物质文化、制度文化和精神文化三种形态，似乎这三个层面是相互并列、毫无关联的。其实它们是不可分割的有机整体。精神文化处于核心层，制度文化处于中间层，而物质文化作为精神文化的载体，处于最外层。

文化人类学家泰勒最早把文化定义为"包括知识、信仰、艺术、伦理、法律、习俗在内的人类从社会中获得的其他能力和习惯的总和"。哈里斯认为文化是可以学习和获得的,并且是反映思维、情感和行为的方式。克罗伯和帕森认为文化是价值、观念和其他符号意义组成的系统。格利兹认为,文化是一种手段,人们用它"交流、保存和发展自己对于生活态度的知识。文化是人类用来解释自己的经历并指导行动的意义结构"。社会学家克罗伯和克拉克洪很早就曾经做过统计:文化在各类著作中的定义近200种。这些定义都是从实际行为中抽象出来的,但又不是行为本身。文化通过符号来传达,不同的人群形成不同的文化产物,所以文化也可称作"一群人区别于另一群人的集体思维程序"(Hofstede,1980:25),Hofstede认为价值是文化的核心标志,这一观点与其他学者一致。

总之,对文化的认识存在两方面的分歧:一方面基于实体论观点,认为文化是可被认识的,他们侧重于认识论的角度来研究文化,有人认为文化是在人们形成共同认知的过程中形成的(Romney,1996),还有人认为文化是在解释影响个人和群体行为的信息时形成的共同感知模式(Abramson,1996),所以在由个人组成的认识组织就形成了基本的文化群体(Tatmy,1996),语言和认知模式会随着空间的改变而发生文化上的变化。由此可以看出,实体论的研究注重从信息认知的过程角度对文化进行分析,这种方法可以发现文化形成和具有独特性的机制(Dcmaggio,1997)。另一方面基于价值论来认识文化,他们认为文化仅仅是一种价值,既然是价值,就有"好""坏""对""错"之分,没有绝对的结论。所以必须把文化放置在特定的社会环境或语境中去考察。

众多的文化定义实际上就是讲的文化使不同的人或人群产生共同生活方式的社会进化产物,"共享的意义是文化的核心,它是人创造的,它融入一种文化的人群,又超越这一人群。即群体所共享的意义存在于人群之中,并使他们以特殊的方式解释事物,但如果群体希望更有效地'解决'生存的问题时,这意义又是可以改变的"。正因为文化这种既稳定又多变的特性,使其具有多种多样的表现形式,包括抽象的价值观、信仰、思维方式,也包括能够为人们感知的行为方式、风俗习惯、技术器物以及各种物质生活方式。它是人们生活和社会进化的产物。

二、儒家文化、现代企业文化与国外企业文化

(一)儒家文化

儒家文化以人为本,重视人际关系。仁学是孔子学说的核心,"仁"字在不同的地方可以表述为不同的含义,但它始终离不开"人",总是和"人"的问题联系在一起。既然如此,那么处理人际关系的准则是什么呢?是"和"。在儒家看来,"和"是

管理活动的最佳境界。儒家之"和"在管理活动中的运用，一是用来协调管理者与被管理者（即公司管理干部与员工）的关系，达到二者之间的团结；二是用来协调最高管理者与各级管理人员（即老板与干部）的关系，取得二者之间的和谐。儒家认为："礼之用，和为贵。"又认为："君子和而不同，小人同而不和。"总之，"和"是协调一致的意思，如同奏乐时，不同的音调高低相和、错落有致才能合成一首美妙和谐的乐曲。而"同"则是盲目强求一致，如同只有一个音调难以谱成乐章一样。

（二）现代企业文化

广义上讲，现代企业文化是指企业在建设和发展中形成的物质文明和精神文明的总和，包括企业管理中硬件与软件、外显文化与隐形文化两部分。现代企业文化不仅包括非物质文化，而且还包括物质文化。狭义的企业文化，是指企业所创造的独具特色的精神财富，包括思想、道德、价值观念、人际关系、传统风俗、精神风貌，以及与此相适应的组织与活动等。如企业人员的构成、企业干部及职工队伍状况、企业生产资料的状况、企业的物质生产过程和物质成果特色、企业的组织形象等都是企业文化的重要表现。

企业文化应以人为着眼点，是一种以人为中心的管理方式，强调要把企业建成一种人人都具有共同使命感和责任心的组织。企业文化的核心是一种共同的价值观，是企业职工共同的信仰，它是指导企业和企业人行为的哲学。

企业文化对企业的长期经营业绩有着重大的作用，企业文化属于现代企业管理理论和管理方式的重要内容，其丰富的内涵、科学的管理思想、开放的管理模式、柔性的管理手段，为企业管理创新开辟了广阔的天地。企业文化对企业生存与发展起到凝聚、激励、协调、约束、塑造形象等重要作用。可以说，不同的企业应该有不同的企业文化，不同的企业文化应该有自己的特殊性，但是企业文化也有着共同的内容，按照企业文化作用范围来划分，企业文化包括经营性企业文化、管理性企业文化、体制性企业文化三大内容。

（三）国外企业文化

国外企业文化的发展始于两个明显的事实：一是日本企业的生产效率大大赶超了美国，日本的产品占领了原本属于美国的许多市场。二是美国本土的许多企业在世界剧烈的竞争中始终立于不败之地。国外企业文化的本质特征是"以文明取胜"。首先，企业通过生产更好的产品为社会服务，从而提高企业的形象。其次，通过尊重和理解他人来赢得人心，以使得企业能够在竞争中立于不败之地。在"为社会服务"方面，日本企业家松下幸之助就提出"企业应以加速社会繁荣为使命"，认为"经营者不应该凭权势与金钱作恶性竞争，而应该以建设公平、合理的社会为己任"。美国的许多企业家也都相继提出了紧靠用户、顾客至上、竭诚服务等信条。

在尊重和理解人方面,主张员工参与管理,培养员工的主人翁精神,甚至提出普通职工比企业主管更伟大,管理者应该对职工怀着尊敬和感谢的心情等。

三、优秀传统文化中蕴含着发展的巨大内力

(一)优秀传统文化中蕴含着做人的道理

著名文化史学者柳诒徵在《论中国近世之病源》一文中说:"今日社会国家的重要问题,不在于信不信孔子,而在于成人不成人。那些破坏社会国家者,皆不成人者之所为也。"每个人都有两种属性——自然人和社会人。作为一个自然人,每个人都有自己的七情六欲和喜怒哀乐,但自然属性发生作用的前提就是不能危害别人,不能危害集体,不能危害社会。因此处理好二者之间的关系非常重要。那些因个人私欲而破坏社会国家者,当然不能称之为"成人",这些人不具备成人的内涵,或者他们的作为是"非人"的,而要改变这种情况,"必须先使人人知所以为人",就要做到人人知道如何做人。儒家思想论述的核心问题实际正是所谓"为人之道"或"成人之道"。要解决这个问题,非"孔子之教"莫属。

(二)对于传统文化,既要大力弘扬又要正确对待

当今中国一定要大力弘扬传统文化,但同时我们也要正确地对待它,这是习近平总书记对传统文化所持的辩证态度。所谓正确地对待,其实就是一个方法问题。任何一种思想的产生,都有它的时代性、历史性,而一个思想产生以后,后世也会不断地发展并完善它。对于儒家文化等传统文化的研究,要加大力度,要提升水平。而对传统文化的思想深度要有一个正确的评价,这也是一种科学的方法和严谨的态度。

(三)要将传统文化融入时代,形成向上向善的力量

在谈到孔子和儒家思想时,习近平总书记曾表示,要因势利导,深化研究,使其在新的时代条件下发挥积极作用。在传承和弘扬传统文化的过程中,应当注意其"时代融入性",创造性地进行现代价值转换。儒家文化影响中国社会两千多年,一方面,我们离不开传统,其中蕴含着当今社会建设所需的正能量;另一方面,我们要对其进行现代性转换,把儒家文化内在的积极东西在今天发扬光大,使我们每个人自觉地遵守社会规范,使整个社会真正"形成一种向善的力量,形成一种向上的力量。

(四)儒家思想的当代价值

孔子儒家思想学说的精华是中华五千年文化的代表,不仅继承了春秋末年以前数千年的文化,而且还经过了此后 2 500 多年的检验,是一种价值追求。我国自提出"文化强国"战略以来,党和国家领导人对中国传统文化的重视一再加强。

2013年11月,习近平总书记莅临中国孔子研究院视察,说明以儒家为主体的中国传统文化引起了国家的高度重视,显示了国家对孔子、儒学与中国传统文化固有价值的理性认知。这里向大家传递了一个重要信息,那就是中央要高度重视,并将大力弘扬中华优秀传统文化。习近平总书记十分关心传统文化的现代转换,并强调我们应在东亚儒家文化圈中居于主动,在世界儒学传播和研究中保持充分的话语权。同时,他希望结合对孔子儒学的研究与传播,讲好中国的故事。

每一个政权建立之后,首先要考虑发展经济,经济基础打好了,才能谈思想。经过改革开放三十多年,我国的物质水平已经得到提升,并达到了一定的水平,那么社会稳定、民心所安问题自然要适时考虑。贫富差距持续扩大,物欲追求奢华无度,个人主义恶性膨胀,社会诚信不断消减,伦理道德每况愈下,人与自然关系日趋紧张等,这些问题也是世界的通病。要解决这些难题,就必须使"人人知所以为人",即让每个人知道作为一个社会的人应当如何做。人不仅是作为一个自然人存在,还需要对社会负责。孔子以及儒家的思想是一种修身学说,为"成人"的过程提供指导。怎么修身做人、怎样为政,是孔子最为强调的部分。

儒家思想的当代价值体现在如下几个方面:

第一,儒家思想具有世界意义。孔子是和苏格拉底、柏拉图、释迦牟尼等齐名的世界级的哲学家。亨廷顿把孔子所创立的儒家文明,作为与基督教文明、伊斯兰文明等相对应的基本人类文明。世界著名哲学家、神学家孔汉思在起草《走向全球伦理宣言》时说:全球伦理最基本的两个伦理框架,是中国传统文化中最基本的两点:一是人道,即孔子说的"仁";二是孔子在人文规则历史中设立的第一个黄金法则——"己所不欲,勿施于人"。中华文化走向世界,最重要的标志是儒家思想走向世界。

第二,儒家思想作为中华民族共有的精神家园和"最深沉的精神追求",能作为联系全球华人的精神纽带。英国当代著名学者贡布里希在研究世界历史后说:"在孔子学说的影响下,伟大的中华民族比世界上别的民族更和睦、更和平地共同生活了几千年。"孔子提出家国同构、以天下为己任,都是全球华夏儿女共同的追求,哺育了一代又一代的华夏子孙。

第三,儒家思想是中国特色社会主义丰厚的文化土壤。马克思主义中国化根植于中华文化的沃土。孔子"大道之行,天下为公"的社会理想等,与马克思主义呈现出高度的一致性。在思维方式与方法上,都主张与时俱进、实事求是、知行合一。中国共产党"理论成果的两次飞跃",与马克思主义中国化过程中同中华文化相结合是分不开的。

第四,儒家思想对国家治理和党风廉政建设都有重要价值。孔子的"为政以德""为国以礼""先富后教""修己安人""修己以安百姓"和"孝悌""慎独""中和"思想,以及"义利观",今天仍有重要现实意义。

第五,儒家思想对个人道德修养,尤其对青少年的是非观、价值观培育具有重要价值。儒家思想就是要把人培养成为有爱心、有情怀、有担当、爱学习、求上进的君子,特别强调修身、齐家、治国、平天下,注重自我修养和道德实践。

孔子集中华文化之大成,深刻思索人性和人的价值,希望人们明理修身,循道而行,推延亲情,放大善性,这些都与社会主义核心价值体系一脉相承。中华文化沉淀为中华民族的精神基因,构成中华民族独特的精神标识,是我们"最突出的文化优势"和"最深厚的文化软实力"。

四、取长补短、兼收并蓄、吸取精华

中国儒家思想历来不重玄想,而是务求经世致用、知行合一。孔子告诫其弟子:"君子欲讷于言而敏于行。"(《里仁》)。孔子本人对此也身体力行,到晚年仍周游列国,不遗余力地宣扬儒家学说,甚至达到了"知其不可而为之"(《宪问》)的忘我地步。儒家不仅有这种务实好学的事功精神,而且有虚怀若谷的超凡气度。孔子主张"见贤思齐"(《里仁》),又说:"三人行,必有我师焉。"(《述而》)儒家崇尚的事功精神和宽宏气度表现于企业管理之上,就形成了一种取长补短、兼收并蓄的实用理性。

日本可以说是世界上最善于吸收外来文化的民族。日本历史上并没有什么重大的发明和发现,本国资源相当匮乏。日本对外来文化进行自主性的移植和创新,使自身迅速跨入先进文化的行列。从某种意义上说,日本文化是东方儒教、佛教文化、西方文化的糅合体,除去外来的、移植的文化,日本就所剩无几了。而正是这样一个国家,一跃成为世界经济强国。取长补短、兼容并蓄,并不意味着儒家伦理在东亚管理中的地位和影响力降低了。恰恰相反,信奉儒家伦理使他们更具广博的胸怀和宽容的心态对待外来文化。

儒家文化对东亚经济的影响主要在于将儒家文化的人本主义和重人际关系的伦理观念注入现代企业管理过程,使社会伦理关系融合在企业管理模式之中,在企业外部塑造了相对安定的经营环境,在企业内部形成了比较和谐的人际关系,从而淡化了劳资对立,促进了生产力的发展。所以,并非只有西方的理性观念和数学公式才是科学,我们两千年来继承并发展的儒家文化同样是人类高超智慧的结晶,是现代企业文化和实践的丰富源泉。

企业文化在一个企业中已经超出了管理手段这一基本的职能,企业文化可以增强企业内部的凝聚力、开拓力和竞争力,可以说企业文化是企业的灵魂和生命

线。清康熙八年(公元1669年)乐显扬创建了北京同仁堂,从一开始,同仁堂就重视创业的德、诚、信,通过长时间的培育,形成了同仁堂特有的企业文化,而"同仁"一词出自《易经》,意思是和同于人,宽广无私,无论亲疏远近一视同仁。

在一个古老农业文明中成长起来的儒家文化传统,在知识层面上当然无法与当今的工业文明相提并论;但它在生命智慧的层面上,却未必真的不如工业文明。儒家文化传统"自强不息"的进取精神、"厚德载物"的包容胸襟、"与时俱进"的自我调节,还有原始人道、自然秩序、天然情感和随机应变的生命智慧,毫无疑问都具有某种永恒的魅力。儒家文化是中国人道德构建的传统渊源和出发点,它对协调和整合社会具有特殊的积极作用。

上篇

第一章　儒家文化概述

第二章　文化对企业发展的影响与作用

第三章　儒家文化影响下的企业文化

第四章　儒家文化与企业管理

第一章

儒家文化概述

第一节　儒家思想产生及其现代意义

一、儒家思想渊源

儒家思想通常也称为儒教或儒学，它是由中国著名的大思想家、大教育家孔子创立的。孔子（公元前551～前479年），名丘，字仲尼，春秋时期鲁国人。儒家最初指的是司仪，后来逐步发展成为以尊卑等级的"仁"为核心的思想体系。儒家的学说简称儒学，是在中国影响最大的思想流派，是中国古代的主流意识，也是中国传统文化的主流学派之一。

汉代班固在《汉书·艺文志》中论述了儒家的起源："儒家者流，盖出于司徒之官，助人君顺阴阳明教化者也。游文于六经之中，留意于仁义之际，祖述尧、舜，宪章文、武，宗师仲尼，以重其言，于道为最高。"因此，有人认为儒者是指一种以宗教为生的职业，负责治丧、祭神等各种宗教仪式。"儒本求雨之师，故衍化为术士之称"（《国故论衡·原儒》）。《说文解字》也说："儒，柔也，术士之称。"据郭沫若考证，"儒"本是鄙称，儒家这一称号，也不是孔子自家封号，而应是墨家对孔子这一学派的称呼。庄子后学是这样评论儒家的："性服忠信，身行仁义，饰礼乐，选人伦，以上忠于世主，下以化于齐民。将以利天下"（《庄子·渔父》）。可以说，儒家是中国古代最有影响的学派，作为华夏固有价值系统的一种表现，儒家并非通常意义上的学术或学派。当初，特别是先秦时期，虽然儒家是最有影响的学派，但也只是诸子百家之一，其地位与其他诸子学派一样，并无所谓主从关系。到汉武帝时期，为维护专制统治，"罢黜百家，独尊儒术"后，儒家思想在中国传统文化中的尊崇地位便得以确立。

儒家思想的内涵丰富复杂，封建皇权逐步发展出其基础理论和思想，即讲大统、讲君臣父子。儒家学派的创始人孔子第一次打破昔日统治阶级垄断教育的局面,变"学在官府"为"私人讲学",使传统文化教育遍及到整个民族。这样,儒家思想就有了坚实的民族心理基础,为全社会所接受,并逐步儒化整个社会。儒家学派固守"道不过三代,法不贰后王"(《荀子·王制》)的信条。

儒家文化的核心是仁爱,它的特点是重精神,轻物质;重道德,轻技能;重理论,轻实践。儒家注重的是大方向,重视的是精神生活的充实和丰富,关心的是健全人格的培养和正确人生观的建立,即教导人成为正人君子。

儒家文化是一个包容性很强的文化,这是追求进步的人们重新关注儒家文化的原因所在,这就是沉积了几百年的儒家文化又被人们热情地发掘出来的原因所在。

二、儒家文化的现代意义

进入21世纪以来,中国出现官方与民间儒学研究相呼应、相促进、相补充、相互动的大好形势,以发掘儒学现代价值、全球价值和未来价值为主旨的儒学现代化、当代化运动呈现出新文化破土前的勃勃生机,孔子热、儒学热、中华经典诵读热正在大陆兴起,儒商、儒将等字词频见报刊,四书五经等儒学典籍出现热销,仁义、礼信、孝悌等传统美德引起人们的怀念和追思,孔子和儒学研究机构、活动、刊物、书籍、文章、网站等如雨后春笋般出现,国家决定并快速在全球建设100所孔子学院……

儒学在新时期的兴起是历史的必然、时代使然,儒学能历千年而不绝,经百折而不灭,指导着中华文明以足够的韧性和巨大的包容性不断灿然,必有它超越时空的"合理内核"与不朽价值。它是一个开放的科学体系,它能够并且能永远与时俱进。在当代,儒学的巨大现实价值主要有如下方面:

(一)儒家文化对中国政治的影响

中庸之道的主题思想是教育人们自觉地进行自我修养、自我监督、自我教育、自我完善,把自己培养成为具有理想人格,达到至善、至仁、至诚、至道、至德、至圣、合外内之道的理想人物,共创"致中和天地位焉万物育焉"的"太平和合"境界。

从根本上讲,儒家思想认为,社会治乱的根本在于人心,因此,要从根本上达到社会的治理,就应当从人心的治理入手。这一点意义深刻。很多社会问题的出现,归根到底,都是由于人心缺乏治理而导致的。这也是为什么在春秋战国的百家争鸣之后,统治者在百家中把以重视人心治理的儒家思想定为一尊的原因之一。儒家思想被历代统治者沿用了两千多年之久,为维持传统社会的安定和平起到了重要的作用。

(二)儒家文化对中国经济的影响

市场经济通过市场配置资源,商品交换是自发的,竞争是必然的。但这一切不是无序的,健康发展的市场经济应是有序经济。这种良好的市场经济秩序,除须依靠经济、法律等手段,还须有道德力量的维系。实际上,道德的作用与经济、法律等手段是不可分的。不讲道德,任何法律、经济的手段也难以奏效。市场经济本身,实质上是信用经济、市场机制、市场工具。诸如商品、货币借贷、买卖、合同、契约、金融、期货等等,无不体现信用关系。不讲信用,必然导致经济混乱及各种负面现象的产生。市场经济越发展,竞争越激烈,越要求人们守信用、讲道德,越要排斥无信、欺诈、放纵等不义行为。市场经济这种信用经济关系,要求人们在讲利求利的同时讲义守信。儒家重义,诚实守信成为中华民族传统美德。弘扬我们这一传统美德,对克服在市场经济发展过程中出现的背信毁约、尔虞我诈、欠债赖账等道德败坏、经济无序现象,更体现了它的积极意义。

(三)儒家文化对中国文化的影响

当今社会文化泛滥,信息爆炸,国外各种形式的文化因素进入我国,对我国的传统文化造成了极大的冲击。如美国大片,日本卡通,韩国影视,等等。这些东西表面看来似乎没有什么,不过是一种供人娱乐休闲的方式,但实际上是在传播一种价值观念,使我们不知不觉地被同化,从而失去了民族的根。事实上这就是一种文化的侵略,可以称之为文化帝国主义。那么在文化侵略日益严重的情况下,孔子的儒家思想应当起一个怎样的作用?

孔子的儒家思想是中华文化的根本,既然如此只有发扬这个根本才可能发挥出儒家文化的作用。就文化产业而言,首先应当有意识地将儒家思想注入文化产品中,并且扩展着这种文化的影响。儒家文化提倡仁、义、礼、智、信,提倡和平中庸,提倡道德理性,积极将这些思想注入文学艺术作品中,提高作品思想性与艺术性,扩大中国儒家文化在国际社会中的影响力。其次,应当有意识地融合其他的文化的精髓,补充儒家文化,使之更容易为其他国家接受。事实上,基督教、伊斯兰教中的一些教义与中国的儒家文化还是有一些共通之处的。如果将这些内容儒家化,再传播出去,未尝不是扩大中国文化影响的一种良好选择。

(四)儒家文化对国民性格影响

1. 求实乐观精神与不屈不挠的民族精神

孔子提倡以实事求是的态度来对待人生,这一点完全可以从他的人本主义思想与天人观中看出。虽然孔子一生坎坷不断,但他自始至终都不曾放弃对理想的追求,从孔子的生平事迹也可以反映出这一点。中华民族是一个多灾多难的民族,自然灾害与人祸,让中国人一次又一次陷入苦难之中。尤其是在1840年后,中国人民饱受屈辱,然而中国人民何曾放弃过?中国人民始终相信会有否极泰来之时。

2. 宽容和谐的处事原则

孔子以一种博大的胸怀来面对这个世界,充满了对世界的爱,在他的心中礼治是唯一有效的治国治天下之道,因此他赞成王道,教化万民,反对以暴力手段取得天下。这一点与基督教的济世哲学有相同点,也有不同点。相同点是均认为自己有拯救世人的责任。但中国哲学是平易的,非暴力的;而基督哲学则可以通过一些暴力手段来解决问题。尽管孔子的思想有些理想化,但是从根本上来说,中国人是认同这一思想的,因此从根本上来说中国人在骨子里就是热爱和平的,中国人不可能会在强大的时候欺凌他国,历史也证明了这一点,汉王朝、唐王朝、明王朝、清王朝何曾欺凌过他国(蒙古帝国未受汉化,不计入此列),东亚封贡体系的建立也从一个侧面反映了这一点。

3. 崇文尚贤与革故鼎新的精神

中国人是一个尊师重道的国家,也是一个重视人才的国家,在浩瀚的历史长河里,中国能人辈出,中国的科技、艺术、文学等曾几千年里领先世界,创造出了一个伟大的中华文明。中国人又是具有冒险精神与创新精神的。郑和下西洋,中国人对南洋的开发充分体现了这一点。孔子提倡理性社会的建立,必然要求对师长、对人才的尊重。而"苟日新,日日新,又日新""周虽旧邦,其命维新""穷则变,变则通,通则久"则体现了中国人的革新观念。

(五)儒家文化对中国环境的影响

孔子的天人观对于中国的环境保护也有着指导意义。孔子敬天,注重天人合一,他曾求学于老子,而老子的思想中是有顺应自然的成分的,孔子在构建他的哲学体系时吸收了这一思想的积极方面。因此以儒家的天人观中的优秀部分对待环境问题是积极而有效的。事实上中国的儒家思想的内涵就是一种天人合一的思想,董仲舒的"天人三策"中就有天人合一的内容,人类只有顺应自然才能在自然中生存。当今中国政府提出的建立社会主义和谐社会,要求统筹经济发展与环境保护,可以说就是孔子天人观在当今中国环境保护中的体现。积极地将孔子的思想在人民大众中做宣传,使每个人的心中都有与自然相适应的欲望,本能地顺应自然的发展,自然就会有良好的社会效益。这里也有例证,中国古代的大型水利工程都江堰就是天人合一的杰作。

第二节 儒家思想的主要内容

"仁""义""礼""智""信"是儒家思想的精髓,反对"过"与"不及",崇尚"中庸",

崇尚和谐等。这些理念不断地为人们提供智慧和启迪。

一、仁爱之心

"仁",就是爱人,是指同情、关心和爱护这样的心态,是以"爱人"之心,推行仁政,使社会各阶层的人们都享有生存和幸福的权利。关于"仁",较早见于《尚书》:"克宽克仁,彰信兆民",意思是说当年商汤用宽恕仁爱之德,明信于天下的百姓。"仁"较早的含义是"亲人",《说文解字》中说:"亲,仁也",又说:"仁,亲也"。主要是指家庭成员之间、氏族亲人之间要"亲爱",这种"仁爱"之情,仅仅局限于家族亲属之间。随着历史演变,"仁"的含义得到了进一步扩展,由"亲人"发展到了"爱人"。老子说:"与,善仁"。意思是与人交往要友爱、真诚、无私。孔子说:"仁者,爱人。"又说:"夫仁者,己欲立而立人,己欲达而达人。"在孔子看来,"仁"就是"爱人","泛爱众"。从积极而言,"仁"就是"立己达己""立人达人";从消极而言,"仁"就是"己所不欲,勿施于人"。"仁"是儒家一种最高的道德准则。"仁"字"从人从二"的"二"字,包括有正确处理好"己"与"人"的两方面关系的意思。一方面,对自己"立己达己",对他人"立人达人";另一方面,"己所不欲,勿施于人"。"仁"就是"立己达己""立人达人"的统一。"志士仁人,无求生以害仁,有杀身以成仁"。这里"仁"已成为人生道德的最高境界,为了维护"仁",可以"杀身",即可以牺牲自己的生命来维护这一道德理念。由此可见,在"仁"的情感范围由家族扩展到社会的同时,"仁"的道德内涵和道德地位也得到了进一步丰富和提升,成为中华民族传统美德的第一要素。仁的作用是使民无造反之必要,——人们普遍享有生存和幸福的权利,就没有造反作乱的必要。

二、正义之气

"义",是指正当、正直和道义这样的气节。有的学者认为"义"最初是指人的仪表,是人们在人际交往中对亲密友谊、对美好善良的追求。《说文解字》说:"义(義),己之威仪也。从我从羊。"意思是说,"义"是一个人的外在形象和内在涵养,我们崇尚羊的形象和涵养,要像羊一样温和、善良、美好。这里讲的"义",主要是指一种美好、善良的情感和气节。羊在我们生活中,从古至今都是六畜之首,是最美的食品。中国人非常崇尚羊,古人在造字的时候,把"羊"都用在最美好的事物上面。比如,羊与鱼构成了"鲜",在中国人的心目中,羊和鱼都是鲜美的食品,最好吃的食品。中国人最美好的字眼"美""善"上面都有一个"羊"字,都是用"羊"作主要部首来构造的,这反映了人们对羊所具备的美好境界的追求,并把这种境界作为国人应该追求的品行,作为应该提倡的道德。《说文解字》把"义"同"美"和"善"联系起来解释,"美"和"善"是"羊"字头,"义"的繁体字"義"也是羊字头。所以,义、美、善是同义的。古人强调"义气",就是指这样一种美好善良的境界和正直正义的气节。孔子极为推崇"仁"德,提倡"杀身成仁"。而孟子则非常推崇"义"德,说要"舍生取义"。"杀身"和"舍生"是相同的意思、相同的境界,说明孟子是把"义"和"仁"放在同等重要的位置上来认识的。我们讲中华传统美德主要是"仁、义、礼、智、信"五大要素,通常也简化成"仁义道德",可见,在这五大要素里最重要的是"仁"和"义"两德,是最核心、最基本的两大要素。古人云:"仁则荣,不仁则辱""由义为荣,背义为辱",说明中国传统道德的荣辱观也是以是否做到"仁"和"义"作为主要标准的。

三、礼仪之规

"礼",是指礼仪、礼貌和礼节这样的规矩。儒家文化中的"礼",是社会的道德秩序,就是用"正名"即道德教化的方法,使社会各阶层的人们对自身社会地位有稳定的道德认可和道德定位。礼的作用是使民无造反之意识。人们普遍认可社会的道德秩序,普遍遵守符合自身社会地位的道德规范,造反作乱就没有意识形态基础。

"礼"最初是原始社会祭神祈福的一种习俗和仪式。《礼记·表记》中说"殷人尊神,率民以事神,先鬼而后礼",指的就是一种仪式、一种习俗,当时还没有把"礼"作为一种道德规范、道德准则和道德理念加以明确和倡导。随着社会进一步发展,关于"礼"的认识和理解也有了新的变化。《礼记·表记》中说"周人尊礼尚施,事鬼敬神而远之,近人而忠焉。"说的是殷人尊神,而周人事鬼敬神而远之,开始远离它,并且"制礼作乐",逐步把这些礼仪规范起来,对在哪种情况下实行什么样的礼节、举行什么样的礼仪、讲究什么样的礼貌进行了具体规范,提倡以"礼乐"治天下。到了春秋战国时期,"礼"的内容又有了创造性的变化,开始将"礼"作为道德准则加以提倡。我国最古老的诗集《诗经》中就有"相鼠有皮,人而无仪;人而无仪,不死何为"的诗句,意思就是说:看那老鼠还有一张脸皮,做人岂能无礼仪;如果一个人没有礼仪,不去死还干什么? 孔子还另有一句名言"克己复礼为仁",意思是说,每个人都应克制自己不正当的欲望、冲动的情绪和不正确的言行,做到"非礼勿视、非礼勿听、非礼勿言、非礼勿动",使自己的视、听、言、行,一举一动都符合"礼"的规定。这说明"礼"在道德领域已经被放在非常重要的位置上加以尊重、加以规范、加以倡导。

"礼"作为儒家思想的主要内容之一,在孔子的言谈中并不少见。在《论语》中,有75处谈到"礼",遍及39章。针对不同情况从而引申出"礼"的不同规范及不同含义。孔子说:"行身有六本……处丧有礼矣,而哀为本……居国有礼矣,而嗣为本……"又进一步阐述说:"能以礼让为国乎?何有!不能以礼让为国,如礼何?"强调了"礼"对于立身治国的重要性。他认为"安上治民,莫善于礼",为什么这样说呢?因为"礼者所以章疑别徽,以为民坊者也,故贵贱有等,衣服有别,朝廷有位,则民有所让"。孔子针对当时的社会现实,认为"合诸侯,艺贡事,礼也"。这反映了他的政治倾向——大一统思想。他将"仁者爱人"的精神融入"礼"之中,将"爱而无私,上下有章"称为"知礼"。他告诫统治者要依礼行事,对人民要"道之以德,齐之以礼",使人民"有耻且格",从而遵循礼的规则。所谓"以礼会时,夫民见其礼,则上下不援,不援则乐,乐斯毋忧,以此怨省而乱不作也"。从而达到和谐的"礼治"境界,即"至礼不让而天下治"。古代著名的政治家、思想家管仲,更是提出了"礼义廉耻,国之四维"的治国理念,把"礼"放在道德规范之首,表明"礼"已经由原来的一种习俗和仪式逐步地规范为一种道德教化和道德理念,升华为治国的四大要素之首。中国人向来把"礼"放在重要的位置上,以礼仪之邦来表明我们是文明的,不讲礼仪是不文明的。由此可见,"礼"在中华传统美德中同样有着重要位置。

儒学的真谛是仁礼一体。不讲究仁,只讲究礼,人民就会反抗其统治。不讲究礼,只讲究仁,人民就会轻慢其统治——即人民不受道德约束,就会由思想上的无政府状态引发现实中的无政府状态。所以,仁和礼是一刻也不可以分开的,这就叫作仁礼一体。人民既没有造反作乱的必要,又没有造反作乱的意识,社会就可以长治久安。古今中外,凡是能够使国家达到太平的统治,事实上都没有违背儒学的仁和礼两大原则。

人类社会是不断地发展和进步的,古代人类受到自然界的威胁特别严重,每个人都必须依赖群体的力量才能生存。因为这个缘故,所以每个人都习惯于遵守群体共同的道德规范,而认为群体共性对个性的约束非常合理。但是越到后世,人类受到自然界的威胁不断减弱。因此,反对共性约束追求个性自由的思潮便逐步发展起来。所以,人们的道德观念也就跟着发生相应的变化。

不同的时代,礼有不同的内容。用古代的"礼"来统治现代的社会,就会违背仁的原则。违背了仁的礼,一定会受到人民的反对和反抗。所以,礼贵在不违背仁的原则。不违背仁的原则,就必须根据不同的时代而改变礼的一些具体内容。只有根据时代变化而改变和调整礼的具体内容,才可以达到不违背仁的原则。这就是仁礼协调。

四、智谋之力

"智",是指辨是非、明善恶和知己识人这样的能力。"智"作为中华传统美德的基本要素之一,很早就出现在文字记载里。孔子常说:"君子道有三:仁者不忧,智者不虑,勇者不惧。"《中庸》云:"智仁勇三者,天下之大德"。大家熟悉的《论语》中的话"知之为知之,不知为不知,是知也",是讲人的知识再丰富,总有不懂的问题,那么就应当有实事求是的态度,只有这样才能学到更多的知识,才是智慧之举。这里讲的"是知也"就是指"这才是智慧、这才是聪明、这才是智者"。古人充分肯定"智者不惑",孙绰云:"智能辨物,故不惑。"朱熹云:"明足以烛理,故不惑。"其实,辨物是一个方面,而明理又是一个方面,能辨物则不惑于利,能明理则不惑于道。而真正的智者不仅要能辨物,更要明理;既不惑于利,又不惑于道。这样看来,"智者不惑"就不仅关涉到一个人的聪明才智,更关涉到一个人的道德修养;是一种智力的测试,更是一种道德的检验。

孔子、孟子在继承和发展唐尧、虞舜、商汤等关于认识自我、认识社会、认识是非、认识善恶这样的聪颖、智慧思想的基础上,丰富了"智"的具体思想内容,提升了"智"作为一种道德要求在道德规范中的地位,使之成为一个具有普遍意义的新的道德概念和价值取向,成为对人们思想道德和文明素质方面最基本的要求之一。

五、诚信之品

"信",是指诚实守信、坚定可靠、相互信赖这样的品行。"信"不是简单的诚实,信用才是"信"最基本的内涵。它不仅要求人们在自己的行为上要诚实和守信,同时也反映出人们对某一个事物、某一种理念认识上的坚定可靠,反映出人与人之间、人与物之间相互信赖的关系。缺乏坚定可靠和相互信赖这样一种基础,人们在自己的行为上也难以实现诚实和守信。关于"信",早在远古时期,我们的祖先就认识了它,并且积极地加以提倡。历代贤人圣哲关于"信"的强调不绝于书,甚至包括像《三国演义》《水浒传》《红楼梦》等一些古典文学名著里面,也都强调"信"的道德理念,都有关于"信"的人性诠释和故事描绘。《左传·僖公二十五年》记载说:"信,国之宝也,民之所庇也",意思是说统治者有"信",是立国的根本,是老百姓得以生存的基础。老子说:"言,善信"。意即说话要恪守信用。

孔子认为,讲信誉是做人的根本。他说:"人而无信,不知其可也。"一个人不讲信誉,真不知道他还能做什么。《说文解字》对"信"字作了如下诠释:"信,诚也","诚,信也"。可见在传统文化中,二者具有相同的意义。"诚"表现为真诚、诚实、诚恳,"信"表现为讲信义、守信用、重承诺。"诚"与"信"合起来作为基本的道德范畴,就是要求做人必须说话算数、诚实守信、表里如一、言行一致。

孔子在回答"一个人如何才能行得通"时说:"言忠信,行笃敬,虽蛮貊之邦,行矣!言不忠信,行不笃敬,虽州里行乎哉!"这就是说,只要言语忠实守信,行为厚道恭敬，即使走遍天下，也行得通。如果欺诈无信，刻薄轻浮，即使在本乡本土，也行不通。孔子还告诫人们，言而无信，就好比"大车无輗，小车无軏"一样，只能寸步难行。这个道理，无论是一个人，还是一个企业、一个国家；也无论是古今，还是中西，概莫能外。孟子则把诚信看作社会的基石和做人的准则，他所谓"诚者，天之道也。思诚者，人之道也。至诚而不动者，未之有也；不诚，未有能动者也"的阐述，即是其证。《贞观政要》中唐代名相魏征说："德礼诚信，国之大纲"，把"信"作为治国之大纲来加以强调。《旧唐书》里说"君之所保，惟在于诚信"。《尚书》写道："信用昭明于天下"。《诗经》里面有一句非常有名的成语叫"信誓旦旦"。像这样一种对"信"的认识、对"信"的提倡、对"信"的崇拜，从古至今像一棵常青树一样存活于中华民族生生不息、世代繁衍的思想文化沃土中，说明"信"作为中华民族传统美德的重要内容，历来被人们所肯定、所推广。

那么，如何看待中华民族传统美德"仁、义、礼、智、信"五大基本要素呢？从五大要素的关系看，它们之间相互关联、相互依存、相互支撑，共同构成了中华民族传统道德大厦的根基，也可以说是道德大厦的支柱。从基本内涵来看，"仁"主要是人与人之间互相关怀、互相尊重和互相爱护的情感，是世间万物共生、和谐相处、协调发展的一种道德规范；"义"是超越自我、正视现实、仗义公道的做人态度；"礼"是建立人际关系、社会秩序的一种标准和规则；"智"是人认识自己、了解社会、解决矛盾、处理问题的眼光和能力；"信"是人们交往和处事的道德准则。"仁、义、礼、智、信"是中华民族传统美德的核心价值理念和基本要求，是我们要很好遵循的最重要的五种社会道德规范。从中华民族传统美德各种组合的比较来看，"仁、义、礼、智、信"是人们应该履行的基本义务和主要品行，在道德建设中具有基础地位。从中华民族传统美德的产生、发展的历史来看，"仁、义、礼、智、信"在中华民族道德建设的长河中具有本源地位。从中华民族传统美德林林总总、丰富多彩的庞大体系来看，"仁、义、礼、智、信"具有主导地位。从中华民族传统美德对社会进步所产生的广泛性、深远性影响来看，"仁、义、礼、智、信"带动整个社会道德体系的发展和社会道德水平的提升，在整个中华民族传统美德中具有重要地位。

六、崇尚"中庸"、和谐

儒家强调人与人之间和气相待，和睦相处，反对"过"与"不及"。儒家文化中的和谐意识包含天人关系的和谐与人际关系的和谐两层意思。关于天人关系的和谐，儒家提倡"天人合一"。儒家认为，"和"是处理人际关系的根本原则，以和为贵，以和为美。正所谓"和也者，天之达道也"。孔子主张寓天道于人道之中，要在人道的统一性中见出天道的统一性。因此，他既讲"天知人"，把天拟人化、道德化；又讲

"人知天",强调人在天命面前不是被动的。孟子把天和人的心性联系起来,主张"尽心"而"知性","知性"而"知天",以人性为中介将天和人沟通和统一起来。关于人际关系的和谐,儒家提倡"中庸"。《中庸》中为人们成为"至诚"君子提供了行之有效的方法和途径,在知行合一思想的基础上揭示了为学的步骤,这就是著名的"学问思辨笃"五字箴言:博学之,审问之,慎思之,明辨之,笃行之。知行合一的思想同样是中国哲学的重要内容,提出了德与智(人文与科学)辩证统一、宏观与微观辩证统一、理想与现实(形上与形下)辩证统一的教育思想。"故君子尊德性而道问学,致广大而尽精微,极高明而道中庸"。还认为道德修养首先要从"见乎隐""见乎微"做起,"君子慎其独也",达到内心的"诚"即含而未发的"中"。由此出发,就能"微之显""黯然而彰",渐渐外化为行动上的"中道"。内心的"中"与外部行为的"中道"统一,内化为一种自觉的行为,《中庸》称之为"合内外之道""致中和",不仅能使君臣父子各处其位,且可参天地之造化,使天地万物各得其所。这就是"中"的大功用,所以叫做"中庸"。

"中庸"也称"中和""中行""中道",具有同样的意思,即"和而不同"与"过犹不及"。所谓"和而不同",说的是对一件事情有否有可,该肯定的肯定,该否定的否定。这是合乎辩证法的和同观的。所谓"过犹不及",说的是凡事都有一个界限和尺度,达不到或超过这个界限和尺度都不可取。"和而不同"与"过犹不及"的实质乃是强调矛盾的统一与均衡,强调通过事物之度的把握以获得人际关系的和谐,避免和克服人与人、人与社会乃至国家、民族之间的对立和冲突。

中庸现在给人的感觉是,不温不火,不够积极,认为这是导致中国近代落后的一个原因。这是对中庸的误解。《中庸》开篇就说,天命之谓性,率性之谓道,修道之谓教。遵循人的本性是自然的道理,对于处在社会中的人,我们需要依据人性来进行修养。所以才有"喜怒哀乐之未发,谓之中;发而皆中节,谓之和"。可见,儒家不是压抑人性,而是承认人性、顺应人性、以人性为根本的,并要根据人性来进行修养,这就体现了儒学思想的社会性。

有的人说,中庸让人不思进取,限制了人们的手脚。儒家是入世的学说,怎么会让人不思进取呢?中庸没有人让人进取也没有让人不进取,而是告诉人无论强弱、无论进退应持的态度。所谓持两用中,过犹不及,是"中",不是前也不是后,不是左也不是右,而是一个外界与内心、形势与实力的平衡点。天高任鸟飞,海阔凭鱼跃,狭室之中奔跑只会撞得头破血流。审时度势才能掌握平衡,掌握平衡才能游刃有余、收放自如。

综上所述,儒家思想是中华民族固有的、传统的精神产物,是中华民族在长期历史实践中形成的优秀价值原则,它在中华文明史上的重要地位是无可替代的。

儒家文化的精髓主要在仁、礼和中庸这三个方面,仁、礼、中庸,都有促进和谐的意思,它植根于中国固有的价值系统而又能随时自我调整,适应了时代和社会的变化。儒家思想是以心灵的自我修养与自我完善为主要目的。

儒家思想的精神内涵有强大的动力。它可以提高个人的思想境界,使每个学习儒家思想精神内涵的人都具有较高的道德修养。当我们真正认识到儒家文化的精髓时,都会为中华民族儒家文化之璀璨巨著所叹服,而把儒家思想之精华传承下去,使其广泛地运用到自己的工作、生活实践中去,可以在反复的经验总结中不断受益。现在,中华民族日常生活中所遵循的行为规范,如"以人为本""尊师重教""诚实守信"等等,都无一不与儒家思想有着密切的渊源关系。

我们重新认识儒家思想,以儒家思想作为重要的精神指导,全面提升全体国民的道德素质,促进企业乃至整个国家经济持续快速的发展,做到与多元文化共存共荣,促进中国统一,促进世界和平。在这个过程中,最为重要的就是我们能不断地从思想、品格、知识、政治、文化等方面给自己充电,从不断的感悟中迅速提升自己的素养。如果我们每一个人都能够坚持不懈地去努力学习和践行儒家文化,取其精华,剔其糟粕,使儒家文化不断地得到创新和发展,完全展现其超时代的价值,我们的人生将更有意义。

第三节 儒家思想的基本特征

一、以孔子为先师,为思想领袖

孔子在先秦时期居承先启后的地位,并非诸子之一,是在诸子之上的;以孔子为诸子之一,始自章太炎,章氏之前人并无此论。孔子当然是儒家的宗师,但孔子似并不单属于儒家。班固在《汉书·艺文志·诸子略》中论述各家时,皆引孔子之言以作评论,可知班固是以孔子为居于九流之上的人物的。因此,我们可知孔子是上承六艺、下开百家的,"学不厌",是承六艺,"教不倦",是开百家。

孔子收集、整理古代文献编成大六艺,即《礼》《乐》《书》《诗》《易》《春秋》,这是孔子用来教导弟子的教科书,反映了孔子博学多识,包含孔子的重要观点,因而被后世儒者奉为儒家经典。《礼》用来节制人的行为;《乐》用来启发人的和乐;《书》用来记述政事;《诗》用来表达情意;《易》用来阐明变化;《春秋》用来发挥道义。孔子以快乐豁达的学习钻研精神,成就了其丰功伟绩,也影响了一代又一代的知识分子,建构起中华民族文化的灵魂,孔子也成为当之无愧的千古圣人。

二、以《论语》《孟子》《周易》《尚书》《诗经》等书为经典,这些著作同时也是中华文化的宝典

《论语》在汉代即是妇孺必读的书。《四书》自宋代以来是中国人必读的书,作为当时人们的基本信仰与信念,成为其安身立命之道,是家传户诵之学,哪怕是乡间识字不多甚至不识字的劳动者,也通过口耳相传,蒙学读物与民间文艺,接受并自觉实践其中做人的道理。其中的"仁爱""忠恕"之道,"己欲立而立人,己欲达而达人""己所不欲勿施于人""老吾老以及人之老,幼吾幼以及人之幼"等格言,不仅是中国人做人的根本,而且是全人类文明中最光辉、最宝贵的精神财富。《四书》的主要内容,又通过私塾乡校、教书先生,通过唱戏的、说书的,从各种渠道流向社会,影响世道人心。

儒家经典根本上是教人如何做人,很多内容告诉人们做人的尊严、人格的力量、人生的价值与意义。宋代张载说:"为天地立心,为生民立命,为往圣继绝学,为万世开太平。"这是中国古代知识分子的文化理想,也是他对儒学精义的概括。按梁启超的说法,《论语》《孟子》等是两千年国人思想的总源泉,支配着中国人的内外生活,其中有益身心的圣哲格言,一部分早已在全社会形成共同意识。我国台湾著名心理学家杨国枢认为,以儒家文化为基底的中国文化其实是形塑中国人的心理和行为的非常重要的精神资源。

三、在思想上形成了"仁"与"礼"的一种张力结构

"仁""礼"思想是孔子思想的核心,"仁""礼"所包含的内容十分广泛。孔子之后,"仁""礼"思想被历代思想家、儒士损益,已经大为变化了。但"仁""礼"思想却深深扎根于中华民族历史土壤之中,对中华民族的民族性格和文化的形成产生了深远影响。"仁"也是一种崇高的精神境界,它不仅有强调对外的行善、治人,而且有向内自省和修炼的意义。孔子曾说"仁者先难而后获,可谓仁矣"。他说的"己欲立而立人,己欲达而达人",即行恕道,就是仁者行道的方法之一。他曾对仁者这样描述:"仁者静……仁者寿""唯仁者能好人,能恶人""苟志于仁者,无恶也"。孔子认为,要达到"仁"的精神境界是十分困难的,不仅必须做到"出门如见大宾,使民如承大祭""己所不欲,勿施于人""在邦无怨,在家无怨",而且不能"巧言令色"。当然,"仁"也并非高不可攀。孔子曾说"仁远乎哉?我欲仁,斯仁至矣"。这就是说,为仁的关键在于个人的主观努力。礼对人们的思维方式影响很大。礼由行为规范而变成思想藩篱并造成等级思维。孔子说"非礼勿视,非礼勿听,非礼勿言,非礼勿动"。在礼的束缚下,人们认识的权利被礼所局限,人不能超越自己的社会地位探

索问题。孔子认为,礼若不以仁为内容,而完全行古代的传统礼内容,即大不仁道。

四、由内圣而外王,通过内体心性成就外王事功之学

作为儒家思想之一,孔子时代并没有明确提出"内圣外王"这一概念,而是道家思想代表庄子所提出的,但其思想内涵与《大学》所提到的"大学之道,在明明德,在亲民,在止于至善"这一统治天下的准则,即把个人修身的好坏看成政治好坏的关键这一观点相吻合,而"格物、致知、诚意、正心、修身、齐家、治国、平天下"八个条目(步骤)被视为实现儒家"内圣外王"的途径,其中格物、致知、诚意、正心、修身被视为内圣之业,而齐家、治国、平天下则被视为外王之业。"内圣外王"这一儒家思想也对中国的政治、伦理、文化以及哲学等产生重要影响。

在孔子"内圣外王"政治思想中,体现了道德与政治的直接统一。儒家认为政治只有以道德为指导,才有正确的方向;道德只有落实到政治中,才能产生普遍的影响。没有道德作指导的政治,乃是霸道和暴政,这样的政治是不得人心的,也是难以长久的。孔子说:"为政以德,譬如北辰,居其所而众星拱之。"要求政治家首先出自道德家,统治者只有先致力于圣人之道,成为"仁人",才可能成为天下爱戴的"圣主"。怎样才能成为道德家呢?按照孔子的言论,要做到"仁"与"礼",达到内圣,才能成为一个合格的统治者。在孔子思想中,政治和道德教化是不分的。"道之以政,齐之以刑,民免而无耻;道之以德,齐之以礼,有耻且格。"孔子以下层百姓为对象,以礼乐为主要工具,辅以刑政,试图达到"名人伦"的目的,来稳定民心,稳固统治。道德与政治的统一,也就是由"内圣"到"外王"。这里,"内圣"是"外王"的前提和基础,"外王"是"内圣"的自然延伸和必然结果。"修己"自然能"治人","治人"必先"修己"。

五、尤注重人与人之间的伦理关系,并将之运用到政治实践中,成为指导性的原则

儒家将"仁"作为自己学说的最高范畴,为人类的道德生活确立了最基本的原则,力图以仁爱的精神改善日益紧张的人际关系,并由此入手来解救社会危机。因此,他以"仁"为核心范畴,提出了一系列道德规范,建立了完整的伦理道德学说,并以此作为自己学说的主体内容。这些思想对于中国传统文化浓重的伦理道德色彩的形成,起到了决定性的作用,奠定了中国传统思想文化的基础。孔子是封建道德的奠基人,他的伦理思想不但注意把人与动物区分开来,而且承认每个人都有自由意志,可见孔子尊重人的人格。正因为如此,他的伦理思想把伦理与政治、教育紧密结合起来,重视人,注重人的道德修养,并且阐明了道德原则、规范和道德评价问

题,从而为培养新兴封建政治服务的"志士仁人"和"君子"的封建教育思想,奠定了理论基础,开辟了中国古代伦理思想的先河。

第四节　儒家思想的代表人物

儒家思想的主要代表人物有很多,这里主要介绍儒家五圣(孔子、颜子、曾子、子思、孟子),荀子,董仲舒,程颢、程颐兄弟,朱熹,明末清初"三大儒"。

一、儒家五圣

1."至圣"孔子

孔子从春秋动荡的岁月里,看到了人与人之间的冷酷,以及封建制代替奴隶制的必然趋势,因而对人进行了合乎时代要求的肯定,提出了崭新的人与人之间关系的准则,提出了"人者,仁也"这一醒目的命题,并进而阐述"仁者爱人",这无疑是一大创造。因为在这里,仁不再是一个字、一个词,而是一个理论范畴,反映了孔子的人学观。

孔子"仁"学思想的提出在哲学史上是一个具有理论贡献的创新。他是第一个将"仁"提到哲学高度的人,他把"仁"这一概念提炼为最高伦理范畴,赋予广泛的意义,并把它同"礼"有机结合在一起,组成了他庞大思想体系的核心。"仁"在《论语》中出现过109次。孔子对"仁"主要有这样一些解释:"仁者人也""仁者爱人""夫仁者,己欲立而立人,己欲达而达人""克己复礼为仁""如有王者,必世而后仁""能行五者(恭、宽、信、敏、惠)于天下,为仁矣""仁者先难而后获,可谓仁矣""刚毅、木讷近仁""孝弟也者,其为仁之本与!"可见,"仁"的含义十分广泛,但最主要、最核心的是对人肯定的"人"及其"爱人"的社会道德规范。

孔子要求人与人之间要互相爱护,融洽相处,要待人宽容,"己所不欲,勿施于人"。他强调统治者要以德治民,反对苛政和任意刑杀。他希望恢复西周的礼乐制度,"克己复礼",使每个人的行为符合礼的要求。孔子首创私人讲学,主张"有教无类",打破了贵族垄断文化教育的局面。孔子被后人尊称为"万世师表"和"至圣"。

2."复圣"颜子

颜回,字子渊,春秋时期鲁国人。他十四岁即拜孔子为师,此后终生师事之。在孔门诸弟子中,孔子对他称赞最多,不仅赞其"好学",而且还以"仁人"相许。自汉高帝以颜回配享孔子、祀以太牢,三国魏正始年间将此举定为制度以来,历代统治者封赠有加,无不尊奉颜子。此后历代统治者不断追加颜子的谥号:唐太宗尊之为"先师",唐玄宗尊之为"兖公",宋真宗加封为"兖国公",元文宗又尊之为"兖国复圣公"。明嘉靖九年改称"复圣"。山东曲阜至今仍有"复圣庙"。

3."宗圣"曾子

曾参,字子舆,春秋末年鲁国人。他十六岁拜孔子为师,勤奋好学,颇得孔子真传。他积极推行儒家主张,传播儒家思想。他上承孔子之道,下启思孟学派,对孔子的儒学学派思想既有继承,又有发展和建树。他的修齐治平的政治观,省身、慎独的修养观,以孝为本、孝道为先的孝道观影响中国两千多年,至今仍具有极其宝贵的社会意义和实用价值,是当今建立和谐社会的丰富思想道德营养。曾参是孔子学说的主要继承人和传播者,在儒家文化中具有承上启下的重要地位。曾参以他的建树,终于走进大儒殿堂,曾子被后世尊为"宗圣";曾参在孔门弟子的地位原本不太高,不入"孔门十哲"之列,直到颜渊配享孔子后才升为"十哲"之一。唐玄宗时追封为"伯"。中唐以后,随着孟子地位的上升,曾参的地位也随之步步升注。北宋徽宗时加封为"武城侯",南宋度宗时加封为"国公",元至顺元年加封为"宗圣公",到明世宗时改称为"宗圣",地位仅次于"复圣"颜渊。

4."述圣"子思

孔伋,字子思,孔子嫡孙,春秋战国时期著名的思想家。他受教于孔子的高足曾参,孔子的思想学说由曾参传子思,子思的门人再传孟子。后人把子思、孟子并称为思孟学派,因而子思上承曾参,下启孟子,在孔孟"道统"的传承中有重要地位,并由此对宋代理学产生了重要的影响。因此,北宋徽宗年间,子思被追封为"沂水侯";元朝文宗至顺元年(1330年),又被追封为"述圣公",后人由此尊他为"述圣"。

5."亚圣"孟子

孟子主张"仁政",进一步提出"民为贵,社稷次之,君为轻"的民本思想,在伦理观上主张"性本善",要实行仁政来回复和扩充人的善性。

二、荀子

荀子主张以德服人,提出"君舟民水"的著名论断,强调人民群众的力量巨大。荀子提出"性本恶",强调用礼乐来规范人的行为,使人向善。经过孟子、荀子的改造和发展,儒学体系更加完整,儒家思想更能适应社会的需要。战国后期,儒学发展成为诸子百家中的蔚然大宗。

三、董仲舒

董仲舒(公元前179～前104年),思想家、哲学家、政治家、教育家,汉代儒家的代表人物,汉广川郡(今河北景县广川镇大董古庄)人。汉武帝元光元年(公元前134年)始任江都易王刘非国相凡10年;元朔四年(公元前125年),任胶西王刘端国相,4年后辞职回家。此后,居家著书,朝廷每有大议,令使者及廷尉就其家而问之,仍受汉武帝尊重。董仲舒以《公羊春秋》为依据,将周代以来的宗教天道观和阴阳、五行学说结合起来,吸收法家、道家、阴阳家思想,建立了一个新的思想体系,成为汉代的官方统治哲学,对当时社会所提出的一系列哲学、政治、社会、历史问题,给予了较为系统的回答。

公元前134年,汉武帝下诏征求治国方略。儒生董仲舒在著名的《举贤良对策》中系统地提出了"天人感应""大一统"学说和"罢黜百家,表彰六经"的主张。董仲舒认为,"道之大原出于天",自然、人事都受制于天命,因此反映天命的政治秩序和政治思想都应该是统一的。董仲舒宣扬"君权神授",提出"天人合一"和"天人感应"学说以及"君为臣纲、父为子纲、夫为妻纲"和仁、义、礼、智、信五种为人处世的道德标准,适应了君主专制中央集权的需要,汉武帝采纳董仲舒"罢黜百家,独尊儒术"的建议,儒家思想因而获得"独尊"地位,从此成为封建社会的正统思想。

四、北宋程颢、程颐兄弟

二程是北宋时期开创新儒学的"五子"之一。十五六岁时,二程受学于理学创始人周敦颐。宋神宗赵顼时,二程建立起自己的理学体系。二程的学说在某些方面有所不同,但基本内容并无二致。皆以"理"或"道"作为全部学说的基础,认为"理"是先于万物的"天理","万物皆只是一个天理","万事皆出于理","有理则有气"。现行社会秩序为天理所定,遵循它便合天理,否则逆天理。二程提出了事物"有对"的朴素辩证法思想。强调人性本善,"性即理也",由于气禀不同,因而人性有善有恶。所以浊气和恶性,其实都是人欲。人欲蒙蔽了本心,便会损害天理。"无人欲即皆天理"。因此教人"存天理、灭人欲"。要"存天理",必须先"明天理"。而要"明天理",便要即物穷理,逐日认识事物之理,积累多了,就能豁然贯通。主张"涵养须用敬,进学在致知"的修养方法。二程宣扬封建伦理道德,提倡在家庭内形成像君臣之间的关系。

五、朱熹

朱熹,字元晦,又字仲晦,号晦庵,晚称晦翁,谥文,世称朱文公。祖籍江南东路徽州府婺源县(今江西婺源),出生于南剑州尤溪(今属福建省尤溪县)。他是宋朝著名的理学家、思想家、哲学家、教育家、诗人,闽学派的代表人物,儒学集大成者,世尊称为朱子。他强调理之源在于天理,而天理就是作为道德规范的三纲五常,它是人性的最高境界;认为"物"是指天理、人伦、圣言、世故。"格物致知"目的在于明道德之善,而不是求科学之真。程朱理学适应统治阶级的政治需要,备受推崇,成为南宋以后长期居于统治地位的官方哲学,有力地维护了封建专制统治。朱熹编著的《四书章句集注》,成为后世科举考试的教科书。朱熹的学术思想还传到日本、朝鲜乃至欧洲;在日本和朝鲜,甚至形成"朱子学"学派。

六、明末清初"三大儒"

顾炎武(1613~1682年),南直隶苏州府昆山(今江苏省昆山市)千灯镇人,明末清初杰出的思想家、经学家、史地学家和音韵学家,与黄宗羲、王夫之并称为明末清初"三大儒"。顾炎武以"明学术,正人心,拨乱世,以兴太平之事"为宗旨,在经学、史学、音韵、小学、金石考古、方志舆地以及诗文诸学上,都有较深造诣,建树了承前启后之功,成为开启一代学术先路的杰出大师,被称作清朝"开国儒师""清学开山"始祖。

黄宗羲(1610~1695年),浙江绍兴府余姚县人。他博学多才,于经史百家及天文、算术、乐律以及释、道无不研究。尤其在史学上他成就很大,而在哲学和政治思想方面,他更是一位从"民本"的立场来抨击君主专制制度者,堪称中国思想启蒙第一人。他提出"天下为主,君为客"的民主思想。他说"天下之治乱,不在一姓之兴亡,而在万民之忧乐",主张以"天下之法"取代皇帝的"一家之法",从而限制君权,保证人民的基本权利。

王夫之(1619~1692年),字而农,号姜斋,又号夕堂,湖广衡州府衡阳县(今湖南衡阳)人。他是著名的思想家、哲学家、史学家、文学家、美学家,湖湘文化的精神源头,与黑格尔并称东西方哲学双子星座、中国朴素唯物主义思想的集大成者。他提出了"于势之必然处见理"的观点,即人们必须从"势之必然处"认识历史发展的必然规律。他还进一步提出,历史既然有"理"和"势",治天下就必须要"循理""乘势",按照客观规律办事。因此,他强调,历史发展不能凭主观意志,而必须遵守历史发展的客观规律。此外,王夫之主张生和义的统一,强调志节对人生的意义,认为人既要"珍生",又要"贵义",轻视生命、轻视生活是不行的,但人的生命、生活不依据道德准则,也没有价值。他指出:志节是人区别于动物的标志,一个人应当懂得生死成败相因相转的道理,抱定一个"以身任天下"的高尚目标,矢志不渝地为之奋斗。

第五节 儒家思想的历史演变

儒家思想的形成和发展是一个历史的过程,不是哪一朝代、哪一个人造就的,而是无数儒者心血和智慧的结晶。

一、儒家思想形成——先秦

春秋：春秋时期孔子创立儒家学派，提出以"仁"为核心的学说，主张以仁爱之心处理人际关系。在政治上把"德""礼"作为首要的统治手段，要求以德治民，爱惜民力，反对苛政和刑杀；主张"克己复礼"，维护周礼是孔子政治思想中的保守部分，孔子晚年整理和编订的《诗经》《尚书》《礼》《易》《春秋》是中国封建社会儒学的"五经"。

战国：孟子是战国时期儒家学说的代表。他站在新兴地主阶级立场上论事，但也强调小农阶级利益。他主张实行"仁政"，提出"民贵君轻""政在得民"的思想，同时又宣扬"劳心者治人，劳力者治于人"这种温和的政治主张，但这种主张却不能适应当时结束割据、实现统一的需要。荀子在政治思想上主张"礼法并施"的观点，在自然观方面提出"天行有常""制天命而用之"的人定胜天观点，是当时生产力进步的反映，具有唯物主义思想。这个时期儒家思想的特点在于：儒家思想较为具体，带有浓厚的理想化色彩；没有严密的理论基础，大多是关于思想修养方面的道德规范和政治理想的治国原则；孟子的"仁政""民贵君轻"使儒家思想开始与政治相结合，但因脱离现实政治而遭到新兴地主阶级的冷遇。

二、儒学惨遭摧残——秦朝

秦朝虽已一统天下，但当时私学兴盛，百家争鸣，许多儒生、游士评议国政，造谣惑众，极不利于当时的国家一统、中央集权。秦始皇为了压制原来战国分裂割据时遗留的政治势力和思想影响，采纳丞相李斯的建议，实行野蛮的"焚书坑儒"政策，焚烧百家书籍，坑杀儒学之士，进一步确立法家学说的官学地位，实现学术思想的统一，以巩固秦政权。因为儒学不能为封建专制主义中央集权统治服务，统治者用政治权力强制干预和控制思想，儒学遭受毁灭性摧残。

三、儒学独尊——汉代

董仲舒成功地改造儒学，以儒学为基础，广采诸子百家之长，建立起新儒学，倡导"天人感应""君权神授"，宣扬"大一统""三纲五常"。这时的儒家思想"内法外儒"，适应了加强中央集权的需要。汉武帝欣然接受董仲舒的建议，实施"罢黜百家，独尊儒术"、兴太学等政策，禁止其他各家思想传播，使儒家思想逐渐成为我国封建社会的正统思想。以儒学为基础，儒家、法家、道家思想相互结合，相互渗透。儒家思想宗教化、经学化、政治制度化。

四、儒学新的发展——宋明理学

两宋：宋代理学是以儒家思想为基础，吸收佛教和道教思想形成的新儒学，是宋代新儒学的正统。南宋朱熹是理学发展的集大成者。他完善和发展了客观唯心主义的理学体系，把"天理"和"人欲"对立起来，认为人欲是一切罪恶的根源，因此提出"存天理，灭人欲"，实质上是为封建等级制度辩护。

明朝：王阳明反对朱熹把心与理视为两种事物的观点，创立了与朱熹相对立的主观唯心主义理论——心学，主张"心外无物，心外无理，心外无善"，通过"内心自省""以致良知"。说明理学由客观唯心向主观唯心演变，也说明它已经走向极端。这个时期儒家思想的特点在于：宋明理学开创了儒学的新时代，是儒学第二期发展的象征。它使儒家思想理论化和哲学化，使儒学服务统治的政治作用和修养身心层面的社会功能走向一致化，但理学的发展也使儒学日益走向极端。

五、儒学发展变异——明清

明清之际，随着封建朝代的激烈更替，随着商品经济、资本主义萌芽的产生，随着时代的变迁，一批新思想家崛起，他们既继承了宋明理学的许多思想观念，又对其中不少陈腐之处不满，力求有所更新。在这方面，明代后期的李贽，明末清初的黄宗羲、顾炎武、王夫之等人，都做了大量工作，使得儒学思想更趋实事求是，与国计民生靠得更近，从而又一次发展了儒学，对晚清民主思想的兴起有一定的影响。

"异端"思想家李贽：否定孔子是"天生圣人"，反对以孔孟学说为权威和教条，提倡个性的自由发展，批判理学的"天理"学说。

明末清初三大思想家：在政治上，提倡"趋时更新"，反对君主专制独裁，认为君主专制是"天下之大害""以天下之权，寄天下之人"，提倡"法治"，反对"人治"；在经济上，反对"重农抑商"，提出"农工商皆本"；在思想上，批判继承宋明理学，否定理学的形而上学观点，提倡"经世致用"的务实学风和行为。这个时期儒家思想的特点在于：明清儒学既继承了宋明理学的许多思想观念，又对其中不少陈腐之处不满，力求有所更新，使得儒学思想更趋实事求是，与国计民生靠得更近，从而又一次发展了儒学。

六、儒学遭受打击：鸦片战争至辛亥革命

鸦片战争后，随着资本主义列强的侵略，中国逐渐沦为半殖民地半封建社会，中国人民前赴后继地进行反帝反封建斗争，在思想领域就是把儒家学说作为革命的主要对象。太平天国虽然在开始时把西方宗教平等思想和儒家"大同"思想结合

起来,作为反清斗争的思想武器,但太平天国政权建立后却把儒学经典贬斥为"妖",扫荡封建传统文化,否定原有的封建道德秩序。辛亥革命后,以资产阶级革命派为主的南京临时政府成立,政府规定学校不读四书五经,教科书必须符合共和民国宗旨。

七、儒学重新泛滥：北洋军阀统治时期

北洋军阀出于复辟封建帝制的政治目的,废除资产阶级在文化教育方面的一些改革,利用当时中国封建思想意识的浓厚残余,在社会上掀起反动的尊孔复古逆流,孔子成为封建思想的代表和专制统治的护身符。

八、儒学统治地位动摇——新文化运动前期

随着中国民族资本主义经济的进一步发展,资产阶级力量的壮大,激进民主主义者为了反对封建军阀的统治,以资产阶级民主思想为武器,提出在中国实现"德先生""赛先生""打倒孔家店"等口号,把斗争矛头指向孔教,对封建正统思想的儒家传统道德进行了深刻的批判。在新文化运动后期,一批先进知识分子接受了马克思主义,开始用新的思想武器反对封建主义,为五四运动和新民主主义革命的到来做了思想准备。

前期新文化运动是辛亥革命在思想文化领域中的继续,是中国近代史上资产阶级文化反封建文化的一次重要思想解放运动,它动摇了儒家思想的统治地位,但是前期运动对东西方文化存在绝对肯定或绝对否定的片面倾向。

九、儒学统治地位彻底动摇——新中国成立至"文革"时期

新中国成立后,马克思主义无可挑战地成为占据统治地位的意识形态,长期和马克思主义意见不一的儒学逐渐遭遇厄运,受到更为猛烈、更有组织的批判。"文革"时期,更是开展"批林批孔""批周公"运动等闹剧,对儒学文化进行全民规模的、彻底性的破坏,也最终将反传统文化的运动推向了历史的顶点,儒学思想在我国的影响进一步减弱。

十、儒学焕发新春——"文革"结束至今

中共十一届三中全会重新确立了实事求是的马克思主义思想路线,党在思想文化领域推行"思想解放"运动,儒家学说也得到了实事求是的评价。党的十八大以来,新一届党和国家领导人号召大力"弘扬和培育民族精神",使儒学能真正做到"古为今用",在吸取精华、弃其糟粕的前提下焕发出新的光辉,为中华民族的伟大

复兴做出应有的贡献。

儒学在中国传统文化中取得主导地位的原因在于：一方面，是因为其思想内核，即在哲学上宣扬天命的天人观念；在伦理上以"仁"为核心的"三纲五常"，宣传忠孝，严格等级次序；在政治上主张"大一统"，维护专制主义中央集权，这些都是一切剥削阶级取得统治地位后共同需要的思想武器，在根本上都是适应了封建专制统治需要的。另一方面，是因为儒家学说重视社会责任，能够随时代需要的变化而不断地改变面目。特别是汉代的儒学，吸收了道家和法家的思想，并与阴阳五行说相结合。另外，儒家为了丰富自己的哲学，在批评佛、道两教的同时，也充分吸取它们当中对自己有用的思想资料，以充实和发展自己的哲学体系。宋明理学既是"三教合流"的产物，同时它又保持自身的根本特质和立场。

儒学在今天仍具有巨大的现代价值。儒家的大一统意识，对维护社会的安定统一和祖国统一大业有极大的现实指导意义；以人为本、民为贵思想对于协调人与人之间的关系，维护和谐的社会有重要作用；民本思想对于今天"三农"问题的解决有一定的参考价值；道德规范意识是现代社会公德意识培养、历史的使命感和责任感培养的一个重要渠道；和谐意识对于建立和谐的人际关系、谋求社会的共同发展、保护生态环境都不无裨益。

第六节　儒家思想的物质载体

"十三经"是儒家传世文献的始祖，是儒家思想的物质载体。"十三经"作为儒家文化的经典，其地位之尊崇、影响之深广，是其他任何典籍所无法比拟的。最高统治者不但从中寻找治国平天下的方针大计，而且对臣民思想的规范、伦理道德的确立、民风民俗的引导，无一不依从儒家经典。

一、六经和五经

儒家的最早经典，称为六经，为《易》《书》《诗》《礼》《乐》《春秋》，《乐》早佚，便只有五经。其中《易》《书》《诗》在孔子之前早已流传，《左传》中曾多次引用，《礼》是对当时社会礼仪的总结，不知成书为何时。相传孔子立学，曾以这四部书作为教材（按：这四经在当时都有实用意义，《易》卜筮，据《左传》记载，当时人在做重大决定前，均要卜筮；《书》，主要记载了古代先王的话语、政令以及重要事迹，为史书；《诗》又称《诗三百》，当时社交场合常常赋诗以言志，通过吟诵不同的诗来表达各自的意思；《礼》即《仪礼》，是对当时各种礼仪仪式的规定和说解，比如成年的冠礼、葬礼的丧服等，都有实用意义，掌握这些，也是当时社会对一个合格的士所做的要求）。

《春秋》本是当时各国史书的通称,《春秋》即传说为孔子删改《鲁春秋》而成,其中微言大义表达了孔子对历史的褒贬。

二、四书

四书是《论语》《孟子》《大学》《中庸》的合称。南宋著名理学家朱熹取《礼记》中的《中庸》《大学》两篇文章单独成书,与记录孔子言行的《论语》、记录孟子言行的《孟子》合为"四书"。四书的编撰时间间隔达一千八百年。宋元以后,《大学》《中庸》成为学校官定教科书和科举考试必读书,对古代汉族教育产生了极大的影响。它蕴含了儒家思想的核心内容,是儒学认识论和方法论的集中体现,在汉族思想史上产生过深远的影响。至今读来,仍可领略其深刻的教育意义和启迪价值,堪称源远流长的汉族文化精华。

(一)《论语》

《论语》是记载孔子及其学生言行的一部书。其内容非常丰富,涉及哲学、政治、经济、教育、文艺等诸多方面,是儒学最主要的经典。在表达上,《论语》语言精练且形象生动,是语录体散文的典范。在编排上,《论语》没有严格的编纂体例,每一条就是一章,集章为篇,篇、章之间并无紧密联系,只是大致归类,并有重复章节出现。到汉代时,有《鲁论语(20篇)》《齐论语(22篇)》《古文论语(21篇)》三种《论语》版本流传。东汉末年,郑玄以《鲁论语》为底本,参考《齐论语》和《古文论语》编校成一个新的本子,并加以注释。郑玄的注本流传后,《齐论语》和《古文论语》便逐渐亡佚了。以后各代注释《论语》的版本主要有:三国时魏国何晏《论语集解》,南北朝梁代皇侃《论语义疏》,宋代邢昺《论语注疏》、朱熹《论语集注》,清代刘宝楠《论语正义》等。

(二)《孟子》

《孟子》是记载孟子及其学生言行的一部书。孟子(约公元前372~前289年),名轲,战国中期邹国(今山东邹城东南)人,离孔子的故乡曲阜不远,是著名的思想家、政治家、教育家,孔子学说的继承者。同孔子一样,孟子也曾带领学生游历魏、齐、宋、鲁、滕、薛等国,并一度担任过齐宣王的客卿。由于他的政治主张也与孔子的一样不被重用,所以便回到家乡聚徒讲学,与学生万章等人著书立说,"序《诗》《书》,述仲尼之意,作《孟子》七篇。"(《史记·孟子荀卿列传》)赵岐在《孟子题辞》中把《孟子》与《论语》相比,认为《孟子》是"拟圣而作"。所以,尽管《汉书·艺文志》仅仅把《孟子》放在诸子略中,视为子书,但实际上在汉代人的心目中已经把它看作辅助"经书"的"传"书了。汉文帝把《论语》《孝经》《孟子》《尔雅》各置博士,便叫"传记博士"。到五代后蜀时,后蜀主孟昶命令人楷书十一经刻石,其中包括《孟子》,这可能是《孟子》列入"经书"的开始。南宋孝宗时,朱熹编注的《四书》收录了《孟子》,把《孟子》正式推到了与《大学》《论语》等同的地位。元、明以后,《孟子》成为科举考试的内容之一,是参加科举者必读之书。

(三)《大学》

《大学》原本是《礼记》中的一篇,在南宋前从未单独刊印,传为孔子弟子曾参(公元前505~前434年)所作。自唐代韩愈、李翱维护道统而推崇《大学》(与《中庸》),至北宋二程百般褒奖宣扬,甚至称"《大学》,孔氏之遗书而初学入德之门也",再到南宋朱熹继承二程思想,便把《大学》从《礼记》中抽出来,与《论语》《孟子》《中庸》并列,到朱熹撰《四书章句集注》时,便成了《四书》之一。按朱熹和宋代另一位著名学者程颐的看法,《大学》是孔子及其门徒留下来的遗书,是儒学的入门读物。

(四)《中庸》

《中庸》原来也是《礼记》中的一篇,在南宋前从未单独刊印。一般认为它出于孔子的孙子子思(公元前483~前402年)之手,《史记·孔子世家》称"子思作《中庸》"。自唐代韩愈、李翱维护道统而推崇《中庸》(与《大学》),至北宋二程百般褒奖宣扬,甚至认为《中庸》是"孔门传收授心法",再到南宋朱熹继承二程思想,便把《中庸》从《礼记》中抽出来,与《论语》《孟子》《大学》并列,到朱熹撰《四书章句集注》时,便成了《四书》之一。

三、十三经

十三经是由汉朝的五经逐渐发展而来的,最终形成于南宋。十三种儒家文献取得"经"的地位,经过了一个相当长的时期。在汉代,以《易》《诗》《书》《礼》《春秋》为"五经",官方颇为重视,立于学官。唐代有"九经",也立于学官,并用以取士。所谓"九经"包括《易》《诗》《书》《周礼》《仪礼》《礼记》和《春秋》三传。唐文宗开成年间于国子学刻石,所镌内容除"九经"外,又益以《论语》《尔雅》《孝经》。五代时蜀主孟昶刻"十一经",排除《孝经》《尔雅》,收入《孟子》,《孟子》首次跻入诸经之列。南宋硕儒朱熹以《礼记》中的《大学》《中庸》与《论语》《孟子》并列,形成了今天人们所熟知的《四书》,并为官方所认可,《孟子》正式成为"经"。至此,儒家的十三部文献确立了它的经典地位。清乾隆时期,镌刻"十三经"经文于石,阮元又合刻"十三经注疏"。

第七节 儒家思想的现代意义

儒家思想自孔子创立以来,经过历代学者的发扬和统治者的改造,逐渐形成完整的儒家思想体系,成为中国传统文化的主流。其博大精深的文化品格,在世界文化史上具有重要影响,对当今社会仍具有重要的现实意义。

一、培养积极向上的精神

儒家强调奋发有为,主张积极入世,更主张一个人要时时准备好入世的条件。这就要加强道德修养,不断提高自己的道德水平,并以圣人为人格的最高标准。儒家所推崇的圣人,是指道德境界最高尚的人。在儒家看来,道德是人和动物的最根本区别。孔子曰:"朝闻道,夕死可矣。"儒家所赞美的"仁人""圣人",就是指那些道德高尚的人,又称为"君子"。一个人要达到"君子"的水平,就要加强自身的修养。"见贤思齐焉,见不贤而内自省也",主动培植自己的道德水平,检查自己的不足,向道德高的贤者学习。君子要心胸坦荡,要正直不佞,反对"巧言令色",知错就改,反对文过饰非,为人应自知、自省,对己严、对人宽。君子不可须臾离开仁德,哪怕是仓促匆忙之际、颠沛流离之时。儒家提倡自我修养的目的是使人成为君子,从政治国,实现理想,以达到"修身、齐家、治国、平天下"的主张。在建设有中国特色的社会主义的今天,我们更应提倡加强道德修养,这是建设社会主义精神文明的重要方面。

二、树立道德的榜样

晋商之所以能够称雄商场数百年,就是因为它坚守诚信为本的理念,以诚待人,买卖公平,保证质量,讲求信誉。名震一时的三鹿集团,即便做得再大,因其不讲诚信,缺乏社会责任,也是外强中干,行之不远,毒奶粉事件一出,很快就垮掉了。企业的形象和命运,归根到底取决于企业家的品格。企业家负责任,担道义,企业才会有经得起实践检验的好品牌,才会行之久远。反之,害人者必害己,损人者必损己。美国华尔街传奇人物麦道夫,在世界金融风暴中锒铛入狱,他从声名卓著到臭名昭著的人生轨迹,不也是一个明证吗?他认为市场经济只讲赚钱,不问手段,诚信与否无关紧要,这种观点是站不住脚的。市场经济的运行是以契约、合同为纽带的,讲诚信是必然要求。在全球化、信息化和网络技术日益普及的背景下,诚信已成为扩大交往、走向世界的通行证。讲诚信走遍天下,不讲诚信寸步难行,将会被越来越多的事实所证明。

三、纠正社会弊端

儒家思想被国际社会广泛接纳为"多元现代性"的一个重要思潮。在全球化的竞争中,不但能发挥促进"现代化"的作用,还能纠偏"现代化"所衍生出来的种种弊端。在当今唯利是图的商业社会中,物质报酬似乎成为人人追求及衡量成功的唯一指标,这导致许多企业及企业的高层,在成功赚到钱后,却陷入精神空虚和人生目标匮乏的状态。而儒家追求人际关系整体和谐的价值观,能让人们在追求财富之余,兼顾到身、心、灵三方面的平衡,这是维持自我、家庭和社会关系和谐发展及融洽互动的基础之一。

四、改善人际关系

不可否认,在追求经济发展创造巨大物质财富的同时,也造成了人类相互之间情感的冷漠。因为在巨大的物质财富面前,人们常常会激发起比以往更大的占有这些物质财富的贪欲。于是,我们越来越感受到世风日下,人心不古,不少人为了满足自己的贪欲而损害他人和群体的利益,日益成为与他人、与群体毫无情感的冷漠的人。这就需要在价值取向上提倡超越物质利益,追求道德境界,超越自我,追求群体乃至人类的利益。在这方面,儒家以义制利思想无疑是有益的。因为儒家认为当自我与他人、群体在利益上有矛盾时,只有以义即道德来制衡,才能化解矛盾。儒家的"以义制利"是调整义利关系的价值标准和协调人类社会价值取向的普遍性原则。重"义"与重"利"是摆在人类面前的两种行为方式和两种价值取向。

儒家义利观的核心在于"以义为上,见利思义,以义制利"。这有可能成为新世纪里构建共同价值观、公共道德准则的基础。因为儒家所讲的义往往是与集体之利、他人之利相联系的,而利往往是指个人私利。与此相应,儒家主张"君子成人之美"(《论语·颜渊》),在社会生活中"出入相友,守望相助,疾病相扶持"(《孟子·滕文公上》)。这对于消除损人利己,形成团结互助的社会风气也是有益的。在经济全球化时代,市场经济高度发达,随着社会分工专业化程度日趋提高,市场竞争越演越烈,人们日益为追求经济利益而奔波忙碌。但是人之为人,更重要的恐怕还在于其是一种精神性的存在。按照儒家思想,后一方面更能体现人的特点。如果把物质利益作为追求的唯一目标,就等于把自己降到动物的水平。因此,应当视不义的物质利益如浮云,追求奉献社会和服务他人的道德境界。

五、促进社会和谐发展

这里的"和谐",指的是人自己的身心和谐、人与人之间的和谐、人与自然之间的和谐,最终达到社会的和谐。儒家认为,整个宇宙是由"天、地、人"三方组成的,这三方共同形成了宇宙的和谐,任何一方的破坏都会破坏宇宙的生命,破坏宇宙的完美。儒家思想在这一方面的理论资源包含着独特的生态伦理观,即人类的进步不但要向自然索取,争取自然界为人类造福,还应该热爱自然、关心自然、保护自然,以自然为同类、为朋友。《孟子·梁惠王上》说:"不违农时,谷不可胜食也。数罟不入洿池,鱼鳖不可胜食也。斧斤以时入山林,材木不可胜用也。"宋儒朱熹注曰:"鱼不满尺,市不得粥,人不得食,山林川泽,与民共之,而有厉禁,草木零落,然后斧斤入焉……因天地自然之利,而樽节爱养之事也。"这里所说的樽节爱养,即关心自然和保护自然,顺应万物生长规律,才能取之不竭,指出了人与自然协调,以保持可持续发展的道理。儒家没有把征服自然视为己任,而是将人与自然万物置于同等的地位,看作是血肉相连的一体;不是把自然万物看作人类的资源库,而是将人类的仁爱情感倾注于天地万物。

儒家有一个核心价值——礼,礼的深意在于和,而和的背后体现了儒家对日常生活世界具有内在价值的肯定。儒家认为世界的存有是连续的,因而我们不能抛弃掉日常生活,去追求一个外在的更高真理,儒家更认可的是,最高的价值和意义就在日常生活中体现。这就使得儒家特别强调"和而不同",因为这是对日常生活世界中差异与多元的尊重。换句话说,儒家不落在一个极端,它是"极高明而道中庸"的。所以,我们在欲望之外,需要心灵;在理性之外,需要同情;在自由之外,需要正义;在权利之外,需要责任;在法治之外,需要礼让;在个人之外,需要社群;在人类之外,需要自然。

如何对待儒家思想,正如习近平总书记指出的:"对历史文化特别是先人传承下来的道德规范,要坚持古为今用、推陈出新,有鉴别地加以对待,有扬弃地予以继承。"儒家思想是中华文化的精髓,蕴含着丰富的思想道德资源,其倡导和形成的一整套基本道德规范,是涵养社会主义核心价值观的重要源泉。我们应当把弘扬中华民族优秀传统文化融入社会主义核心价值体系建设实践中,充分发挥传统美德资源丰富的优势,努力培育和善向上、友爱诚信、谦和尚礼的儒韵民风。

第二章

文化对企业发展的影响与作用

人们的日常生活离不开文化的作用和影响,但却常常忽视它。科学家倾向于强调我们确知的东西,而那些并不为我们所知的东西却更具有重要意义。因此,我们有必要对文化的影响与作用进行一番深入认识,以打破我们的无知状态。

第一节 经济与文化的关系

文化对经济具有影响和作用,大多数人都承认这一点。但文化究竟在何种程度上影响经济,以何种形式来影响经济,却很少有人关注。

一、关于经济学中的文化价值

对于文化与经济之间千丝万缕的关系,许多学者都注意到,但大多数经济学家认为,文化在经济中是不具有价值的。经济学中有一种占据重要地位的学术传统,就是认为文化在经济中是没有价格的,所以不必对文化进行成本与效用的衡量。卡森在《商业文化的经济学——博弈论、交易成本、经济绩效》一书中指出,有些济学家一直认为文化对人们经济行为没有决定性的影响。而另一些经济学家虽然承认文化对经济的影响,但由于文化概念的模糊性和内涵界定的困难,而把文化排斥在经济研究之外。

(一)传统经济学忽视了人的价值以及社会文化环境因素

随着对新古典理论的批判日渐增多,传统经济学的基础发生动摇,这为文化的经济学研究提供了可能。这些质疑主要集中在以下几点:

(1)市场经济由自发的个人行为就能完全奏效。传统的观点认为,市场经济由自发的个人行为就能完全奏效。这显然是错误的,因为人们的偏好不稳定,虽然个人偏好可能存在一定的固定模式,但这一模式存在于一定的范围内,这个范围的半径是可变的。在不同的社会环境和文化环境下,这种偏好的变动就会影响经济的结果。

(2)人们的情感因素与一定的伦理价值观有关。人们在从事经济行为时,它的情感、价值观在很大程度上会影响行为的结果,所以,"经济人"假设不能成为经济行为的基本假设,人的伦理、信仰、价值观同样会决定着人的经济行为。

(3)理性人的观念是有问题的。传统理论认为,每个人都能准确地感知周围环境,他们假定决策者的周围环境是简单的,但实际上,决策者所面临的周围环境非常复杂,所以,在进行决策行为时,不理性地考察周围环境的变化和状况,就可能出现决策的失误。

(4)选择连续性的观念是错误的。传统理论认为,最优的选择方案往往是连续性的,在一切条件下都适用。可是在现实的实践中,环境经常会发生变化,原先最佳的决策程序往往不一定适用于新的环境,这时可能需要进行实质性的调整。

(5)传统经济理论的分析焦点集中在个体行为上。但实际上,社会范围内的合作却更重要。仅仅依靠合同形式来解决一切交易问题的观念已经过时,合作已经成为帕累托改进的方法之一。过去的商人只被看作孤立的一方,这是一种原子论的方法。可如今从事商业的人只是被看作交易的一方,他不是交易活动的核心,他的行为和决策还取决于交易的另一方,其中包括组织、公共团体、中间干预者等,这些因素都增加了经济行为的不确定性。

上述批判表明,传统经济学忽视了人的价值因素以及社会环境和文化环境的因素,而这些因素在经济活动中却起着十分重要的作用。

(二)日本的传统文化对日本经济的崛起发挥重要作用

20世纪70年代以来,西方经济出现了一系列的波动,与此同时,东亚经济却在崛起。第二次世界大战以后,日本经济在一片废墟的基础上迅速崛起。到了20世纪六七十年代,日本的经济实力大有超过美国之势。在这一背景下,美国的许多有识之士把研究的目光转向日本,大批专家学者到日本探究其经济迅速发展的奥秘。原先的经济学家认为西方的制度和文化是最好的,但日本的崛起却对原有的理论提出了疑问。通过深入调查研究和比较分析,专家们开始意识到两国之间在文化和历史上具有巨大差异,日本的文化对日本经济的崛起具有重要作用。他们得出的基本结论如下:

(1)美日之间的差距主要不在技术方面,而在管理方面。因为日本的许多技术都是从美国引进和学习的。而管理的差距,也不是日本有什么高深莫测的理论和鲜为人知的方法,而是日本民族那种文化传统中奋发向上和忠诚的团队精神是美国人所不及的。

(2)在对企业发展的思考角度上,美日之间有很大不同:美国主要从经济层面、技术层面来考虑问题,因此偏重于资金投入、装备改进,在管理中崇尚理性主义的管理方式;而日本则更注重从社会层面、文化层面来考虑问题,因此在不忽视经济因素和技术因素的同时,特别偏重于非经济、非技术因素,尤其重视人的因素。

(3)在具体的管理方式方法方面,美日之间的差别在于:美国人更重视管理中的"硬"因素和"硬"技术,而日本人则比较重视管理中的"软"因素和"软"技术。因此,许多人认为以儒家为主的亚洲价值观是东亚经济出现奇迹的主要因素。到了20世纪80年代,亚洲四小龙——韩国、新加坡、中国香港和中国台湾的兴起,跃升为新兴的工业化国家和地区。许多华裔经济学家用"儒教文化圈"来解释亚洲"四小龙"经济的兴起。

其实,对于经济与文化关系的研究,早在亚当·斯密的《国富论》中就有体现,他曾指出,经济学不是与其他社会科学孤立的科学,经济增长也不是与伦理道德、文化价值观念无关的社会活动。可是,由于新古典主义经济学严格的逻辑实证主义和脱离"现实世界"的研究方法,使得文化长期以来无法进入经济学研究的领域中。

最早将文化主题引入对经济发展分析的学者是马克斯·韦伯,他在其《新教伦理与资本主义精神》中首先提出文化因素对经济发展的影响,他认为,欧洲资本主义的兴起与发展不仅仅是物质条件与经济结构的原因所致,而是在很大程度上归因于新教伦理的产生。在韦伯看来,资本主义精神是理性活动所不可缺少的精神驱动力,它是一种以劳动为义务,以履行个人的职业责任为天职,合理而系统地追求正当的利润,俗世制欲的精神。韦伯相信,这一精神所持的劳动和追求利润的态度最适于资本主义的经营。韦伯不仅指出了"资本主义精神"构成了资本主义经济伦理的最特有的本质,而且敏锐地洞察出这种精神的形成有着深刻的社会文化基础。通过考察,韦伯发现资本主义精神的核心或本质实际上来源于新教伦理,特别是来源于加尔文教的"天职观"。正是因为加尔文教确立了"世俗禁欲主义"的"天职观",因而使新教徒的那种禁欲苦行的忠诚由寺院移植到世俗经济生活中,并使克己履行世俗职业成为一个人获得救赎的唯一途径和最高道德形式,加尔文教派的现世使命或职业观念意外却很成功地产生了符合资本主义发展的价值观念。这样,在韦伯看来,加尔文教派的宗教伦理与资本主义价值观和经济行为之间存在着一种天然的"亲和关系"。这就是说,新教伦理导致了一种"资本主义精神",这种精神所具有的价值体系,驱动着人们按照合理性的要求进行经济活动和社会行动,最终推动了欧洲资本主义的产生。

韦伯之后,在社会学领域中建立起一个从社会文化层面研究经济的传统,逐渐建立了经济社会学和经济人类学,其中代表人物包括齐美尔、柏森斯、迪克海姆、博兰尼等人,他们从社会和文化层面深入探讨了经济领域的诸要素,像市场、货币、制度规范等。

以诺斯为代表的新制度经济学家以及经济史学家也十分关注文化在经济发展中的作用。兰德(1999年)在研究了欧洲500年的经济发展史后认为:"如果我们想从经济发展史中学到什么的话,正是文化使欧洲的经济变得与众不同了。"正是在那个时期,开放的制度、对创新的积极态度让欧洲确立了竞争优势。如今,学术界对商业文化、企业文化、文化认同等问题的关注度日益增加。同时,随着全球化和市场环境的变化,也带来了一系列诸如信任、社会资本、制度规范、跨文化交流和管理等问题,也对传统的经济学和文化理论提出了挑战,这些都涉及文化与经济的关系。

二、文化对经济的影响及成因

这里研究文化对经济的作用和影响,就是关于哪些文化元素会对经济发生影响,这些因素是如何影响人们的经济行为和企业发展问题。文化就像一个变形虫,任何一组元素都可以形成一种类型的文化,同样一种实物,例如茶叶,与不同人群的组合,便会形成不同的文化。中国南方有南方的茶文化,北方有北方的茶文化。所以丹尼尔·贝尔说:"文化本身是为人类生命过程提供解释的系统,是帮助他们对付生存困境的一种努力。"文化虽然与生产、价格等经济学知识无直接关系,但它却会影响人们的行为偏好和选择,如哈耶克所说:"为了能对社会变化的过程说出些道道,我们必须懂得一些更深一层的知识,这些知识是人们不直接使用的有关行为选择可能性的知识。"

大多数经济学家都把文化看作一种抽象的价值观。兰德斯(Landes)把文化看作"引导人类的内在价值和态度"。亨廷顿和哈里森认为文化是"价值、态度、信仰和一个社会人群认同的共同假设",福山则把文化当作"继承下来的伦理习惯",而诺斯把文化当作"意识形态"领域的一个范畴,他认为文化是人们解释世界主导的观点和看法,奥尔森则区分了两种文化:市场化的人力资本或个人文化,以及公共产品的人力资本,指的是公共政策。

近年来,在文化方面,经济学家研究得最多的是关于组织文化或企业文化问题。他们从组织、组织进化发展等角度研究组织文化,侧重于从组织和经济学层面研究文化,这些研究对于我们具有重要的启示。克里默(Cremer,1993年)将文化描述为企业所共享的知识,并可以改善信息加工的效率。他关注那些相对容易共享(有固定的成本)的事实信息。模型实际上并不能解决文化的产生和进化问题,只是集中考察了文化对经济所产生的影响。除了共享信息的初始成本,在他的模型中,良好的文化总会带来更大的业绩。但是,这个模型并没有解释为什么文化有时也会失效,以及为什么在同一行业中,有相近发展背景的企业会有不同的文化。

拉齐尔(Lazear,1995年)把文化看成"共享的信念、价值和技术",并考察了一个组织文化的遗传和进化模型,其中的前提假设是文化是可传播的,并且管理可以影响不同"基因"的复制几率。这项工作为文化的进化提供了一个角度。克雷普斯(Kreps,1990年)对组织文化做出两种解释,其中一种解释就是文化在多均衡的情况下,是一种合作机制,文化因此是一种纯惯例,就像是在靠左边行驶还是在靠右边行驶一样,但那种文化是十分脆弱的,是在以特殊的方式来解决不可预见的意外时,而获得的声誉。按照克雷普斯的观点,作为声誉的文化可以防止雇佣者滥用权力。赫梅宁(Hermalin)对上述观点持批评态度,认为它很大部分是建立在"想当然"的基础上,不可预见的意外以及处理问题的声誉没有清楚地定义,这违反了经济模型的原则。

沙因(Schein)将文化作为一个团体通过解决外部适应问题和内部整合问题而掌握的共享的基本观念模式,如果这种模式在工作中证明是有效的,那么,它会被作为一种正确的感知、思考和感觉相关问题的方法传授给新的成员。关于组织文化,沙因(Schein,1985年)认为有三个层面:第一层面,是作为行为方式的文化。这包括"做事的途径"、规范、经历、符号等,这些行为方式影响到第二层面,即企业的共享价值,这一层面,也受到第三个层面"共享假设"的影响,这个层面是最基本的层面,也是文化的"根"。所有这些关于文化的认识,都考察了规范、经历和符号这些作为共享的信念或假定的表达形式。典型的行为规范会影响到人员的进入、互动和团队的信心、隐私,以及完成任务的方式等,所以,行为方式是十分重要的。马丁(Martin,1992年)提出了可以从整合的角度、差别的角度、支离破碎研究的角度来研究组织文化。

随着全球经济一体化速度的加剧,人们对文化的关注度在不断提高,同时文化对经济的影响和渗透也日渐显著。这其中的原因如下:

(一)社会流动性的增加和全球化的蔓延

我们已经进入全球化时代,这是当代高科技发展和资本主义扩张的结果。信息可以超越时空在瞬间传递。市场经济打破了地区的界限,扩散到了世界各地,"全球化让远距离的社会事件和社会关系与地方性场景交织在一起"(吉登斯),世界变得一体化,地球变成了"地球村"。另外,它却让原来从未接触过的人产生交往,让千差万别的事物在同一时空下出现,正是在这个时候,不同的文化之间产生了碰撞和冲突。所以,伴随着全球化出现的,一方面是表面上相同的经济行为和社会行为,另一方面是不同价值观念、生活习惯、思维方式之间的碰撞。在看似相同的经济活动中,产生截然不同的结果。例如,同样是房产投资,西方人无须考虑风水、阳光照射等因素,可是在中国,这些条件却非常重要,甚至可能决定投资的成败。另外,社会流动性不断增加,农村人口向城市转移,不同地区之间的人口在企业间流动,带来了一系列诸如诚信、文化不适或水土不服等问题。一个来自不同地域的商人——北美人、英国人、荷兰人、德国人,如果去具有特殊文化环境的地方做生意,那么他应当明智地安排比平常更长的旅行时间。一般情况下,形成更亲密的伙伴关系比在达成合同协议至少需要多出1倍的时间。人们在熟悉的文化环境中,相对来说比较遵守诚信和规范,但是在一个陌生的环境中,彼此之间就形成了囚徒困境,由于缺乏合作的经历,人与人之间互不信任,于是就都选择背叛行为。这些由文化差异带来的对经济活动的影响和问题,越来越引起人们的关注。

(二)社会变革的加速和经济结构的变化

社会变革的加速意味着人们对社会传统的抛弃和对新事物的接受速度在加快。中国改革30多年的经济发展相当于西方社会六七十年甚至上百年所取得的成果。在这样短的时间里,从物质到生活以及观念,中国人经历了巨大的转变。在这种条件下,多种文化形态共同呈现于同一时空之中,传统的、现代的、计划经济的、市场经济的、中国的、西方的、现代的、古代的、落后的、先进的、精华的、糟粕的等,真是泥沙俱下。在众多文化形态中,人们面临着对不同文化的比较、辨别、选择、判断、适应等一系列的认知和学习过程。人们在多重文化体验中,变得无所适从,这时就加强了人们对文化的体验和感受。在这种情况下,如何采取用最有效的方法和最低的成本来应对这一变化,就需要对人们面临的文化问题做出更加深入的研究。同时,经济结构也出现了多样化,合资公司、公司重组、跨国企业、企业搬迁等,都面临着一系列不同文化之间的碰撞和协调问题。

(三)知识经济发展所致

我们已经进入知识经济时代,世界上的信息每天以指数级在增长。这些知识和信息改变着社会存在的样态。世界原本的自然形态逐渐被打破,整个社会充斥着错综复杂的知识和信息,社会的存在状态已经不再是自然呈现给我们的样子了。自然成为"人工自然",人类的生活资料无不被打上了"工业化"和"人造"的印记。同时,世界的存在状态也在发生改变,整个世界成为由知识构成的世界。这是指知识决定着社会要素的组成、结构形式及其发展方向。过去的企业仅仅是生产资料、劳动力和资本的组合,但在今天,企业的发展依赖于对知识的掌握和运用,许多经济学家甚至认为企业就是一个进行知识承载、学习和创新的实体。在这种情况下,以传统的认识论和方法论已经无法认识这个千变万化的世界了,在这个世界中,学习和创新成为人们了解世界的基本方法和渠道。而且,学习的内涵也在发生改变,以前的学习通常是个体行为。人们接受来自书本或老一辈的知识或经验传授,可是,在知识经济时代学习不再仅仅是个体行为。知识包括显性知识和隐性知识,显性知识指的是用语言、文本、数据等形式表达出来的知识,像科学、技术、规章制度等。隐性知识则是不能用明确的语言、文本等形式来表达的,它是通过组织性的交流、沟通和共享来获得的知识,这部分知识往往比显性知识更重要。这部分知识需要通过组织学习来获得,组织学习是一个带有正反馈机制的不断改正组织错误的过程。现代信息论表明,一个网络的潜在收益,会随着节点数量的增加而成指数地增长。例如,有两个人相互交流,双方所得到的信息和经验呈线性增长。但如果随后他们与其他人共享新知识,并有人提出问题,共同来讨论和提出各种建议的话,那么,由此得到的知识和收益就会呈现指数性增长。这就是组织学习的效果。进行组织学习的过程在很大程度上就是文化的构建、认知和认同的过程。人们在组织学习中通过相互交流来确立共同的知识体系、思维方式和价值取向等,这是文化的生成、传播和发展进化的过程。

(四)企业组织理论的发展所致

新古典理论将企业看作一个原子式的"经济人",市场活动就是围绕着"经济人"的利益最大化而进行的一系列活动。可是人们发现,"经济人"的假设存在缺陷,因为人的理性是有限的,而且,人生活在复杂的社会环境中,许多不确定因素和文化因素决定着人们不可能总是选择利益最大化行为,这时,人们开始关注企业作为"组织"的特性和功能及其不同于"经济人"的特征。在一定条件下,企业作为组织可以节约交易成本。经济学家彭罗斯曾指出,企业就是一个进行知识承载、学习和创新的实体。

企业要想长期生存和发展,如何与周围环境的协调和适应,在社会中以什么样的形象区别于其他同类企业,如何长期可持续发展的问题,这些都要求企业体现出独特的文化和个性。现在,越来越多的企业关注的焦点转向企业文化和品牌形象的建设,企业间竞争的不再是产品本身,更多的是附加在产品身上的文化。例如可口可乐公司,在过去一百多年时间里,他们的产品和技术变化有限,但他们之所以能够长时间立于不败之地,在于他们造就了一套不同于其他企业的产品文化和企业文化。

(五)发展观的转变

西方新古典经济学的发展观主张物质财富的增长。可是随着由传统经济增长模式带来的环境污染、生态失衡等问题的加剧,人们开始重视自然与社会的协调发展,于是人们提出了新的发展观。诺贝尔经济学奖得主阿马蒂亚·森指出,尽管GDP同样可能扩大人们的能力,但发展的最终目标并不是产值的最大化。人们除了关注物质财富的增长之外,还关注涉及人类更多需求的文化发展问题。1998年,在斯德哥尔摩举办的"政府间关于发展中文化政策会议"上,有150多个国家提出要把文化政策作为发展战略的一个重要的组成部分。这表明现有的社会环境正在发生变化,"建立适应全球化竞争的新规则需要的商业系统理论已经变得迫在眉睫"。

三、文化在当代经济社会中的价值体现

研究文化对经济的作用,自然涉及文化的价值问题。文化价值一般指的是文化的社会价值。不同的社会有不同的文化,不同的文化包含不同的意义和价值。例如,一种文化、观念或行为对于一定的社会有效或有价值,但对另一个社会却可能毫无价值。法国学者弗朗索瓦·佩鲁认为,在社会发展过程中,文化价值对经济的增长起着根本性的作用,"各种文化价值是抑制或加速增长的动机和基础,并决定着增长的动机和基础"。

随着科技、网络、知识向经济领域的渗透,社会经济形态呈现出不同于以往的新的特征,人们称之为"新经济""知识经济"或"网络经济"等。这些经济形态一改传统工业社会大生产、大批量、标准化的生产模式,更趋向于智能化、人性化的生产模式。这一转变将决定未来经济价值重心和经济发展形态的重大转变。这种新经济形态呈现出速度决定一切、边际收益递增、学习和创新活动驱动、需求多元化特征。在新经济时代,大工业生产方式已经解决了人类的基本生存问题,一方面,人们教育水平的提高使得人们对自我发展和自我实现的价值要求越来越高,从而人们越来越不满足于基本的物质需求;另一方面,日益丰富的物质生活唤醒了人们对其他非物质的需要,产生了需求的升级效应。同样是饮食,人们已经不再满足于吃饱肚子,而是更倾向于去优雅、舒适的餐馆享受美食。同时,人们的精神文化需求变得更加丰富,文化产业应运而生。娱乐业、新闻出版业、咨询业均成为经济发展的重要支柱行业,这时,人的需求开始趋向于多样化。不论怎样,经济学意义上的文化价值必须通过市场体现出来,不论是知识,还是某种文化产品,或是某种审美情趣,只有以产品的形式,在市场中被接受和推广,我们才能说这种文化具有了普遍的经济价值,否则一种文化的价值只能说是社会学意义上的。也就是说,谈论文化的经济价值,一定是从市场的意义上来讲的。

四、文化的经济功能与效用

(一)文化的认知性功能

首先,文化是人们长期形成的共同认知。这种认知应包括三方面的要素:一是

对共同的语言或符号的认知;二是对相关事物的共同认知;三是对行为规范的共同认知。首先,共同的文化和共同的语言显然可以节约交流互动的成本,大家可以用同样的语言,而无须翻译。这是一项十分明显的作用。威廉姆森说:"当交易双方根据合作情况愿意续签合同并达成新的协议时,就会额外节省具体交易的成本。互相熟悉了,双方就可以有话直说,就能节省沟通成本;由于知根知底形成了一些特殊用语,举手投足都能心领神会。于是,在制度上、在个人关系上都形成了一种信任关系。由于他们能根据这种沟通做出适当的反应,因此在判断对方流露的意向时,于公于私就都有了判断的标准。这样,即使交换以求两利的精神受到伤害,只要人格正直这一点能被人信任,交易者就会拒绝(利用)合同文字来占对方便宜的那种投机做法,有了这种拒绝投机的心态,就能抑制各种组织都具有的那种想投机的通病。如果其他情况都相同,却形成了以个人信任为特点的特殊交换关系,那么这种交换就会受到更大的压力,就必须具有更强的适应性才行。"这种文化所起的作用是对未来不确定信息的提前预期,信任作为文化对于经济的作用,通常是从这方面讲的。

其次,形成特定的偏好。因此,文化认知当中一些带有一定的价值判断,也就是什么是好的,什么是不好的,什么事可以做,什么事不可以做,这样就会形成一种既定的认知模式,从而形成人们的偏好。例如中国人结婚喜欢红色,而西方人则喜欢白色。按照凡勃伦的看法,文化认知模式是作为形式化规则的正式制度安排的灵魂,它具有使形式化规则具有生命力的价值,"没有这些价值,外在制度形式将成为死的骷髅"。而文化认知模式本质上是一种地方性的现象,所以制度的基本特征是因时因地而异的特殊性,制度是一种适应社会存在的文化类型。因此,在非西方文化传统的新兴市场经济国家,没有文化认知模式的变革,正式制度安排如宪政体制就很难扎根,甚至会产生"淮橘为枳"的现象。这就是为什么自1993年诺贝尔经济学讲演后,诺思一直就在惦念着:信仰体系或文化认知模式怎样构成了制度变迁路径依赖的关键性因素?这种文化认知包括诺斯指的意识形态、信任、文化习俗、习惯等,它们在长期的文化进化中形成了人们的统一认知形态,从而在认识上节约了人们沟通、交流达到一致意见以及防范风险的成本。

(二)文化的制度性功能

制度性功能所起的作用是对行为选择的限定和规范。按照新古典理论,人类从事经济行为是没有限制的,可实际上,人们的经济行为,无论从哪方面说,都无处不存在着限制。首先,是有限理性的限制,因为人们掌握的信息总是有限的,因此人们不可能从无限的信息中取得最优决策。其次,人们的行为总是受到社会制度、习惯、价值观念、审美取向等一系列文化因素制约的,制度经济学和演化经济学家的研究表明，人们进行决策时通常并不是理性地遵循最大化原则，而是遵循一套行为习惯，或是过去的经验，这也是说人们的决策并不总是在理性条件下进行的，大多数情况下是根据习惯、制度无意识地进行的。也正是这些习惯、制度、规范的无意识活动，才极大地节约了人们搜寻信息、判断、决策的成本，从而有更多的精力投入日常活动。

这种行为规范同时也是一种稳定预期，可以让人们的行为在一定的社会环境中保持稳定和持续，而不论这种行动带给当事人的效用为多少。比如，我们看到别人的钱包掉在地上，从利益最大化的角度，显然我们捡走钱包可以保证利益的最大化，但实际上，人们在面临这种选择时，会受到社会规范和道德观的影响，一般人都觉得这样做不好，不要拿别人的钱包，这是有损道德的。由此可见，文化作为制度性规范，它对人们的行为选择起着制约和规范的作用，这种作用是在社会长期进化中形成的，同时也是有利于社会稳定和发展的。正因为文化的这一功能，才能让社会最有效地达到均衡，因为如果人们无时无刻地都在进行着对自身有利的行为选择，即总是处于"囚徒困境"的话，显然社会要达到均衡状态需要极其漫长而复杂的过程，而制度的作用，就是要打破这种复杂的选择，建立一种稳定的行为选择和行为预期。

制度作为人们长期博弈的结果，已经为人们提供了一种均衡状态的范例，也就意味着这种均衡一定在某一历史条件下是有效的。违反这一均衡，就会使人们的行为秩序产生混乱，从而导致社会总体经济效率的下降。政治制度是指保护个人产权、公正的司法和有效的执行这三样东西。这样一个有效的政治制度可以让个人之间交换的代价大大降低。另外，文化的制度规范功能还体现了环境对人的选择与决策的制约。新古典理论把人看作"经济人""理性人"，认为他们的经济行为总是经过计算的，具有稳定的决策。但实际上，个体的行为通常并不稳定，同一个人，在不同的环境下，做出的行为可能是截然相反的。例如，一个人在熟悉的环境里往往不会进行欺诈活动，但换到一个陌生的环境中，却极可能做出违背诚信的行为。这在当今中国的社会中就极为普遍，这是因为人口流动性的增加，人与人之间不容易形成稳定的交往群体，这样就大大增加了机会主义的几率，从而导致了信任危机的出现。

不同制度或规范的产生也与文化环境有关，例如为什么中国人习惯于由某一个人出钱请客吃饭，而西方社会却普遍实行AA制，这也是因为中国传统社会形成了相对固定的交往群体，一个人之所以愿意出钱买所有人的单，这是因为他已经预先知道下次会有其他人轮流买单，这样就形成了一种潜规则，体现了一种均衡。而西方社会人口流动性大，文化传统强调等价交换的契约原则，在这种情况下，如果个人选择买单的行为,下次很可能得不到相应的回报,于是便出现了AA制的社会规则。由此可见,文化的制度规范对人们的行为选择提供了相对有效的信息筛选机制以及稳定的行为预期,从而节省了交易成本。

(三)文化的适应性功能

文化作为一种人类特有的社会存在形式,是人类进步和适应环境能力的体现。在原始社会或人类社会的早期,人类对社会环境的认同通常通过血缘关系来达到,这是最原始的认同。这时,人们只认同自己熟悉的人或事物,而对外界的适应和融通能力较弱。随着社会交往和社会进化,人们在更大的人群范围内发展了对人、对物、对环境的认同,这就是文化。哈耶克曾指出:"文明和文化的传递,几乎不可能受遗传的决定。它们必定是被所有类似的人通过传统而学会的。""我们现在的这种不寻常秩序的形成,以及存在着目前这种规模和结构的人类,其主要原因就在于一些逐渐演化出来的人类行为规则,特别是有关私有财产、诚信、契约、交换、贸易、竞争、收获和私生活的规则。它们不是通过本能,而是经由传统、教育和模仿代代相传,其主要内容是一些划定的可调整范围的禁令。人类通过发展和学会遵守一些往往根本上他按本能行事的规则,从而不再依靠对事物的共同感受,由此建立了文明。"所以,文化其实指的就是特定人类群体的行为和认知模式,以及与此相关的精神和物质生活。

霍尔认为,文化有三个基本属性:习得性、互联性和共享性。习得性表明文化对于人类个体来说并非是先验的存在,而是需要在后天的文化环境中通过教育和环境潜移默化的熏陶而逐渐内化于个体的。文化的模式特征内化于个体人格之后,即对个体的情感、认知和行为具有制约作用。但同时社会生活也是个体将秩序和意义带入群体生活的不断创造的过程。由此可见,文化乃是由个体通过社会交往而创造的,社会和文化秩序是一个动态和相对的概念。文化天然就是一个"复杂的适应性系统"(米歇尔·沃尔德罗普),这个复杂的适应性系统,是一个由许多平行发生作用的"作用者"组成的网络。每一个作用者都不断地在根据其他作用者的动向采取行动和改变行动。这个系统还具有多层次组织,所有复杂的适应性系统都会预期将来,总是会有很多小生境。文化的适应并非是被动的、单向的适应,而是一种学习性调整。例如,印度佛教在中国的传播就表现出了对中国传统文化的强烈依附和适应。佛教传入之初,由于儒学之尊,佛教受到排斥,甚至受到法律上的限制。面对中国文化的强大排外性,印度佛教不得不采取灵活的依附与适应中国传统文化的措施。高唱佛儒一家论,与儒家文化相妥协,佛教的《盂兰盆经》,删略了许多与中国传统伦理观念不相容的情节,结果讲得与中国孝经一样,在中国被广泛流传。与此相反,基督教早期在中国的传播与佛教就大不相同,由于基督教传入之初没有与中国传统文化很好地适应,因此在明清前一直未能在中国内地广泛传播。后来,传教士利玛窦来华传教,认识到基督教要在中国站住脚,必须适应中国文化。他编造出一套"耶儒合流论",鼓吹儒学与基督教教义是"同条共贯"、互为补充的。

如今,在经济高速发展的时代,作为组织的企业与周围环境(包括交易对象、市场环境等)的融合和适应,已经成为经济学和管理学研究的主题内容,降低交易成本,实际上就是要求通过学习和创新,达成与周围环境最有效的适应能力,而要做到这一点,文化的协同性和适应性越来越重要。

(四)文化的价值导向功能

人类社会的价值体系是随着社会的发展而不断发生变化的。"经济进步有赖于人们改变对如何创造财富的想法"。在人类的价值体系中,并不是所有的价值都能创造财富,那么什么样的价值才是指导企业行为,成为企业的一系列基本准则和信条呢?企业在进行战略规划时要回答以下问题:"什么事至关重要?""什么事很重要?""我们信奉什么?""我们该怎样行动?"一个企业的价值观是该企业对于内部和外部各种事物与资源的价值取向,是企业在长期的企业哲学指导下的共同价值观,价值观是进行决策,确定政策、策略和方法,以及选择行为方式的指导方针。也就是说,价值观制定着游戏规则。企业核心价值观是企业文化的灵魂(企业价值观有四个层次:核心价值观——长远的、有差异的;目标价值观——要有但目前没有的;基本价值观——最低标准,公司间无差异;附属价值观——自然形成的),也是与其他企业的本质区别。美国经济学家哈里森·劳伦斯列举了十种有利于经济进步和发展的文化价值观,它们分别是时间取向、工作、节省、教育、功绩、社群、严格的道德、正义和公平、权力、世俗生活。

总之,文化,特别是企业文化,是经济的反映,而经济是文化的基础。什么样的经济会产生什么样的文化,文化也反过来作用于经济,健康的文化对经济起促进作用,落后的文化则对经济起阻碍作用。

第二节 儒家文化和企业的关系

一、儒家文化中"家"的特征

在现代社会,一些人通常认为中国几千年的传统文化阻碍了现代化进程。实际上,中国传统儒家文化可以促进现代化转型,日本和东南亚儒家文化圈的成功转型足以说明这一点。所以看待中国传统文化,并不在于对其本身的价值和作用的评价,而在于如何看待中国传统文化与现代文化之间的关系。一方面,如果固守中国传统文化,会导致中国封建社会末期闭关自守的结局;另一方面,如果一味强调西方制度和文化,置中国传统文化于不顾,最终恐怕就是俄罗斯"休克"疗法的结局。所以,问题的关键在于如何协调中国传统文化与现代文化的关系。

我国是一个以家庭为中心的国家,家庭内部人际关系是个人最重要的关系。但中国的"家"文化又不仅仅是血缘意义上的,正如费孝通所言:"在中国乡土社会中,家并没有严格的团体界限,这个社会的分子,可以依需要沿亲属差序向外扩大。""家里的"可以包罗任何要拉入自己的圈子、表示亲热的人物。自家人的范围是因时因地可伸缩的概念。所谓四海一家,便是家的概念的无限延伸。在中国,家既可以是共同财产、共同经济、同居共食的基本生活单位;又可以是共同血缘关系,但在经济和生活上各自独立的同一父系祖宗后代的若干家庭所组成的家庭组合;还可以是某种亲属关系,并且有某些共同经济利益和联系,但生活上各自独立的若干家庭的结合体。甚至还可以把家族的范围扩展到同乡以至同种族,形成一种覆盖范围极大的泛家族组织。

但这种泛家族文化并非对所有人都是一视同仁的,在中国社会中,人们对陌生的外人比对待自家人容易表露不公平的待遇,中国人的自我涵盖了家人,因此对待家人如同对待自己。中国人对家庭的高度认同,大大淡化了对社会和组织的认同,造成对家庭的过度依赖。所以,中国传统文化强调的集体主义与人和人之间由忠诚所维系的"集体意识"有所不同,尽管个体是按照集体主义的规则行动,但这个集体的界限却是因人而异的,杜维明指出:"现代儒家强调的是一种以自我为中心的集体关系。"在这种家庭制度下,人们不鼓励家庭以外的人或组织承担责任和分享权利,因而不可避免地导致一种低信任度的社会结构出现。这种低信任度的社会结构是我国民营企业进行制度创新的障碍。中国传统的家庭继承制度,对我国民营企业的发展极为不利。我国实行的继承制度是多子继承制,即每一个子女都拥有平等的继承权,往往容易导致企业的四分五裂。同是受儒家文化影响的日本,他们实行的是长子继承制。长子继承制的最大特点是家族里的财产除一小部分分发给各家庭成员,其余的全部归长子继承,家庭其他成员都被排除在外。这种长子继承的家庭制度有利于保持企业资本的高度集聚并顺利地跨过规模经济的门槛,而规模经济则是企业进行制度创新的内在条件之一。

二、中国儒家文化和家族企业的关系

对于儒家文化和家族企业的关系,Hsiao Hsin-Huang Michael 说:"问题不在于辨别文化的本质,而在于在政治和经济环境中辨别出哪些文化因素能够对经济活动的动力和竞争力产生影响。"在一个通常的博弈活动中,经济活动是重复互动的结果,每个博弈者都有两种选择:合作或不合作,合作要求博弈者提供另一方要求的产品,双方都不可能在他自己做出决定前观察到另一方的选择结果。如果双方都合作,那么交易就会成功;如果一方合作,而另一方不合作,那么就会出现剥削或欺骗现象。博弈者从互动中获得的价值不仅由他们自己的决策所决定,而且还受到政治环境的影响,特别会受到政府的干预。不断积累的合作愿望会受到互动次数的影响,因为每个博弈者对未来的决策是根据历史和现在的经验互动来决定的。而历史和经验最终又表现为文化观念和认知模式。

在社会的转型和变革时期,由于还没有找到和建立合适的制度和规范,那么对传统文化中某些有利因素的利用可以极大地降低文化成本,取得传统与现代的整合和协调发展。中国家族企业的发展,特别是浙江民营企业的成功经验就足以说明这一点。

(一)家族文化的和谐精神,可以转化为内协与外争效应的统一

一切内部管理的根本目的在于有效外争。就企业而言,科学管理能克服内耗和内散状况而达到内序。但是西方管理却难以达到内协层次,有效管理的最佳(内部)状态是形成内协效应,不仅要靠有效的管理措施,还要考虑被管理者的文化背景。家族文化强调家族群体,通过管理有序化而更有可能形成内协效应,从而达到管理中内协与外争效应的最佳统一。

(二)家族文化的光宗耀祖精神是私营企业不可缺少的凝聚力和动力

光宗耀祖、兴家立业、子孙绵延是中国人最为重视的。"中国人最初的和最终的责任是对祖先和后代尽心尽力。"正是出于对家族利益的关心,许多私营企业主都把公司作为一份家业来经营,同时教育下一代珍惜和不断扩大这份家业。李亦园认为:中国式的家族企业,巧妙地熔现代组织形态和中国人对延续家族所负之强烈使命感为一炉,化公司利益为家族利益,由此而提供中国人在商场的强烈动机。中国台湾几十年前所开创的经济奇迹可由此而解。如果新教伦理曾经是近代理性资本主义蓬勃兴起的重要精神驱动力,那么这种为家族利益而奋斗的精神也带有神圣、崇高和自我献身的境界。当这种精神引入现代经济发展领域,就能成为现代化和产业化重要的动力源泉。罗荣渠教授指出:"由儒家的'齐家治国'意识转化而来的'发家富国'意识,同样能推动资本主义的快速发展。"

(三)家族文化的重视教育和机会均等思想有利于人力资源开发

家族出于维护家长制的血缘关系,保持子孙后代的兴旺发达需要,特别重视教育的作用和对子女的培养。望子成龙,望女成凤,父母亲自督促子女的学业,把投资子女教育,培养后代成才作为父母的主要职责,子女也把读书做官、"金榜题名"、

光宗耀祖作为对家族的回报,这对于提高职工的素质有巨大的作用。

(四)家族文化中节约原则的运用能有效地降低成本

勤俭节约是中华民族的传统美德。体现在私营企业人事管理上,大多实行"一个萝卜一个坑"的原则。在生产管理上精打细算,实行成本核算,尽量减少能源和原材料的损耗。这无疑有利于企业的发展。

(五)家族文化注重规范和秩序,这与现代市场经济要求相一致

家族文化强调人与人之间的交往关系都必须在严格的"礼"的规范下进行,要求人们的视、听、言、行都要合于"礼",通过"礼"调整人与人之间的关系乃至整个社会关系的和谐秩序。通过对其思想的扬弃,把其注重规范与秩序的意识转化为对法律法规的遵循,这有助于人们在市场经济活动中规范意识的形成和对秩序的遵守。

但是家族企业也有自身的局限性,家族企业最终总是倾向于分裂,而不是在纵向上取得发展。这是因为家族企业建立在亲缘关系之上,随着代际的繁衍,原先的直系关系会发展出许多旁系,这些后代的亲缘关系显然不如原先关系稳固,于是,亲缘关系的疏离就导致了家族企业的分裂。这样就影响到企业在规模上始终得不到扩大。

以亲缘关系为基础的儒家资本主义,建立在文化和理性结构因素互动基础上,其制度结构是有利于保持稳定的模式。它的增长模式是在缺乏"理性的"政府控制之下,这种一体化模式可以减少政治压力。所以,来自企业内部的利益压力和外部发达国家的安全压力都会削弱这种增长模式的效用。这种模式的长期存在已经形成了一种"高度的均衡陷阱"(Elvin,1972:Ch.17)。

第二次世界大战之后,儒家文化面临着较过去不同的环境,它原先所存在的基础发生改变,那么,它如何应对这种社会结构的变化?为什么家族企业的结构并没有打破,而且还被普遍形态的企业所代替?原因之一是因为家族企业的存在本身就改变了一般的经济环境。如果大多数企业都按照亲缘关系的原则经营,这种建立在亲缘基础上的模式就形成了一种纳什均衡(即如果在一个策略组合上,当所有其他人都不改变策略时,没有人会改变自己的策略),甚至在强制合同制的情况下,只要其他经营者都按照这种亲缘原则经营,那么其中的任何人都不会放弃这种合作方式,而会忽视利润的最大化,因为他们不指望其他人有同样的愿望。因此,只要企业不期待其他人在短期内有改变行为的愿望,他们自己也不会有任何改变,这样就可以维持家族企业的长期存在。

但是,如果在市场中还存在大量的非儒家文化背景的潜在合作者,这种自我维持的状况就会发生改变,在这种情况下,一些想摆脱亲缘合作关系的人就会选择与

非儒家文化的伙伴进行合作，因为他们知道这些人不会拒绝，一旦有人在此过程中获得成功，原先的儒家文化系统便开始分裂，因为原先对其他人也坚持儒家规范的期望开始变得不那么确定了。这会发生在相对经济发展比较活跃的多元文化社会（像美国或欧洲），或者发生在国际交往比较多的情况。如今全球化的趋势已经预示着家族企业系统的最终消亡。

儒家文化并非不理性的选择，它是为了在交易中减少不确定性，于是才选择了亲缘关系作为交易活动的基本纽带，即使在此过程中放弃了一些潜在的经济收益。在外部制度环境既不会阻止创造利润，也不能保证经营者不被他人剥削的情况下，建立在社会规范基础之上的经营策略是占主导地位的。并且在上述情况下，建立在规范基础上的活动是唯一能保证经营者之间长期合作的途径。然而，当结构环境发生改变后，上述那种模式最终也会带来问题，不仅是效率问题，而且出现在当有了不共享上述规范的经营者之后，上述规范的作用也开始发生变化。

三、文化在国企改革中的影响和作用

这里我们利用文化的适应性、一致性、参与性和使命感分析文化对国企改革的影响。适应性是指对环境的适应能力，一般来说，组织内部整合与外部适应通常是矛盾的，所以企业要不断在对外部事件的内部认同和促进变革之间寻求平衡。适应型的组织通常由客户导向，敢冒风险，知道纠错和从错误中学习，并有能力应对变革。适应性包括三个指标：创造性变革、客户定位和组织学习。企业目标和远景是企业的使命，衡量良好目标和理性的标准是：战略方向和意图、目标和目的以及蓝图。一致性是一种统一达到目标和解决问题的方法，这可以在面对外部挑战和不测时，内部可以尽可能地采取一致行动。衡量的标准是：核心价值观、一致性以及协调与整合的能力。参与性指的是在竞争的环境中参与团队工作的能力。这由授权能力、团队定位以及发展能力几项指标来衡量。使命感是指有效的组织通常有一个明确的目标和方向，并有明确的战略远景(Mintzberg,1987,1994;Ohmae,1982;Hamel & Prahalad,1994)。当组织的文化目标发生变化时，组织其他方面的文化也将随之发生变化。组织文化犹如一种具有惯性的物质。只有在历经与其形成和发展程序的时间相同后，重大的转变才会出现。

虽然全国性的经济体制改革历时30多年，中央做出了不懈努力，如今的国企组织文化使已退休的职工都感到十分熟悉。参与性通过正式或非正式程序影响组织效益，一致性通过组织成员的观念和行为影响组织效益，适应性通过内部灵活性和外部作用影响组织效益，目标性通过提供意义和努力方向作用于组织效益。成功的组织同时具有以上四个因素，在每一个因素中，传播起着重要作用，它帮助组

织成员理解组织赋予这四个因素的意义。

（一）国企改革的参与性

自改革开放以来，国企中参与性较差。虽然股份制在一定程度上分散集权，但由于国家持有绝大部分股份，承包制又扩大了企业负责人的权力，决策权仍在一小部分人手上，职工很少参与决策。中国有一句俗话支持这种一人说了算的决策方式：众口难调。由于职工参与性较低，导致他们对改革措施的实施感到不安，甚至产生抗拒心理，影响了劳动积极性。

（二）国企改革的一致性

尽管国企改革的政策在过去 30 多年内有所改变，但仍未摆脱传统观念的束缚，促使国企传统文化延续的因素有年长领导人和工人的影响，缺乏相应的社会保险措施以及儒家思想的影响，国企组织文化虽然在一定程度上有所改变，但不足以跟上改革措施实施的步伐。

（三）国企改革的适应性

在国企改革之前，适应性对国企只意味着对意料之内的产品需求增长做出相应反应。在改革期间，适应性不仅意味着适应外界的影响，而且还意味着接受与传统观念相悖的观念。这一适应性对国企今后的发展都至关重要。

（四）国企改革的目标性

从计划经济转入市场经济，对国有企业的目标产生巨大影响。20 世纪八九十年代，中国逐渐进入买方市场，各种商品应有尽有，许多商场的口号是"顾客是上帝"。金钱在人民生活中的地位越来越重要。"大款"在 20 世纪 70 年代是资本主义的萌芽，是批判的对象，如今"大款"是令人羡慕和嫉妒的对象。国企面临创造利润的紧迫感，以求拉近国企职工和合资或独资企业雇员之间的收入差距。除此之外，国企还面临着提高产品品质以提高竞争力的任务，国家不再包销其产品。

四、儒家文化对现代企业发展的作用

（一）诚信品德是企业文化建设的基础

管理者不仅是发号施令者，还是行动的表率和员工的模范，所谓"其身正，不令而行；其身不正，虽令不从。"只有管理者自己正直无私，员工才能正，才能信任和服从。那么，作为管理者自身的道德，其重要的德行又是什么呢？《论语·学而》篇载："子曰：'道千乘之国，敬事而信，节用而爱人，使民以时'。"这里的"道千乘之国"指的就是治国之道，管理之道，"节用而爱人，使民以时"主要是治理措施，而"敬事而信"则是对管理者道德的要求。《论语集解义疏》包氏注曰："为国者举事必敬慎，与民必诚信也。"在儒家的道德体系中，"信"是"五常"之一。孔子认为"民无信不立"，因而把"信"作为四教内容之一教育弟子，强调"言必信，行必果"。同时，儒家也倡导"诚"，《中庸》说："诚者，天之道也；诚之者，人之道也。"把"诚"看作圣人"不勉而中，不思而得"的天性，一般人则"择善而固执之"，坚韧执着地去做，就可以由诚而明善，从而达到"赞天地之化育"，与天地并立的境界，故而，"诚者，自成也。"也就是说，"诚"是一个人完成人格，表现德性的途径。由此引发开来，孟子强调"反身而诚"，认为"明善"即为"诚身"之道，如能明善诚身，就可以实现"万物皆备于我"的至善追求。由此可见，诚信是儒家倡导的必备德行，是每个人都应坚持的处世之道。是否具备诚信品德是一个企业管理者成败的关键所在。用诚信来换取下属、顾客、合作伙伴的信任和理解，这种诚信就会为我们带来巨大的财富。

现代儒商李嘉诚最看重的是一个"信"字。他教育子女时反复强调："要令别人对你信任，首先你必须待人以诚，执事以信。"他在经营中也总是利用各种机会与客户建立长期的互惠关系，而不向短期暴利着眼。故而，业界人士都把"诚信"看作李嘉诚最大的资产。在企业的内部管理中，诚信主要体现在"三公"上，即管理中的公平、公正、公开。在经营管理过程中，企业都会制定各种规章制度，确立不同的工作目标，明确详尽的激励机制，确定具体的奖罚办法。但如果这些规章形同虚设，不能得到认真、公正的执行，就会挫伤员工的工作热情，导致效率低下，企业精神涣散。因此，我们应该明白，领导者的诚信就是一种无形的力量和财富。孔子曾以"风行草偃"来比喻管理者这种上行下效的结果，他说："君子之德风，小人之德草，草上之风，必偃。"(《颜渊》)又说："上好礼，则民莫敢不敬；上好义，则民莫敢不服；上好信，则民莫敢不用情。"对于企业管理者而言，这种人格力量，可以在企业管理中产生巨大的带动作用。当然，诚信不是一朝一夕就能做好的，它需要长期的、坚持不懈的努力。

(二)自强不息的奋斗观，是提升企业核心竞争力的重要因素

儒家思想认为，人生在世，应该不畏艰险、努力追求远大理想。孔子强调在"发愤忘食，乐以忘忧"的追求过程中，陶冶情操、培育气质、提升境界。孟子说："天将降大任于斯人也，必先苦其心志，劳其筋骨，饿其体肤，空乏其身，行拂乱其所为，所以动心忍性，曾益其所不能……然后知生于忧患而死于安乐也。"这些思想不仅激励前辈有志之士发愤图强，还应该成为当代企业家开拓创新、励精图治的座右铭。自强不息可以说是现代企业文化的灵魂，任何企业和企业家都必须戒除小富即安的心态，时刻保持一种昂扬的斗志和精神状态。福布斯2005年中国富豪榜蝉联榜首的荣智健谈及富豪排名，冷静地表示自己要"低调做人、低调做事、做实实在在的事情"。同荣氏家族鼎盛时期相比，荣智健的商业规模虽不可同日而语，但他却打破了"富不过三代"的怪圈，这自然是得益于他"工作忘我，喜欢亲力亲为"的自强精

神。

自强精神可以说是一个优秀企业经营管理者最为可贵的品质之一。《周易·乾传·象传》曰："天行健,君子以自强不息。"认为一个君子应该学习上天的刚健精神,毫不懈怠、永不气馁地追求人格的完美、修养的完善和人生境界的提升。一个自强不息的人,能够正视现实,奋发进取。能够在求索的过程中,排除一切困难,有所作为,做到孔子所说的"发愤忘食,乐以忘忧,不知老之将至。"(《述而》)荀子对自强精神也有详细的阐述,他说:"大天而思之,孰与物畜而制之?从天而颂之,孰与制天命而用之?望时而待之,孰与应时而使之?因物而多之,孰与骋能而化之?思物而物之,孰与理物而勿失之也?愿与物之所以生,孰与有物之所以成?故错人而思天,则失万物之情。"在儒家看来,自强精神只有在身体力行的实践中才能得到培育和强化。正如孔子虽然四处碰壁,但仍毫不动摇地宣扬自己的学说,在周游列国的风尘仆仆之中,体验自己人生的价值,就像他说的那样:"士不可以不弘毅,任重而道远。"从孔子身上,我们可以感受到自强精神的超凡魅力。如同战场上没有常胜将军,对企业管理者来说,商场上也没有只赢不输的企业家。商场危机四伏,一个企业在经营管理方面很难做到一帆风顺,当遭遇挫折、困难的时候,不气馁,不放弃,是成功企业家的基本素质之一。企业的发展没有顶点,企业和企业家必须清醒地估量、认清当前国内、国际形势,戒除耽于安乐之欲,常存忧患之心,时刻保持一种积极进取的精神状态,企业的发展才会焕发出勃勃生机,同时也有益于自身完善人格的建立。如果一个企业家陶醉于创出名牌、规模扩大后的志得意满之中,丧失自强精神和危机意识,企业是很难长盛不衰的。美国JP摩根投资银行以财经杂志《福布斯》最新的全球400名富人排行榜与20年前同一排行榜的数据进行对比研究,结果发现平均每5名榜上有名的超级富豪中,只有1人能上榜20年屹立不倒。也就是说,这些超级富豪已经有80%丧失了昔日辉煌。由此看来,自强精神是企业发展的基石,是企业造就企业精神、培育创新成果和竞争力的坚强后盾,也是一个企业持久发展的精神源泉,对于企业的存续起着极其重要的作用。

(三)革故鼎新是一个企业不断发展的源泉

儒家重视学习的理念对于知识经济时代的企业家和企业管理尤其具有指导意义。多数研究者认为,知识经济时代的企业是学习型的企业,21世纪成功的企业家是学习型的企业家。我们现在的绝大多数企业处在工业经济时代和知识经济时代的夹缝中,如果企业经营者缺乏终身学习的意识,就难以迅速改变思想观念和管理方式,故步自封的结果是企业的停滞不前和丧失活力。只有具备全新的学习理念,才能推动企业的观念创新、技术创新、组织创新、制度创新和管理创新。只有具备全新的学习理念,才能培养企业家的长远眼光、时代眼光、全球眼光和战略家眼光。企业经营者的管理能力体现在善于把握企业的远景方向和长期目标,一个成功的企业经营者一定是一个善于经营未来的领导者,而一个善于经营未来的领导者一定是一个善于学习的管理者。著名的社会学家和未来学家托夫勒在《权力的转移》中明确说:"知识在21世纪必定毫无疑问地成为首位的权力象征。相反,财富只占第二位,而暴力则落在第三位。"在知识经济时代,通过不断的学习,努力做到"学习工作化,工作学习化",随时接受最新的教育,不断增强学习意识,更新知识结构,全方位地提升自身素质是企业管理者的当务之急。

(四)儒家敬业乐群的群己观念,是企业形成团队精神的源泉

孔子说:"道千乘之国,敬事而信。"(《学而》)提倡管理者在治理国家的时候,严肃认真地对待自己的工作,谨慎办事,时时处处诚信无欺。他说作为一个君子,有九件事情是必须经常思考的,其中之一就是"事思敬"(《季氏》),也就是做事要常常想到慎重,不敢轻忽大意。而他自己则是"敬其事而后其食"(《卫灵公》),凡事当先尽力,敬其职事,必有勋绩而后食禄。与此同时,孔子强调个人与群体的和谐相处。他一生呼吁"克己复礼为仁",告诫大家时时刻刻都要克制自己的言行,使自己的视、听、言、动都要符合"礼"的规范,做到以"礼"待人,以"礼"处世,爱护人、尊敬人、理解人,以德服人,以情感人,只有这样才能形成一个团结和谐的集体。荀子说人"最为天下贵",之所以如此,就在于人"有气有生有知,亦且有义"(《荀子·王制》),知道团结的重要性。荀子强调,在社会中人各有职分,担负着不同的社会角色,但人有最富有道义精神,能够在道义的基础上和谐共存。这也就是孟子所说的"天时不如地利,地利不如人和"。团队精神的实质就是"人和",作为一个企业管理者,最重要的就是平等地对待自己的员工,认真倾听员工的意见,从善如流,建设一支富有凝聚力的员工队伍,发挥群体的智慧和力量,为企业的可持续成长提供有力保障。

儒家指出,竞争要以德、义为基础,反对那种为了一己之私而危害社会正常秩序的"违义之勇"。孔子说:"君子有勇无义为乱,小人有勇无义为盗",所以他尤其厌恶"勇而无礼"者,也就是那些不遵守竞争规则的人,而对于那些即使射箭也"揖让而升,下而饮"的人则赞扬有加,认为他们的竞争是以仁德为基础的,是君子之争。儒家强调出于一时的情感冲动而蛮干的"血气之勇"不可有,出于维护社会道义而奋起的"义理之勇"不可无。由此出发,儒家也提倡"和为贵"的精诚合作意识,主张在保持事物差异性的同时,寻找共同点,从而达到二者之间的协调与和谐,避免对立和冲突。孔子的学生有子说:"礼之用,和为贵。先王之道,斯为美。"(《学而》)把"和"看作是先王之道的极致,也就是《中庸》所说的"和也者,天下之达道也。"当今时代,人与人之间、企业内部、企业之间充满着各种矛盾和冲突,企业的管

理者能否具备合作意识,通过调节与平衡实现"和而不同"的境界,是衡量一个企业家素质高低的重要指标。现代经济市场上充满了激烈的竞争,我们已无法漠视它。"物竞天择,适者生存",要实现企业的可持续成长,就必须富有竞争观念,使企业适应外部环境及其变化。一个没有竞争力的企业是一个没有前途的企业,一个没有竞争观念的企业家也不会是一个成功的企业家。但是,我们一定要树立有序竞争的正确观念,遵守商业运作的"游戏规则",在合作的基础上竞争。但令人遗憾的是,很多企业领导者头脑里缺乏正确的竞争观念。他们把商场视为你死我活的战场,在这种思想的指导下,恶性的价格战此起彼伏,企业间的相互攻击持续不断,整个市场呈现出一种无序竞争的混乱状态,最终导致的是两败俱伤的恶果,谁也无法获得发展。尤其是加入WTO以后,进入我国的国外企业,大多是国际性的跨国集团,无论在技术、资金、品牌还是管理等方面,它们都具有国内大多数企业所无法比拟的优势。在这种条件下,我们应当努力发展自己的优势,学会与竞争者共生共荣,通过正确的市场定位,从产品的品质、技术的科技含量、管理者的素质提高以及建设一支富有凝聚力的员工队伍上下功夫,通过有效的合作,整合资源,实现"双赢"。

(五)儒家"天人合一"的和谐观念,有助于企业树立社会责任意识

儒家的"天人合一"观主张人与宇宙或自然和谐一体,也就是天道与人道合一,要求以道德精神去协调人与自然之间的关系。《中庸》讲:"能尽人之性,则能尽物之性;能尽物之性,则可以赞天地之化育;可以赞天地之化育,则可以与天地参矣。"宋代张载在《西铭》中提出了"民吾同胞,物吾与也"的著名论点,认为万物与人都是天地所生,都是这个大家庭的成员,民众是我的兄弟姐妹,万物与我为一。他把宇宙比作一个大家庭,如果把人类的伦常关系扩大到宇宙,人与人、人与万物就能相亲而不相害,渐渐完善至与天地万物协调发展的理想境界。自工业文明诞生以来,人与自然的关系就逐渐趋于紧张,由于对自然的过度索取、掠夺、破坏,已经造成了世界范围内的环境污染和生态恶化。企业乃社会之公器,必须为人与自然的和谐发展担负应有的责任。从这个意义看,儒家"天人合一"的自然观,可以为企业确立可持续发展战略提供理论思维方面的借鉴,促使人们抛弃单纯追求以经济效益为中心的发展观,切实树立和谐发展观的经济发展思路。

人才是企业最重要的资源,企业重管理,人才要先行。孔子讲人才难得,孟子也说:"以天下与人易,为天下得人难。"如何识别人才呢?《周礼·地官·司徒》有"考其德行,察其道艺"之法,《逸周书·官人解》有"观诚、考志、视声、观色、观隐、揆德"的"六征"之法。相比而言,孔子提出的"听其言而观其行"的方法,更为简洁易行。他认为只要看看这个人正在做的事和他以前做过什么事,以及他对于已经做

过的事(尤其是损人利己的事)心中安稳不安稳,无论什么样的人,又怎么可能隐匿得过呢?荀子也说"校之以礼,而观其能安静也;与之举错迁移,而观其能应变也;与之安燕,而观其能无离守也。彼诚有之者与诚无之者若黑白然。"(《荀子·君道》)管理者不仅要还会识别人才,更要尊贤使能,任用人才。孔子明确把举用贤才作为管理者"为政以德"的重要标志,认为"举直错诸枉,则民服;举枉错诸直,则民不服"。任用贤才不仅能服众,也可以对邪恶的人起矫正作用。荀子一针见血地指出:"人主之患,不在乎不言用贤,而在乎不诚必用贤。"那么,任用贤才应该坚持什么原则呢? 一是要量能授官。"论德而定次,察能而授官,皆使人载其事而各得其所宜。"否则,"能小而事大,辟之是犹力之少而任重也,舍碎折无适也。"小才大用只能落一个碎骨折腰的后果。二是要任其所长。就像海尔总裁张瑞敏说的那样:"作为企业领导,你可以不知道下属的短处,但不能不知道他的长处。"孟子对执政者用人非所长的现象大加批评:"夫人幼而学之,壮而欲行之,王曰:'姑舍汝所学而从我',则何如?"只能是浪费人才、荒废人才。如果一个管理者"尊贤使能,俊杰在位",就可以吸引人才为其所用,这也正与现代管理学提倡的"让合适的人做合适的事"的基本原则相契合。

(六)儒家见利思义的义利观,是形成企业价值观的基石

孔子认为"富与贵,是人之所欲也……贫与贱,是人之所恶也"(《里仁》),好利恶害是人们的自发欲望,这种内在欲望必然促使其外求其利,但他强调对功利的追求必须以符合"义"为前提。所以他主张"见利思义""见得思义"(《季氏》),在物质利益面前,提倡以严格的道德自律精神来约束自己不恰当的追求,所谓"不义而富且贵,于我如浮云。"(《述而》)因此,朱熹说:"义利之说,乃儒者第一义。"(《朱文公集》卷24)不仅如此,孔子进而提倡"因民之所利而利之"(《尧曰》)、"博施于民而能济众"(《雍也》)的富民、利民精神。价值观念决定着企业的管理政策和导向,对企业经营有着至关重要的影响。因此,在企业文化的建设中,必须坚持以义取利、义利合一的价值原则。在企业内部,处理好经营者与员工、员工与企业之间的利益分配,强化员工对企业的认同感、归属感。在企业外部,处理好企业与企业、企业与社会之间的义利关系,正视眼前利益和长远利益、局部利益和整体利益的矛盾,着眼于企业长期的可持续发展,维护生态、保护环境、服务社会。企业只有始终如一地遵循"义利合一"之道,才有可能树立起企业的核心价值观,避免企业文化口号化,建设一种有效的企业文化,促进企业的长期发展。

具体来讲,在诚信方面应该做到如下几点:

第一,企业内部的管理者对被管理者、下级对上级、员工与员工之间要建立信任机制。如果企业内部上下之间、人与人之间互不信任,相互猜疑,同床异梦,企业

就没有凝聚力。只有建立了充分的相互之间的信任机制，才能团结一致。团结就是力量，上下左右都互相信任、互相尊重，才是力量的源泉。特别是领导之间的诚信合作、团结一致更是至关重要的事情。中国人有一个毛病，叫作"窝里斗"。有人说：一个日本人是条虫，两个日本是条龙，说明日本人很讲相互之间的信任、协作与团结。而中国人则相反，一个中国人是条龙，两个中国人是条虫，说明有些中国人内部之间不信任、不团结。整体大于部分之和，这是说明建立在相互信任基础之上的团结合作而引起的质变。诚信在企业管理以及一切管理中是绝对必要的。

第二，要建立企业与用户、消费者的诚信机制。常言道，诚招天下客，以诚信为本，"信以导利"，强调的是"诚""信"二字。一个人没有信誉，便不能在世上立身处世，同样一个企业没有信誉，也不能得到发展。诚信是一个企业生存发展的根本。一个优秀的、有道德的、有战略头脑的企业家，一定是把他的精力用在产品的技术开发、产品质量的提高、完善售后服务体系以及市场的开拓等问题上，而绝不是放在蒙、坑、假、骗等歪门邪道上。我国著名的康佳电器集团公司就是这样的，他们的名牌产品"康佳"受到用户的信赖，为了贯彻"质量第一，信誉为本"企业营销战略，他们创造了"全员、全企业、全过程、全系统、全天候"的五全质量保证体系。"全员"是指对于企业的产品质量、服务质量、人员自身的素质，人人都要依一定的标准按规定来承担质量监控的任务，上至经理下至员工无一例外，全民"皆兵"都应视差错为大敌，优质高效地做好本职工作，承担自监的义务。"全企业"是指企业内部的任何部门、单位都应以创优剔次为己任，杜绝不良产品的出现。"全过程"是指质量管理工作不应在产品生产过程的任何一个环节形成漏洞和真空，质量控制应该时时掌握在员工的有效监控范围之内。"全系统"是指 QC 工作应该在康佳所有公司，包括子公司、分公司、营销部、驻外机构等全集团内实施。"全天候"是指无时无刻毫不间断地保证质量监控工作的实施。五全质量保证体系就像一个魔罩把康佳的全体人员、所有活动、每个生产环节，时刻都罩在全面质量工作这个罩子里。

第三，企业与企业、公司与公司之间也必须要建立起诚信机制。"信以导利""信以生利"必须是企业、公司之间相互遵循的原则。只有"诚"才能有"信"，也只有"诚信"，才能获得信誉。"信誉"是诚信的表现，诚信是企业生存发展的根本，同样信誉也是企业生存的根本。一个获得社会广泛信誉的企业，一个获得消费者满意的企业是不可战胜的企业。信誉是经过多年辛勤培养的结果，如果一旦不讲诚信，则多年培养起来的信誉将会丧于一旦。一个企业的信誉包括企业与社会之间的信誉、企业之间的信誉、企业与消费者之间的信誉，信誉是无形的宝贵财富。

第三节 学习传统文化促进企业发展

一个不断发展的公司应当是一个"不断学习的组织"。一个组织能否动态地适应外界环境的变化是反映其组织学习能力的重要指标。在这里,环境是一个广义的概念,它包括:企业的供应商、顾客、竞争对手、其他相关行业和企业、政府机构、社区和公众等。一些公司之所以不能保持长久竞争力的原因,就在于其不能正确地认识和把握它与环境的关系,从而制定出正确的竞争策略和管理方式。例如,1973年欧佩克石油危机之后,日本汽车工业开始向北美市场大举入侵。美国的汽车生产方式被日企赶超,几大美国制造商完全失去了迎接日本挑战的能力。多年以来,它们依靠优越的资源、技术能力和工程与市场方面的技能,把自己定位在大型轿车上,通过每年改变花样来赢得市场,而忽略了小型、省油的汽车,美国人的短视使日本人赢得了巨大的市场份额。作为世界级娱乐业代表的迪士尼公司在美国本土取得了巨大的成功,而后向亚洲和欧洲扩展,它在日本东京经营过程中充分地考虑了当地的文化特点,取得了很大的成功。然而这种成功导致其盲目的自信,在法国经营管理过程中就没有充分地考虑法国文化的特点和当地的社会环境,最后以失败告终。我们还经常会看到国内外一些成功企业陷入困境的例子。

一、学习文化的途径与方法

(一)学会如何学习

构建多元学习型组织文化首先要学会如何学习。组织内的学习有多种类型:通过实践进行学习的方式,即干中学,这有助于人们获取诀窍和知识;通过使用进行学习,即用中学,是指人们在使用一个新产品或服务的过程中也就获取了有关使用该产品或服务的有关知识和诀窍;通过忘记进行学习,是指有着丰富经验的人通过忘掉大脑中以前学习所获得的东西来接纳新的知识;最重要的是通过学习进行学习,这有助于建立一种学习和再学习的技能,好比教育的作用不仅要向接受教育的对象提供知识,还要帮助他们掌握学习的方法,了解所学的内容固然重要,但是建立一种日后自我学习的能力更加重要,组织只有真正掌握并灵活运用各种学习方法,才能建立起多元学习型的组织文化;还有在研究中学习,这更加指向创新的目标。

(二)建立学习型的基础设施

组织应当将学习型的基础设施当作形成学习文化的支持系统,如果这一基础设施发挥作用,则组织学习氛围自然形成。这些学习型基础设施包括:学习指导小组;学习教练的网络工作;学习发展小组;学习战略小组等。

（三）推进主动学习并转变学习态度

随时随地的学习是增强学习机会的弹性和广度的最佳方法。组织应当创造这样的一种共识:即员工不需要参加培训,而是一旦他们决定想学什么,就可以选择何地、何时及如何学习。组织只需给他们提供充分的时间和财力保障即可。也就是说,组织要鼓励员工自觉意识到随机、非正式的学习机会,并在每日工作中共同学习。

（四）对知识的共享

关于知识创新的一个基本观点是在人们互相交流时知识得到发展。对企业来说,如果知识不能同现有知识联系并且不能为人所利用,那么它是没有价值的,只有做到这两点,知识才能派生出新的知识。同时,也只有在知识共享的基础上,人们之间才能相互学习。因此,必须建立广泛的知识共享网络,联系越广,知识就能得到越多和越好的共享,而这反过来又意味着知识得到了发展。对公司内部网络的应用所显示的巨大兴趣证明这些联系所具有的价值。

（五）制订学习计划

学习型文化形成的一个关键是制订学习计划以鉴别员工在执行战略或任务时需要的知识和技能,并且确定员工的哪项能力或知识尚存在不足,需要提高,从而有针对性地对他们加以培训或引导他们自学。

二、企业发展中的文化依赖

（一）中国前向文化的形成和演进

如果以现在的文化为基点,历史的部分称之为前向文化,未来的部分称为后向文化。中国先秦时期的文化基本上是诸子百家争鸣。直到春秋末期,儒学与墨学成为"显学","杨朱、墨翟之言盈天下。天下之言,不归杨,则归墨"。孟子辟杨、墨以后,儒学复兴。道家、名家、阴阳家、纵横家也在这种战乱时代不断地扩大自己的影响。最后,秦始皇横扫六合,一统天下,秦王朝得以建立。秦朝实行"以法为教""以吏为师"的法家思想,诸事"一断于法",开始了秦朝独任法家的时代。在西汉初的60多年中,由于当时社会久经战乱,特别需要休养生息,而黄老之学(战国时代假托黄帝和老子的思想,将道家和法家思想结合,兼采阴阳、儒、墨等诸家观点而形成的哲学、政治思想流派)的自然无为思想,顺应了当时的形势,加上曹参等权势人物的提倡,黄老之学盛行起来。公元前134年,汉武帝时期的董仲舒向汉武帝建议"罢黜百家,独尊儒术",使得儒学发生了根本的转变:从自由化转向权力化,从知识化转向经学化。但一种文化并不会因为政权的压制而消亡,魏晋玄学就是作为一种普遍的社会思潮,随着汉王朝的衰落,同儒家的经学合流而形成的。到了唐代,儒教、道教、佛教在斗争中不断地融合共存。唐末的藩镇之乱使中国社会又一次陷入分裂和混乱。直到宋王朝的建立,"以佛修心,以道养身,以儒治国"已成为一种普遍的文化心态。在这种情况下,以儒学为基干,综合佛道两家的思想成果形成新的文化体系就成为时代的需要,宋明理学得以产生。清朝作为"狄夷"入主中原,为维护统治的需要,对中国文化的吸收融和多于改造,康熙作为第一个对孔庙行三跪九叩大礼的皇帝,此时,虽然政权屡有更迭,但说儒家文化作为中国文化的一条主线还是言之确凿的。到晚清时期,又是战争——列强的坚船利炮轰开了中国的大门,中国文化又迎来了一次动荡。先是以为"器"不如人,提出"中学为体,西学为用",当苦心经营的号称"世界第四、亚洲第一"的北洋水师在甲午海战中毁失殆尽之后,矛头就指向了老祖宗:传统文化需要革新了。于是"德先生""赛先生"走进国门,马克思主义走进国门。所有的这些都对有着清晰脉络的传统文化产生了强有力的冲击。

新中国成立后,经过一系列的"破四旧""打倒孔家店"运动,旨在破旧立新,使"集体主义价值观"占据主流。经过文化大革命和改革开放,旧的是破了,但是新的却远远没有立起来,官方所提倡的价值观与人们的实际价值倾向相去甚远,结果是统一信仰在中国社会处于真空状态。

纵观整个前向文化的脉络,是庞博复杂、跌宕起伏的,一方面形成了我们博大精深的文化宝库,另一方面对现代经济社会发展的制约也是显而易见的。牟宗三曾经评价传统文化是"有道统而无学统,有治道而无政道"。道统是指由孔孟开辟的内圣成德之教之统绪;学统是指独立的科学知识之统;治道是指治理国家之道;政道是指政权安排之道。也就是说,由孔孟所开辟,为历代帝王、学者所传承的内圣成德之教和儒家德化的治道是中国文化之所长,而民主不建、学统不出是中国文化之短。传统文化对中国的影响不仅体现在政治上,还体现在经济发展上。

(1)有治道而无政道表现为正式制度的缺失和扭曲。一方面,政道不足使得政权的过渡与转移缺乏合理的运行之道,只能马上得之,造成了中国社会一治一乱、治乱交替的悲惨局面;另一方面,皇权政治、一权独大使得政治制衡缺失。"一言堂""唯上主义"在中国政治经济中显露无遗。长期的专制再加上为安民所采取的"使知其然,而不知其所以然"的封建愚民政策,使国人习惯于一个大政府和一个强有力政权的领导,而不善于独立思考。

(2)政道不足,儒家试图以治道济之,强调德化却无形中加重了治者的负担。表现在政治上就是圣君贤相,要求治者心如日月、德如天地。对治者要求如此之高,而普通百姓却几乎没有任何负担。而要求如此之高的德能兼备型人物往往不具有普遍性,所以中国古代社会如果有一代令主则迎来"太平盛世",而随着令主的消失,盛世也迅速走向衰退。即便是当今中国,无论是地方还是一个企业,它的兴衰往往是系于主要领导人之手,而问题的关键在于如何使成功的过去延续下去和复制开来,从而真正实现中华民族的伟大复兴。

(3)长期农耕文明下的小农经济使中国人善分不善合。中国历经几千年的封建社会,长期以传统的小农自然经济方式为主,为了能够自给自足,使得人们产生了对土地农业、家庭家族的严重的仆从和依赖心理。同时,因为能够自给自足,使得合作的博弈往往受到个人短期利益的侵害,哪怕是合作能够带来更大的长远利益。这样,规模可以更大、发展更快的合作往往在中国社会不容易建立起来。这种缺乏创新精神的仆从和依赖心理与不善合作的状态对经济发展的影响无疑是巨大的。

中国改革开放已经历了30多年时间,市场经济体制逐步确立,然而在旧体制下形成的各种习惯做法和模式以及习惯势力还在继续发挥作用,特别是在计划经济末期,政府当局为克服中央计划经济的局限性,已经将相当一部分权限下放给企业经营者,职工对企业也不仅在雇佣方面,而且在医疗、教育、养老金等福利收益方面享有巨大的既得利益。由于这些既得权益者的反对,最初的改革计划受阻,市场经济难以取得预期的成果。设立经济特区,一边继续利用原有的制度,一边进行金融改革的做法使中国改革开放表现出较为良好的态势。中国的经济改革不是一次性地改革所有的制度,而是根据实际状况一步步地进行。

(二)中国公司治理中的文化依赖问题

国内学者对于公司治理问题曾经总结出英美、德日、东南亚三种模式,比照之下,中国在建立现代企业制度的过程中,倾向于英美模式,为什么在英美国家比较有效的模式在我国的表现却不尽如人意呢?所谓"橘生淮南则为橘,生于淮北则为枳",二者的文化土壤不同。股东大会、董事会、监事会、管理层和利益相关者是现代公司治理中的基本要素,一个优良的治理结构是多方长期博弈所形成的一个相对稳定的均衡结果。而一个博弈因为参与人偏好、信息等的不同,博弈结果肯定不同,文化深刻地影响着个人的偏好。

(1)股东大会中的文化依赖。长期以小农经济为主的农耕文明(特指中国前向文化)不同于西方的契约文明,订立契约一个隐含的条件是双方或者多方是平等的自由行为主体,而农耕文明长期在专制下产生的是仆从心理和特权思想。西方人是以阶级或集团对立斗争的方式争取公平正义,订立客观的制度、法律、契约以及相互的权利与义务,个体的参与维护精神得到强化。中国社会一直是"伦理本位,职业分殊",《礼记》"天下无生而贵者"从一定意义上说明了中国的阶级意识不强。

这样,个体的参与精神被弱化,特权意识得以强化。表现在公司治理的股东大会中就是小股东缺乏参与的积极性,大股东侵害小股东利益。

西方小股东缺乏参与的原因源于"免费搭乘"问题,中国除此之外,还与自古以来的缺乏参与、仆从和依赖心理有关。大股东侵害小股东利益是特权意识新的表现形式,为什么很少有人拿起法律武器捍卫自己的利益?特权自古有之,服从已经成为习惯。股东缺乏参与意识,投票权与诉讼权的缺失和放弃,使得这个治理制度的溃烂端倪从源头上就开始显现。这与农民选不出自己的村干部是同样的道理。

(2)董事会中的文化依赖。董事会本来是一个服务、监督、执行机构,一个整体,放到中国又成了一个特权的阶层,尤以董事长"一言堂"为甚。寻根究底,还是农耕文明下的仆从、关系、面子在起作用。一个人治社会,经理层为了与董事们搞好关系,照顾到董事们的面子,仆从心理又一次占了上风;董事们以同样的心理来处理与董事长的关系。再加上所谓的"法定代表人"规定董事长承担财产托管的主要责任,无疑又加重了一切唯董事长马首是瞻的现象。监督与制衡的缺失同样存在于公司的董事会之中。

(3)监事会中的文化依赖。监事会对应于"老三会"的工会,工会从来就是无实权的部门且接受党委会的领导,这个大家心照不宣。即便其脱胎换骨,对于国有企业来讲,其属性决定了"监督权"是一种"公权",行使公权的交易成本是很大的,必然决定其低效。而民营企业的所有权却是一种"私"权,一是监督权力上的不可行,二是缺乏参与精神使得"事不关己,高高挂起"蔚然成风。总之,农耕文明中的弱势群体监控特权阶层是无效的。

(4)经理层中的文化依赖。不管委托代理问题是否产生,经理层实际上是一个公司的"治者",对于普通职工而言,一个治者是有很大权威的,直接关系到其去留问题。农耕文明中要求治者"心如日月,德如天地"在这里依然存在,一如古代农民盼"青天大老爷"般,职工也希望自己能遇"明主",而这个明主可遇而不可求,一旦经理层不是所谓的明主,职工的选择还是如古代农民一般,忍耐到下跪再到揭竿而起,弃之而去。参与和合作精神的缺乏使得职工们很难形成联盟去主动改造一个不合理的现实。由于经理层有掌握信息的优势,人治社会长期以来的"唯上不唯下"传统,经理们对付董事会的监督可谓是游刃有余,这样,来自董事会的监督也就成了一句空话。没有思维和制度上的转变,任何时候董事会都不可能对经理层产生真正的监督与约束。

(5)利益相关者中的文化依赖。利益相关者主要是指雇员、债权人、供应商、消费者、政府和社区等个人与团体。雇员、消费者与社区由于缺乏参与合作精神、仆从和依赖心理以及"搭便车"行为,使其在公司治理中起到重要作用是很困难的,这在古今中外都是存在的,无非程度上轻重不同而已。对于债权人,中国公司的治理模式不同于德日模式中的"主办银行"制,银行不持有企业股票,单纯地作为资金提供者很难在公司外部治理中发挥重要作用,这在英美国家也是一样的。而且,由于贷款相对高的进入门槛,获得贷款的企业往往就是一些有关系的企业,这种关系就产生了一种"进入壁垒高,监控手段低"的现象。因此,农耕文明影响下的债权人更不容易发挥治理作用。供应商与企业的关系是一个讨价还价的过程,结果往往依赖于各自的实力和在博弈中所处的地位,合作的"共谋均衡"可能达到,但对于一个深受农耕文明影响的善分不善合的个体来说,维护这种关系定然深受前向文化的影响。把供应商纳入到公司治理的体系中来,显然还有很长的路要走。至于政府,对于一个有着长期的强权色彩的政体来说,很难在政府介入的程度上找到一个合适的临界点,搞不好就又回到"大政府,小企业"的老路上去。所以,政府在公司治理中的角色问题仍然是有很强的文化依赖特征的。

(三)关于企业的文化适应问题

适应外部环境和实现内部整合对于企业来说通常是矛盾的,一方面,面向市场和外部机遇的企业通常存在内部整合问题;另一方面,那些整合与控制较好的企业又存在适应外部环境变化的问题。所以如何协调二者的关系,需要适当的文化作为企业发展的导向。

(1)中国早期银行与钱庄的关系。这是关于文化适应的一个典型案例。在经济发展中,银行与企业的关系是非常紧密的,而且作为竞争对手,银行与钱庄之间的关系应当是对抗的,但在中国经济发展过程中,情况并非如此。19世纪末到近代中国银行业产生直至20世纪20年代,中国的银行与钱庄之间始终保持着密切的合作关系。出现这一现象,是因为银行和钱庄是作为利益共同体而存在的。作为中国传统自创的金融形式,钱庄的历史悠久,在进入近代社会以后,随着国内外贸易的日益繁荣,不但确定了它在经济生活中不可替代的地位,而且为社会培养了大批熟悉本国复杂货币制度、了解各地金融商情的专业人才。钱庄对金融市场的开拓和造就的大批人才,成为中国银行业产生和发展的前提之一。因此,银行业要在中国打开局面,必须借助钱庄已有的资源和人力。我国早期银行业的高级管理人员主要来自钱庄和归国留学生,特别是在银行创立初期,其经营者中钱庄人士占据了极为重要的地位。上海地区先后有数十名钱庄人士就为银行业的发展立下汗马功劳。此外,钱庄还为银行业的初创提供了开办资本,许多钱庄老板都是银行的创始股东。同时,银行业也为钱庄提供了便利,因为钱庄资本向来短缺,而且资金流动量大,而银行由于放款条件控制严格,所以常年库存的现金数额较大,即所谓"烂头寸",因而乐意向钱庄拆款生息,这有利于钱庄,也有利于银行自身业务的发展。这样,在金融业转型时期,钱庄与银行之间形成了一种"共生"关系,借助各自的优势,形成合作关系,尤其对银行业的发展壮大起到了极大的推进作用。

钱庄作为传统文化的代表,而银行作为现代金融制度的代表,二者之间的关系处理决定了转型过程的成败。上述案例说明传统文化与现代文明相互适应和共生共存的发展过程。在转型期,长期形成的惯性力量使一些旧的合理因素会继续存在,并对新环境产生一种适应性,正是这种适应性的持续扩散,才能逐渐改变传统经济的性质。同时新经济因素的进入,会受到传统和旧势力的排斥,这时它同样面临适应性的问题,如何借助旧的合理因素,来取得自身的发展壮大,这同样要求新的经济因素适应原先的文化环境和制度环境,从而达到壮大自身的目的。由此可见,这是一个相互协调、共融共存的互动过程,从而最大限度地降低了转型过程中的文化成本,达到协调发展的目的。由于银行业自身在管理和制度上的优势,逐渐崛起壮大,20世纪20年代以后,中国银行业逐步取代了钱庄,在金融业占据了独立的地位。

按照哈耶克的理论,文化本身就是一种学习过程,而这种学习的目的就是为了适应外部变化的环境以及满足生存的需要。而且这种进化比基因的进化来得更加灵活和迅速。这种进化的建立需要"信任",人们才能无须多加思考就能够接受一种观念或行为。文化就像一个图书馆,可以将过去的知识储存起来,而图书管理员会建立图书的目录,决定什么书要买,什么书要丢弃,仅仅知道这些远远不够,因为图书馆和管理员都不会让人们了解到书的情节、人物和风格,以及区分书的优劣,为了了解这些,还必须了解作者的情况。同样,文化就是储存人们思想和观念的载体,人们往往通过文化无意识地决定接纳什么思想,抛弃什么内容。

(2)文化适应的机制。在20世纪70年代后的20年中,美国的外贸逆差居高不下,而日本的外贸盈余节节攀升,其原因主要是美国企业在适应各国文化方面做得不如日本,日本企业的外贸进击力之强举世公认,他们十分重视文化分析。"有朋自远方来,喜乘三菱车""车到山前必有路,有路必有丰田车"的广告词是日本营销人员煞费苦心想出来的,尽管曾受到中国本土学者们的嘲笑,但普通消费者们并不觉得别扭,他们反而感觉广告词"新奇"。很多中国营销人员正是从这两句广告词中受到启发,学会套用自己祖先的名人名言。这里就可以看出日本企业营销人员对中国文化的理解,日本企业对异国文化的高度敏感性,使他们能够更深入地了解各国顾客的需求特点和购买心理,从而为他们更好地满足顾客需求,在实际营销中获得成功奠定了基础。相反,美国人的"文化帝国主义"心态使他们丧失了很多外销机会。美国企业在经历了无数次失败之后,才逐渐认识到适应异国文化在国际营销中的重要性,一位美国专家告诫说:"国外经营的成败,取决于国际营销人员对文化差异的认识和理解，取决于他们是否愿意把美国文化观念当作超重行李一样留在美国。"成功的跨国营销是以成功跨越各国文化差异为前提的，文化适应的必要性已为国际营销人士所公认。

文化适应的心理过程包括三个阶段：认同（包括文化与角色模式）、动机（对结果的期待）、内化（包括信仰和价值信念）。一旦文化适应过程完毕，它就会作为思维程序在人的思想中固定下来。这种思想程序决定人的态度，影响人的行为。如果思维程序是过时的或是受到"误导的"，那么这样的思想状态就可能歪曲事实。所以我们可以看到，认识文化冲突、调整心理期待、改变价值观念是进行文化适应的必要过程，如果缺乏对上述文化冲突的充分认识，就会对某种经济行为做出不恰当的预期和估计，例如在进行技术引进或制度"嫁接"时，如果不考虑上述因素，盲目引进，就极可能导致失败。在中国的改革开放中有许多经验教训。所以，在转型经济时期，有必要充分评价原有的本土文化和社会环境是否适合新技术、新制度或新观念的存在，考察其中是否会存在冲突和矛盾，有了充分的认识和评价之后，就可以在思想、方法、政策及战略上做出及时调整，以适应新事物、新环境发展的需要。

学习不一定是模仿和学习已有的东西，在"干中学"，从错误中学习，以及组织学习均是当代学习的新途径和新方式。过去的学习仅仅是学习知识，但知识只是从现有信息中挑选出来一部分事实。取得知识就是掌握基本事实，只对基本事实了解还不够，还需要理解，在更深层意识水平上懂得事实的含义和用处，这就有必要置身于情境之中。"理解知识使人能够最大限度地利用知识"，"经过'文化培育'的管理者需要的是一种理解力，不仅要理解知识和怎样最佳地运用知识，而且要理解怎样来解释，以及怎样教导、帮助其他人运用和理解知识以改进他们自身的工作业绩，最终达到文化的适应。""文化适应是一种新的学习形式，通过他人的思想得到升华改进"。它其实就是对知识在更深层面的理解和认同。文化的适应过程是渐进式的进化过程。适应性指的是在面对变化时具有的一种能力，而这种能力可能表现在多个方面。企业组织在面对不确定的环境变化时，适应性功能就是由其具有的企业文化来承担的。

第四节　企业文化对企业发展的影响

一、文化对当代经济的影响

随着后工业社会的来临，人类进入到消费时代。丰富的物质世界使得人们的各种需要得到不同形式的满足。在20世纪60年代的美国，绝大多数人的基本营养、住房和衣食都得到了保证;除了基本需求之外,许多在以前看来是奢侈的住房、耐用品、旅行、消遣和娱乐也不再仅限于少数人,广大群众都参与到享受这些物品和服务的行列中,这在人类历史上还是第一次,典型的消费社会就在20世纪的美国萌芽了,并进一步扩展到其他发达国家。这样的社会是"丰裕的社会""大众高消费的社会""闲暇社会"或"有计划消费的官僚社会",也有人称之为晚期资本主义的消费社会。消费以史无前例的规模体现了一种盛行于人类社会的新形式:后现代的消费社会初露端倪,文化产业也由此方兴未艾。

自20世纪70年代以来,消费社会的理论颇为流行。消费社会的理论突出了社会形态从生产为中心的模式,向以消费为中心模式的转变。消费社会的理论强调欲望的文化、享乐主义的意识形态和都市的生活方式。

1. 生活的符号化和象征化

后现代的消费概念更多的是与符号价值和象征意义联系在一起的。在后现代社会,消费既不是物质活动,也不是富裕现象。它既不能根据我们吃的东西、穿的衣服、驾驶的汽车来界定,也不能根据影像和信息的视听实体来界定。消费是全部对象和信息实际上的总体以及操纵符号的系统化行动。消费作为一种符号体系,表达、体现或隐含了某种意义、价值或规范,表现在作为消费对象的物质产品体系构成了某种符号系统,与某种意义系统(文化含义和社会含义)相对应。消费者通过对消费品等符号元素进行选择和组合,从而使消费成为具有表意功能的符号体系。

消费社会的各种现象在20世纪60年代的发达国家已经非常明显。法国哲学家德波注意到的一种重要的现象就是商品越来越倾向于景象。换言之,资本主义的商品生产、流通和消费,已经呈现为对景象的生产、流通和消费。他指出"景象即商品",景象出现在商品已整个占据了社会生活之时,"景象使得一个同时既在又不在的世界变得醒目了,这个世界就是商品控制着生活一切方面的世界"。从这句话的逻辑关系来推,当一个世界由于景象而变得明显可见时,一定是由商品控制的世界。"景象即商品"的模式,深刻地昭示了当代社会的深刻转变。过去不曾受到商品制约的那些社会生活和文化层面,在景象的社会中已荡然无存。商品以其显著的可视性入侵到社会生活的各个层面。在这样的社会中,与其说是在消费商品,不如说是在消费景象价值。商品的使用价值逐渐被其外观的符号价值或景象价值所取代。一些知名的商品品牌,从可口可乐到好莱坞电影,从麦当劳到耐克运动鞋,这些世界性的商品其外观价值远远超过了其使用价值。

2. 生活的美学化

后现代哲学家杰姆逊曾描述过:"在19世纪,文化还被理解为只是听高雅的音乐,欣赏绘画或是看歌剧,文化仍然是逃避现实的一种方法。而到了后现代主义阶段,文化已经完全大众化了,高雅文化与通俗文化、纯文学与通俗文学的距离正在消失。商品化进入文化,意味着艺术作品正成为商品。总之,后现代主义的文化已经从过去那种特定的"文化圈层"中扩张出来,进入了人们的日常生活,成为消费品。在后工业社会,文化成为一种产业,而文化的元素都成了商品。特别是人的审美情趣也成为可开发的商品,出现了布迪厄所指的"日常生活的美学化"趋向。

3. 消费的个性化

在消费活动中,人们消费商品代表的某种意义、心情、美感、档次、品位、情调或气氛,是把消费作为一种象征秩序,是社会和个人交互作用的产物。每一名消费者又借消费的符号象征功能来表达自己的理想、愿望和追求,自觉或不自觉地创造或再生产出消费的象征秩序。由于人们对商品的消费不仅是其使用价值,更主要的还是消费它们的形象,即从形象中获取各种各样的情感体验,因此,影像和符号就代替了使用价值,成为使用价值的代用品。商品自由地承担了广泛的文化联系与幻觉的功能。独具匠心的广告就能够利用这一点,把罗曼蒂克、奇珍异宝、欲望、美、成功、共同体、科学进步与舒适生活等各种意象附着于肥皂、洗衣机、摩托车及酒精饮品等平庸的消费品之上。

二、企业文化对企业发展的影响

1. 企业文化对企业发展的作用机制

企业文化一旦形成,其将在较长的时间内保持稳定。企业员工间的心理、认知、价值取向是相互影响的,其行为也是相互关联的。企业的组织氛围、价值判断等精神因素对员工具有明显的心理影响和行为规范作用。员工通过对组织精神环境的体察以及心理行为的认识,对照自己,反思自己,从而改变自己的思想和价值观念,进而调整自己的行为。这就是企业文化之所以影响企业发展的内在作用机理,具体而言表现为以下几个方面:

第一,企业文化对企业发展具有客观影响力。虽然个人的心理、认知具有意识的主观性质,对人的行为具有重要的影响,但他人的心理、认知以及组织的精神环境对于个人来说,仍然是一种很大的客观制约因素。因此,企业文化的影响力是客观存在的,它的"软"性只是表明管理对人的行为调节要受个人的直觉、判断和价值认同等的"缓冲",并不表明它是可有可无或是主观随意的。

在具有较强企业文化的公司中,员工们目标一致,方向清晰,步调一致,有一个共同而明确的目标,这将产生巨大的合力,这在目前专业化程度日益提高,分工愈发复杂的时代中是难能可贵的,这必然极大地促进企业的发展。例如,日本索尼公司以"做开拓者,不模仿别人,努力做看似不可能的事情"为宗旨,成为世界上技术最先进的消费电子产品企业;英特尔公司以"在计算机业成为一位超群绝伦的供应商"作为企业的共同目标,并将其不断灌输给员工,使他们为之奋斗,最终使其成为微处理产业的领导者;还有其他著名的惠普公司、波音公司、通用电气公司和IBM公司等,都以明确的企业目标来对员工的意识施加影响,形成振奋人心的企业文化。

第二,企业文化能激发内在驱动力和约束力。对人的管理,按形式上划分,一种是外在的,另一种是内在的。外在管理是以明确的形式向人们昭示企业的规章制度,提示任何人均不得违背,否则将会受到惩罚。因此,它具有明显的强制性。这种外在管理是必要的、有效的。因为没有制度就谈不上管理。但是这种管理要想达到预期的效果,就必须激发人们自觉的行动,而不仅仅是形式上的遵守。但是,不可否认如果这些外在因素得不到人们的自觉响应,其效果必然会打折扣。只有人们心灵上接受了的东西,才能成为自我的意识,才能创造地发挥。

企业文化的重点是人,特别是着眼于人的价值观念,激发员工的责任感,增强员工的积极性,强调人与工作的一体化,主张价值观念和企业精神的培育来促进工作目标的实现。作为一种内在的管理模式,企业文化用潜在的、更加友好的方式,在人们心中形成深刻、持久的影响,从而把管理者的意志和组织的目标变成人们自觉的行动。这种管理主要是晓人以真、教人以美,使人明辨是非、正确抉择。所以企业文化在相当的程度上是靠员工的自我管理,它在员工的心中产生一种自我约束和内在驱动力。它依赖员工的内在心理激发过程,因而不带有直接的、外在的人为强制性。企业只有把组织目标转化为员工的自觉意识,组织目标才能变成员工的自觉行为。

第三,企业文化对企业发展具有持久影响力。组织中高昂士气的形成,受到员工个体特质、组织的历史传统及其周围环境等多种因素的影响,员工个人目标与组织目标之间、员工的价值取向之间常常也是不容易协调一致的。然而,企业文化发挥作用的基础就在于员工的心理、认知基础上的价值观,它所依靠的是组织的共同价值观和心理文化氛围。所以,一旦组织与员工目标趋同、步调一致,它就获得了一种相对独立性,对员工产生强大而持久的影响力。

IBM公司的创始人老汤姆·沃森(Tom Watson)早已去世,但其倡导的"为全世界的顾客提供最好的服务""热爱公司、积极工作"的IBM精神却长久地激励着该公司的全体员工。IBM公司的董事会主席小沃森在访问哥伦比亚大学并发表演讲时说:就企业相关的经营业绩来说,企业的基本经营思想、企业精神和企业目标远远比技术资源、经济资源、企业结构、发明创造及随机决策重要得多。企业员对企业基本价值观念的信仰程度,并在实际经营中贯彻这些观念,极大地促进了企业的经营业绩。现在,IBM公司作为世界上最大的不生产计算机的计算机公司,继续在高科技领域发挥领导作用,在《财富》杂志公布的2001年度排名中,IBM以858.66亿美元排名第九,这些与其企业文化的积极作用是分不开的。

第四,企业文化有利于激励和发挥员工的积极性。激励是管理的重要的职能。由于激励对象需求的差异,必须采取多种激励方法。一般来说,除了物质激励以外,企业文化所采取的激励方式,主要是满足员工的高层次需求,特别是满足自我实现需要、发展需要和满足成就需要等。企业文化能够激发员工的工作动机,增加员工在工作过程中的内在动力,使员工不仅在各自的岗位上更加努力、提高工作标准,而且愿意挖掘其潜能、发挥其天赋,使员工做出超常的工作成就。

2. 企业文化对企业长期发展的重要性

美国哈佛商学院最近几年对全球一些企业包括麦当劳、可口可乐、雀巢、松下、沃尔玛、波音、惠普、佳能等世界500强调研之后,他们得出一个结论:特定的企业文化影响着企业的发展。张瑞敏在谈到海尔经济发展时说"海尔的成就,主要不在于有形的东西,而恰恰在于无形的东西,这些是观念、思维方式的彻底全新的变更"。联想、中兴通讯、北大方正等一个个成功的企业也说明了这样一个道理:企业文化能够促进企业良好的发展。

成功的企业文化能够对企业的发展产生有利的影响。就短期影响来说,它所造成的对员工士气的鼓舞作用会帮助企业度过暂时的难关,从而带来企业经济效益的回升;从长远发展来看,企业文化对于一个企业的成长壮大更是起到了极大的作用,虽然这种作用常常看起来并不是很直接,但却在潜移默化中发挥效用,是企业发展最持久的决定性因素。因为企业文化的核心是企业成员的思想观念,它决定着企业成员的思维方式和行为方式,所以好的企业文化能够充分发掘出企业中每一个成员的潜能,激发出他们的士气。同时,企业文化作为一种精神力量,是企业无形的约束与支柱,当企业管理趋向团队化时,它就是企业内部团结的纽带和沟通的渠道,是团队内或团队之间相互默契的"共同语言"。因此,一个好的企业文化氛围确立后,它所带来的是群体的智慧、协作的精神和新鲜的活力,这就相当于在企业的深层结构中"装"上了一台马力十足的发动机,源源不断地提供给企业创新、进步的精神动力。

一些成功企业发展的事实证明,优秀的企业文化,一旦与企业生产经营活动结合起来,将必然成为促进企业发展的强大动力。

第三章

儒家文化影响下的企业文化

第一节 企业文化的兴起与发展

一、企业文化——企业管理的里程碑

企业文化这个概念的提出,并不意味着以前的企业没有文化。企业的生产、经营、管理本来就是一种文化现象,之所以要把它作为一个崭新的概念提出来,是因为当代的企业管理已经冲破了先前的一切传统管理模式,正在以一种全新的文化模式出现,只有企业文化这个词汇才能比较贴切地反映这种新的管理模式的本质和特点。

企业文化的产生和发展过程是企业管理由传统走向现代的过程。正如美国学者菲利普·巴格比所说的,"文化很可能开始于微弱的没有把握的摸索,而这种摸索到后来取得了很大的明确性和肯定性"。企业文化开始孕育、发生也是一种微弱的没有把握的东西,只是到了以后才开始明确和肯定起来。可以说,企业文化的兴起是现代企业管理发展一个新的里程碑,是管理思想的一次革命。但追根溯源,关于企业文化的形成,必须从日本经济的崛起和美国的反思谈起。过去,在世人眼里,日本只是一个国土陆地面积占世界陆地总面积的 0.25%、人口占世界总人口 2.7%的弹丸小国。但是,就是这个小国,1980 年的生产总值却高达 10 300 万亿美元,占世界生产总值的 8.6%,跃居世界经济强国之列,这一事实成为 20 世纪经济世界的一大奇迹,构成了对美国经济霸主地位的主要威胁。20 世纪 70 年代后期,日本经济增长率为美国的 4 倍。1980 年,日本出口到美国的集成电路由 1973 年的 627 亿日元猛增到 723.61 亿日元,还向美国大量倾销彩色电视机和录像机。1981 年,美国对日本贸易逆差高达 180 亿美元,达到历史最高水平,占到了美国贸易赤字总额的 45%。人们惊呼:"桃太郎"生吞了"山姆大叔"!

1965年，美国国际商用机器公司(IBM)以转让IBM计算机制造技术为条件，打开了日本市场，但很快就被富士、三菱、日本电器赶出了日本。在富士抢走了IBM在中国香港的市场后，IBM又相继失去了菲律宾、新加坡、泰国等东南亚市场。不但如此，日本还巧妙地用资本出口代替了产品出口，在美国及其欧洲伙伴的土地上开工厂、办公司。日本对美国经济的渗入，不断冲击着美国经济。美国人发现"美国的时代已经结束了"。

面对日本咄咄逼人的气势，在震惊之余，美国人不得不开始考虑是什么力量促使了日本经济的持续、高速增长，日本人凭借什么来实现经济的崛起？日本是个岛国，国土面积狭小，国内资源缺乏，作为第二次世界大战的战败国，政治、经济、文化都受到严重打击。就是这样一个经济基础几乎为零的国家，20世纪60年代经济起飞，70年代安然度过石油危机，80年代成为经济强国。在不足20年的时间内，日本不但赶上了西方发达国家，而且一跃成为经济超级大国。其变化之快，令人不禁想寻找出背后的究竟。

受冲击最大的当然要数美国，因此美国更要研究日本成功的奥秘，寻找自己失败的原因。在20世纪70年代末、80年代初，美国派出了由几十位社会学、心理学、文化学、管理学方面的专家组成的考察团，前往日本进行考察研究。结果表明，美国经济增长速度低于日本的原因，不是科学技术不发达，也不是财力、物力缺乏，而是因为美国的管理没有日本好。在进一步进行了管理学方面的比较研究之后，专家们发现，美国倾向于战略计划、组织机构、规章制度等方面的硬件管理，缺乏对人的重视，因而管理僵化，阻碍了企业活力的发挥。管理原因也还只是表象，背后的真正原因是文化差异。日本经济的崛起，是因为在日本企业内部有一种巨大的精神因素在起作用，这就是日本的企业文化、企业精神。

美国人在研究了日本之后，把目光放回到本国的企业文化身上，发起了追求卓越、重塑美国的热潮。以日本企业文化为基础，结合自身文化背景、经济体制等因素来致力于调整本国的企业文化。20世纪80年代初，罗杰·史密斯接任通用汽车公司董事长兼总经理之后，对日本采取"特洛伊木马"战术，在加利福尼亚州的韦里蒙特花1.5亿美元与日本丰田合资兴办了"新联合汽车制造公司"，生产新型汽车。借此，通用汽车公司学习和掌握丰田公司的生产方式、管理方式，"学习注重人性和需要"，并活学活用，形成自己的新型管理方式。实践使史密斯认识到，美国汽车工业最强劲的对手是日本。日本公司文化由于历史和民族的原因，使员工们志同道合，而美国国民富于创新、勇于竞争、倾向个性自由和民族文化的多元化，使得企业内部由于意见不易趋于一致而导致了浪费。员工和管理层之间隔阂很深，合作不力。要想应付全球性的激烈竞争，通用汽车公司需要将日本人的合作精神与美国人富于想象、富于创新的能力结合起来,才能形成最佳的公司文化。现实也使美国学者和企业家认识到,美国要重振经济雄风,必须对美国传统的经济文化和传统管理方式进行深刻认真的调整,建立起真正具有美国精神的企业文化。

可以说,企业文化的实践始于日本。日本运用企业文化指导企业经营管理,并取得了成功经验。美国学者对日本的企业文化实践经验进行调查、总结、研究,并进行理论上的概括,上升到一个理论高度,使之成为可以指导美国企业管理改革的管理理论。其后,日本学者又从美国学者的研究出发,致力于企业文化研究,试图从本国的企业文化实践中提取理论。西欧各国也纷纷致力于企业文化研究,全世界范围内的企业文化研究得以兴起和发展。

当然,从最根本的原因来看,企业文化的兴起乃至形成,归结一点就是原有的管理科学陷入了困境。管理作为一门科学,自泰罗创立以来才100余年,但它却得到了极大的发展,令世人刮目相看。特别是当代运筹学等新学科的出现,以及电子计算机的广泛应用,更使它如虎添翼。因此管理科学被泰罗称为"全面的智力革命",被列宁称为"包含着一系列最丰富的科学成就"。进入21世纪以来,管理成了时代的宠儿,人们把它与科学、信息并立,称为现代社会不可缺少的三根支柱。也有人干脆声称:今后的世界将是一个"经营管理的时代",而文学家和诗人则把它比喻为:社会科学皇冠上的一颗璀璨的明珠。然而正是在鲜花和赞歌声中,管理科学的一场真正的危机却悄悄来临了。在一场排山倒海、声势浩大的生产力大变革潮流面前,它显得软弱无力、束手无策。

(一)科学管理的骄傲——"定额管理"发生了危机

有人估计,当代每两年内社会经济发生的变化相当于20世纪初的30年、牛顿以前的300年、石器时代的3 000年的变化。究其原因,就是科学技术已经真正成为生产力的推动力。"知识就是力量"这句17世纪培根提出的名言,在当代得到了最好的证实:美国经济学家分析了1929～1969年间美国促进劳动生产率提高的因素,知识对劳动生产率提高所做的贡献1929～1941年为33.8%,1943～1948年为50.8%,1949～1953年为52.8%,1954～1964年为44.6%,1963～1969年为71.9%。知识来自于人的头脑,"头脑已成为企业的生命"。泰罗的"动作和时间"的研究,可以测定体力劳动者,而无法测定脑力劳动者的"多余时间",更无法制定"标准化"的思维方法。泰罗那块测定体力劳动者定额的"马表",在脑力革命的今天,失灵了,不准了!

(二)流水线上的工人开始躁动起来

一方面,高技术必须有高情感。社会化分工日益细化,使劳动者成为机器的一个零件。单调重复的劳动使劳动者感到疲惫不堪。另一方面,今天的劳动者已不是泰罗时代的劳动者,他们有较高的文化水平。对于由于分工越来越细致所造成的越来越简单的劳动,只需经过短时间的培训,即可以适应。劳动者不愿为了如拧紧一个螺丝帽之类的简单工作而为资本家卖命一辈子。分工对于生产无疑是必要的,然而,如何在分工日益细化的今天,给流水线旁辛勤操作的劳动者带来乐趣,增添情感,这就是在知识爆炸时代给管理带来的新课题。既然以前的管理科学无法回答这个难题,那么在流水线上工作的劳动者自然躁动不安了。据调查,美国现在每年有10%的人变更工作,其中1/3的人不止一次。英国至少有32%的人试图调换工种。流水线工作的发祥地——大名鼎鼎的美国福特公司,之所以被后来居上的日本汽车公司抛在身后,没有解决好这个新课题也是原因之一。

(三)官僚等级制的大殿开始动摇

当代的员工素质已今非昔比。一方面,员工的构成发生了很大变化,1956年,美国白领工人数第一次超过了蓝领工人数,进入20世纪80年代,白领工人与蓝领工人之比达到了5:3.3。在20世纪90年代,美国掌握知识的劳动者占全部劳动者人数的60%。另一方面,员工的文化水平有了普遍的提高。如今的工人不再是简单的体力劳动者,他们大多数具有较高的学历,因此当今的员工十分清楚自己的权利和价值,也十分清楚如何正确处理实际操作中的各种细节,反对每道工序、每个操作都要服从上级的指挥棒。他们仇视由上而下指挥一切的直线等级制,不愿意使自己成为企业的一部"活机器",任人摆布,他们有强烈的参与感。因此,以前的管理面临着一个严峻的挑战。现代企业应该如何才能产生一个强大的磁力,使一大群具有高度文化而又有强烈展示自我价值的员工紧紧吸引在企业周围,这是困扰当代企业家的一个必须马上找到答案的难题。

(四)集中划一的管理模式,受到信息化、多元化的冲击

众所周知,新技术革命在某种程度上是一场信息革命。信息在社会中的地位越来越突出,一个新的信息社会正在出现。信息技术导致整个社会成为一个信息化的网络社会。信息化成为新技术革命最突出的一个特点。另外,信息技术扩大了人们的信息量,因此,个别人和个别利益集团已很难长期控制信息,因而信息化的结果是多元化。例如,消费者的需求出现了多元化,需求心理不再是过去的"大家都买,我也要买"的认同需求,而是"大家都买,我就不买"的个性化需求。与此相适应,企业生产出现了多品种、少批量的趋势。

当初科学管理的兴起,与今天它的困惑,均源于生产力的发展。前者是由于生产力发展迅猛的要求,后者是生产力发展太迅猛的结果。管理与生产力的不相适应,表现为员工对旧管理模式的对立。早在第一次世界大战后不久,对工人"管、卡、压"的泰罗制已引起工人们的广泛不满,他们用怠工和罢工与之对抗。为此,不

少明智的资产阶级管理学者提出各种改良措施,但均无济于事。其原因正如一位美国管理学家一针见血指出的那样:"泰罗去世虽然已经60年了,但之后却并没有增加很多东西。"新瓶装旧酒式的努力,解除不了管理学的危机,于是一场管理学的革命正在悄悄地酝酿着。正是在这样的情形下,善于标新立异的美国人,将日本人的这种管理方式起了一个响亮的赋予时代感的名词,即为"企业文化"。于是企业文化这个名词响彻了全世界。

二、企业文化的发展

美国和日本是全世界最早进行企业文化理论研究和实践的国家。美国式的企业文化和日本式的企业文化也是世界上最有代表性的两种企业文化。文化作为人类特有的社会现象之一,是人类社会生存和发展的具体方式,与一定地域条件下的种族特性密切联系,在一定条件下,文化的发展程度和形态受一定的经济、政治状况的制约。企业文化作为一种亚文化,同样会受到一个国家政治、经济、文化等多方面因素的影响。不同的历史背景、文化氛围、经济体制、管理方法都会对企业文化的形成和发展产生影响,并在企业文化上得以体现。

法国学者米歇尔·阿尔贝在《关于两种资本主义体制之争的对话》一书中概括出了"美国模式"和"德日莱茵模式"两种不同的管理模式。他指出,"美国模式"注重即时利润、眼前效率,忽视国家为保护社会公平面对市场经济的干预,劳动者作为一种商品而受到市场规律的"摆布"。"德日莱茵模式"把市场经济与社会公平结合起来,尊重社会权利。在这样一种体制中,市场法则受到了尊重,但同时,大家都承认仅靠市场经济的运转是管不了整个社会生活的。在这种体制下,企业既是一种商品,同时又是一个利益共同体。在日本和美国企业文化的差异上,历史背景、文化差异及民族差别都留下了深深的烙印。

第二节　企业文化的内涵与内容

随着企业文化的兴起,企业文化对于企业实现自身目标的意义被越来越多的企业界人士所认识。同时这也促使企业文化的不断发展,从而使企业文化的内涵随着实践的发展和理论的深入而日益丰富。

一、国内外关于企业文化的不同表述

从企业文化理论提出之日起,专家学者就致力于企业文化概念的讨论和界定,并提出各种表述,但目前尚未形成统一的定义。国外学者的观点主要有:威廉·大

内认为是"传统和气氛构成了一个公司的文化。同时,文化意味着一家公司的价值观,诸如进取、守成或是灵活——这些价值观构成了公司员工活动、意见和行为规范。管理人员身体力行,把这些规范灌输给员工并代代相传"。托马斯·彼德斯和小罗伯特·沃特曼在《寻求优势——美国最佳公司的经验教训》中认为"企业将其基本信念、基本价值观灌输给它的职工,形成上下一致的企业文化,促使广大职工为自己的信仰而工作,就是产生强烈的使命感,激发最大的想象力和创造力"。他们把企业文化概括为"汲取传统文化精华,结合当代先进的管理思想与策略,为企业员工构建一套明确的价值观念和行为规范,创设一个优良的环境气氛,以帮助整体地、静悄悄地进行经营管理活动"。

阿伦·肯尼迪和特伦斯·迪尔认为企业文化由以下五个方面的要素组成:

(1)企业环境。这是对企业文化的形成和发展具有关键影响的因素。

(2)价值观。价值观是企业文化构成的核心因素。

(3)英雄人物。他们将企业价值观人格化,为员工提供了具体楷模。

(4)礼节和仪式。即企业的日常惯例和常规,向员工表明了所期望他们的行为模式。

(5)文化网络。即企业内部主要的"非正式"的联系手段,是企业价值观和英雄人物传奇的"运载媒介"。

美国学者约翰·P.科特和詹姆斯·L.赫斯克特认为,企业文化是指一个企业中各个部门,主要是企业高层管理者们所共同拥有的那些企业价值观念和经营实践,是指企业中一个分部的各个职能部门或地处不同地理环境的部门所拥有的那种共通的文化现象。

我国学者的观点主要有如下几种:

企业文化"是企业在社会主义市场经济的实践中逐步形成并为全体员工所认同、遵循、带有本企业特点的价值观念、经营准则、经营作风、企业精神、道德规范、发展目标的总和"。广义的企业文化是指企业所创造的具有自身特点的物质文化和精神文化,狭义的企业文化是指企业所形成的具有自身个性的经营宗旨、价值观念和道德行为准则的综合。企业文化"是企业在生产经营实践中创造出来的具有本企业自身特征的物质财富和精神财富的总和,是由企业器物文化、制度文化和观念文化三个由浅入深、由表及里的层次所构成的"。

著名经济学家于光远提出了"五层次论",他认为,"第一个层次就是20世纪80年代初在日本或美国兴起的一种特殊的管理和经营文化,一种思想"。"企业文化包含科学研究,包含教育,包含实践活动,所以一般的经营文化、管理文化,特别是具有理论水平的经营文化、管理文化,应该有比较宽阔的范围,这是第二个层次的问题"。"第三个层次就是企业要注意提高整个企业职工的文化素质和满足企业职工的文化需求"。"第四个层次是企业要关心社会文化事业,社会文化事业在现代的国家中应该得到企业的大力支持"。"第五个层次的问题讲的人最少,我认为企业家,特别是中国企业家要提高自己参加宏观决策的意识和能力"。"因此说,文化问题就是提高这种参与宏观决策的能力和意识的文化"。

中央政策研究室在《关于我国企业文化建设的研究报告摘要》中认为,企业文化包括企业在长期生产经营中形成的管理思想、管理方式、群体意识和行为规范。其出发点与归宿是尊重和坚持职工的主人翁地位,提高职工的思想道德素质和科学文化素质,从各个环节调动并合理配套有助于企业以经济建设为中心的全面发展的积极因素,形成合力,在企业实现社会主义物质文明和精神文明中求得进步。其中含"人"和"物"两方面的管理,以"人"的管理为主;"软"管理和"硬"管理兼备,以"软"管理为主。其中群体意识包括企业价值观、企业精神、心理态势等,行为规范是指企业规章制度、道德规范、行为标准、习惯风俗等,是现代企业制度的有机组成部分。

从以上的表述来看,中西方学者大都将企业文化界定在一个组织中形成的独特的文化观念、价值观念、信念、历史传统、价值准则、行为规范等,基本上都将价值观看成是企业文化的核心部分。综合国内外学者的观点,刘光明博士认为企业文化的本质及其与其他文化的区别可表述为:"企业文化是一种从事经济活动的组织中形成的组织文化。它所包含的价值观念、行为准则等意识形态和物质形态均为该组织成员所共同认可的。它与文教、科研、军事等组织的文化性质是不同的。"

二、企业文化的内容

正如企业文化的定义无法清晰明确地界定一样,随着人们对企业文化探讨的深入和企业实践的发展,企业文化的内容也在不断充实。目前,我们认为企业文化的内容主要包括以下几个方面:

(一)企业的最高目标和宗旨

它反映从现在起到未来某个时间的总体战略走向和主要预期成效,对企业的全部经营活动和各种文化行为具有导向作用,同时可以激发员工的动力,形成企业的向心力。纵观世界上优秀的成功的企业,大多将为社会、顾客、员工等作为最高目标和宗旨。当然,企业是一个经济实体,追求利润是其动力所在,但单纯地把盈利作为最高宗旨或目标,往往会适得其反,无法获取长期的利润。

(二)企业共同的价值观

价值观是关于事物价值的看法和总观念,是对客观事物的总评价。企业价值观是指企业在追求经营成功过程中推崇的基本信念和奉行的目标,为企业全体或大多数员工赞同的关于企业意义的终极判断及奉行的行为准则。它是企业文化的核心和基石,为企业全体员工提供了共同的思想意识、信仰和日常行为准则,是企业成功的必要条件。"以人为中心"是当代企业价值观的一个最突出的特征,而且这种人本主义的思想已开始将人的发展视为目的,而不是单纯的手段。

(三)企业的经营哲学

它指的是企业在经营管理过程中提升的世界观和方法论,是全体员工所共有的对世界事物最一般的看法,是指导企业生产、经营、管理等活动及处理人际关系的原则,是企业个性的基础。因为它与民族传统文化有密切联系,同时与特定时期的社会生产、特定的经济形态、国家经济体制以及本企业的文化背景有关。英、美国家的企业文化受其文化传统影响,崇尚个人的价值和奋斗,崇尚自由和理性,因而其更强调"理性"管理,强调规章制度,而东方民族受儒家传统文化和集体主义精神影响,更强调集体的"人性"管理。两种传统文化的鲜明对比带来了两种不同的企业经营哲学。

(四)企业精神

它是企业成员在长期经营活动中所形成的经营哲学、价值取向、道德观念和文化定式的复合体。它具有强大的凝聚力、感召力和约束力,是企业员工对企业的信任感、自豪感和荣誉感的集中体现,是企业在经营管理过程中占统治地位的思想观念、立场观点和精神支柱。每个企业都有各具特色的企业精神,往往以简洁而富有哲理的语言形式加以概括,通常以厂歌、厂训、厂规、厂徽等形式形象地表现出来。比如,松下电器公司的七大精神:产业报国、光明正大、友好一致、奋斗向上、礼节谦让、适应同化、感激报恩。又如,美国国际商用机器公司(IBM)的三大基本信念:尊重个人、顾客至上、追求卓越。

(五)规章制度和行为规范

这是企业精神、价值观的折射,是企业文化的硬件部分。规章制度是企业组织或群体为维护生产、工作和生活秩序而制定、颁布执行的书面规划、程序、条例等总和,它明确什么该做或不该做,应该或不应该怎么做。

(六)企业环境

任何企业都不是独立于社会之外的,企业环境对企业的形成、存在和发展具有极大的影响。它是指企业生存和发展所依赖的各种相关因素的总和,包括内部环境和外部环境。一般来讲,企业的内部环境是构成企业文化的重要因素,企业与外部环境的关系则综合地体现了企业的基本信念、价值观、道德风貌和经营哲学。

(七)企业形象

这是企业文化的可视性象征,是企业文化的载体,是企业的无形资产。企业形象主要包括企业理念形象、产品形象、经营形象、服务形象、员工形象、领导者形象、公共关系形象等。企业形象与企业文化是形式和内容的关系,良好的企业形象背后必然有良好的企业文化。企业的特有形象是由企业的思想、信念、策略、方针、准则、价值观等构成的,反映的是企业个性文化的形象。

(八)杰出的团队和企业英雄

企业文化是以人为本的。人是企业文化的承载体,也是创造者和传播者。高效杰出的团队能为企业带来凝聚力、向心力和竞争力,英雄人物能对杰出的企业团队起到示范作用。

(九)企业创新

创新实质上是企业文化的创造力,是企业持续发展的源泉,也是企业生命力之所在。企业创新是以人为中心的,也最能表现出人的主体性。企业需要真正的观念革新,需要积极地开发人才资源,同时把企业价值观从物质本位转移到知识和创造力本位,把企业创新能力的提高作为企业综合素质的核心和灵魂。这是时代的要求,也是企业自下而上发展的要求。

在企业文化的诸多内容中,企业共同的价值观是企业文化的核心和基石,是成功企业的哲学精髓。优秀的企业都十分注重其价值观的塑造和创新,使之适应不断变化的经营环境。

第三节 企业文化的特征和功能

一、企业文化的基本特征

企业文化作为一种独特的文化现象,概括而言,具有以下几个基本特征:

(一)时代性和社会性

任何企业的运作都是在一定的时代背景下进行的,不能不受当时当地政治经济和社会环境及文化的影响。因此它是时代精神的反映和具体化,是社会文化不可分割的一部分。它体现时代的要求和社会的要求,并与时代的发展保持同步。随着科技的发展和人类文明水平的提高,人们认识事物的水平、道德水准、评价事物的标准也发生了相应的变化。当代企业文化渗透着现代经营管理的各种意识,如商品经济意识、市场竞争意识、经济效益意识、顾客满意意识、信誉至上意识、战略管理意识、公共关系意识、社会责任意识等。可以说,一个优秀的企业总是把时代精神浓缩在自己的企业文化中,并承担着一定的社会责任。

(二)民族性和渗透性

企业文化的民族性是指不同的民族文化氛围中必然产生不同特点的企业文化。如美国的企业文化、日本的企业文化均深深烙上各自民族的文化特征。因此,建设企业文化不应简单地照抄其他企业文化,而应立足于本民族的文化背景,结合本企业的实际情况,有选择地吸收。纵观世界文化的发展史,可以看出不同地区、不同民族的文化既互相开放、交流、引进、吸取,同时又不断分化,这是各民族文化发展的一条规律。在 21 世纪的今天,已形成的世界市场、发达的交通和信息及大众传播媒介的普及,使地球逐渐变小,而各国企业文化的特殊性在国际性的经济、文化、技术交流中相互渗透着。随着企业内外部各影响因素的变迁,企业文化也只有不断选择、淘汰、组合、进化、变革、创新,才能保持自身的生命力。

(三)人文性和潜意识性

人们都希望能与别人亲密和谐地相处,希望环境充满信任和友爱,希望获得理解、自尊、自信和自我发展。可以说,企业文化正是紧紧围绕着人们如何共处,如何实现自我而建立的,它将人看成企业最宝贵的资源和财富,将以人为中心的管理作为企业管理的核心和原则。因而,我们认为,企业文化是一种小群体中调整人际关系和人本身的一种人伦文化,充满了"人文性"。这种"人文性"还体现于管理中的潜意识性和软约束性。企业文化是非强制性的不成文的行为准则,是靠其对员工的熏陶、感染和诱导,使企业员工产生对企业价值观、目标和行为准则的"认同感",自觉地按企业的共同目标、价值观念和行为准则去工作。可以说,员工对本企业文化的认同接受完全是潜意识的。企业文化对员工的约束也是软性的。

(四)个性和多样性

人类创造的文化是极为丰富和多样的。这就决定了企业文化鲜明的个性和整体的多样性。正如自然界找不到两片完全相同的树叶一样,没有两个企业的文化会是完全相同的。不同国家的企业,因其文化背景、所处环境不同,其企业文化具有各自鲜明的个性、民族性;同一国家的不同企业,尽管会因同一民族文化而形成一些共性,但由于其行业、地域环境、历史特点不同,经营特点、产品特点等不同,其企业文化也是各具特色、互不雷同。任何优秀的企业总是拥有其独具特色的价值观、道德准则、行为规范、经营理念、经营风格,以其个性鲜明的企业文化为市场所接受,在竞争中立于不败之地。

(五)稳定性和发展性

企业文化是随企业诞生而产生的,具有一定的稳定性和延续性。它能长期对企业员工的行为产生影响,不会因日常细小的经营环境的变化或个别干部、员工的去留而变化。但这种稳定性又是相对的。任何优秀的企业文化都是人塑造而成的,随着企业内外环境的变化,企业文化须相应地不断充实、变革和创新。任何封闭、僵化的企业文化最终会将企业推进死胡同,及时更新、灵活适应的企业文化,才是保持企业活力的关键因素。

二、企业文化的功能

在企业管理科学中,人们注重企业文化的研究和建设,把培育良好的企业作为致富之宝和成功之路,就是因为企业文化作为管理的软件,能发挥物质资源等硬件所起不到的作用和功能。但是,对企业文化的功能及其在企业经营活动中所扮演的角色,并不是所有的人都认识得十分清楚的,特别是把它作为20世纪80年代以来新形成的一种企业管理理论,尚有待于不断完善和科学化、系统化。依据企业经营管理的实践,企业文化的功能主要表现在以下几个方面:

(一)凝聚功能

企业文化,特别是作为企业文化核心的企业精神与企业价值观,对一个企业的生存与发展之所以关系极大,一个重要原则是,它是企业的凝聚力、向心力之所在。换言之,它具有一种凝聚功能。

企业文化的凝聚功能越来越受到人们的重视,因为它可围绕企业目标,凝结成极大的集体合力,产生奋发向上的群体意识,空前地焕发起人们的主观能动性,有成效地推动企业的发展。人们越来越体会到,单靠发号施令,很难实现企业的奋斗目标。企业的根本动力来源于员工由某种共同意识(以及其他一些精神要素)所激发出来的积极性、创造性和工作热情。人们越来越发现,企业管理中的分析、控制、决策技术、定量化、合理化等抽象的理性管理方法对企业发展仍然有其重要作用。但是,企业文化所塑造的人们的共同价值观念、共同意识表现出更大的作用,表现为一种把全体员工凝聚在一起,形成一种强大的生产合力的功能——凝聚功能。美国《寻求优势》的作者指出:虽然好的公司确实在分析技术上比别人高明,可是我们相信他们的主要决策都是在他们的价值观念指导下形成的,绝不是分析计算出来的。那么,如何理解、如何把握企业文化的凝聚功能呢?这是一个需要真正弄清、把握住其一系列凝聚机制的问题。

1. 归属机制

在企业这个群体中,个体虽说有相对独立性,但也绝不是可以根本超越群体而孤立存在的个人。他在企业中必定同别人发生联系,结成一定的关系;若从企业原本即是以专业化协作为基础的社会化、现代化生产单位来说,企业中的任一单个个体离开集体,就将寸步难行。个体对群体事物的参与,通过企业的实践活动,发挥自己的作用,做出自己的贡献。同时,企业群体又迫切需要每一个人的奋发、努力,因而,应不时地对个人归属进行认同和鼓励、赞扬和支持。这就是一个归属(凝聚)观念——归属(凝聚)行动——归属(凝聚)结果(即个体与群众相互认同、肯定)的过程。

2. 准则机制

企业文化的确无法分析计算出来,但是,成绩卓著的公司或成功的企业能够创造出一种内容丰富、道德高尚且易为大家接受的文化准则和价值准则。这种准则本身以及与之紧密相联的文化氛围、环境结构、具体而又灵活的规范,调控着人们的行为,使员工们情绪饱满,互相适应和协调一致。企业文化的准则机制,先是以卓越的企业价值观、企业精神,激发广大员工做出不同凡响的贡献,从而在成千上万名员工心目中形成一种强烈的目标感。这种目标感可以是来自对产品的热爱、高质量服务的愿望、对革新的鼓励,或者对每个人的贡献给予承认和荣誉等,而要实现赋予了企业共同价值观的企业共同目标,在行为上就必须协同、协调、相互适应。这样,这一作为准则的具体机理又与归属机制一致起来。

3. 情感机制

企业文化的强烈的凝聚力功能包含着一种情感机制。企业文化讲究尊重个人感情,能造成一种亲密友爱、信任的企业气氛。在这种条件下倡导集体主义,满足员工的社会性心理需要,就会使人们改变原来只从个人角度出发建立的价值观念,树立一种以企业为中心的共同价值取向、道德标准和整体信念。它通过共识,使人们认识自己在企业中的价值与作用,当员工意识到自己受到尊重和信赖时,就必然潜意识地对企业产生一种强烈的向心力、凝聚力,增强企业意识。具有强烈企业意识的员工,会自愿自觉地把自己与企业融为一体,形成强烈的主人翁感、责任感和使命感,有一分热发一分光,竭尽全力帮助企业成功。这样,由企业文化所产生的强烈的企业共同意识成为一种强有力的凝聚力,把企业全体成员的力量凝聚成一股合力,就使由个人行为构成的企业行为协作系统产生出最大的功效。

4. 内聚机制

企业文化的凝聚功能还包含一种向心力机制,即向一个中心点集聚的机理。许多企业在搞利益共同体建设,不管是不是有意识地搞"利益共同体"的活动,或专门有意识地开展这方面的工作,企业在事实上都是一个利益共同体、命运共同体,每个个体、每个员工、同仁,生活在这样一个群体之中,受这一群体特定企业文化的熏陶,都必然产生对这个群体的一种内向心理。当某个工厂的员工说"厂兴我荣,厂衰我耻"时,他心目中的这个厂,首要的是他自己所在的工厂;当某个员工说"爱厂如家"的时候,他在心底里首要盼望的当然是他工作所在的那个"厂"能像他的

"家"一样温暖、可爱。这都表明,在长期特定企业文化氛围中生活的工人的向心心理,这也表明企业文化的内聚功能和作用之大。

(二)激励功能

激励是当今企业管理的一种职能,激励理论已成为企业经营管理的重要理论之一。激励是基于企业内外环境的刺激和影响,而诱发起人这个有机体产生的一种自勉力、发奋进取精神,以及推动人们献身事业的责任感和行为。人们的这些精神和行为状态,对实现自我目标和企业目标有着极大的强化、激发和推动作用。我们经常在企业中发现,广大员工对企业目标的献身精神和从事生产劳动的态度是有极大差异的。有的人具有强烈的进取精神和实现企业目标的愿望,并在行动上有所体现,能卓越地完成本职任务;有的人有一点进取意识,但不强烈,劳动工作一般,只要勉强能完成任务,就得到满足;有的人进取的愿望极差,对完成企业目标感到是负担甚至厌恶和憎恨,经常完不成任务。激励的任务就是要使这些处于不同精神状态的员工都能为企业整体和为实现自己所在的组织单位的目标做出贡献。企业文化为什么能对人们起到激励作用呢?

(1)企业文化建设能为员工培养起一个良好的激励环境。在诸多的激励因素中,组织环境的好坏与激励的强弱密切相关,企业文化建设能为员工培养起一个良好的激励环境。美国学者利特温和斯特林格在对一个官僚结构型组织的460名主管人员所做的典型调查中发现,人们动机的强度受到组织环境的影响,其中组织与权力激励有着密切的相互关系,而与成就激励、社交激励则呈相反的相互关系,而在一个具有严格责任制、明确的价值观和行为道德准则的温暖、平等的企业环境中,环境与对人们成就的激励关系极为密切,与权力激励只有一定的关系,而与社交激励没有什么关系,因为在这样的企业中,人们都在竭力为自己的组织工作,在企业组织内能得到公平和温暖的感受,所以不需要过多地从企业外部去寻求满足感。一般来说,具有良好企业文化与企业精神的组织集体,企业内的小环境比较和谐,人们都有执着的事业追求和高尚的道德情操,那种彼此之间互不服气,为权力、奖金、工资争斗的现象比较少,他们能把对企业的发展与自己的成就密切联系在一起。

(2)企业文化能起到精神激励的能动作用,能发挥其他激励手段所起不到的作用。众所周知,对员工的激励手段是多种多样的,每一种激励方式都能从不同的侧面或方位激发人的积极性、能动性和创造性,发挥人的智力效应。常见的激励方式主要有目标激励、领导行为激励、竞争激励、奖惩激励。

美国管理学家道格拉斯、麦克雷戈曾把激励因素分为外附激励和内滋激励两类。前者是来自领导者和高层管理者对一般管理者和生产者的激励;后者是由于员工们自身基于外部刺激而发自内心的激励力量。企业文化实质上是一种内滋激励，它能综合发挥目标激励、领导行为激励、竞争激励、奖惩激励等多种激励手段的作用，从而激发出企业内各部门和所有劳动者的积极性，这种积极性同时也成为企业发展的无穷力量。

（三）辐射功能

前面所谈的两种功能，都是讲的企业文化对本企业这个微观社会群体的功能。辐射功能是指它作为社会文化大系统的子系统，对城市或地区这个宏观社会群体的辐射功能。众所周知，任何一个企业，都是坐落在一个地区或一个城市之中。正如企业有企业文化一样，地区也有地区文化，城市也有城市文化。因此，后者与前者便成为高低、大小两个文化层次。作为子系统的企业文化对作为大系统的城市或地区社会文化场，便生出一种文化辐射功能。

企业文化是如何向周围社会文化场辐射的呢？简单地说，这主要在于企业文化流的作用机制，主要是靠企业文化流来实现的。这种文化流，从其载体上看，大致上可划分为两类：商品让渡文化流、服务提供文化流，像文化宫、俱乐部、学校、医院等，因为既是事业性服务单位，又可作为传播媒介、文化载体（包括家庭、孩子和外面的人来读书、看报、就医等）。文化流机制的优劣、流量的大小、辐射功能的强弱，关键看其产品是否物美价廉、式样新颖、经久耐用；关键看其服务是否周到、细致、热情、优良；关键看其传播渠道是否宽阔和畅通。

（四）推动企业管理

企业文化是企业在管理实践的过程中，在寻求企业变革和发展中形成的，企业文化的建设与不断加强企业的科学管理相一致。企业文化是以企业科学管理为基础、更高层次的一种新型管理思想和管理方式。从某种意义上来讲，企业文化是企业科学管理的发展和完善，通过这种发展和完善，使得企业的管理更加出色、有效和富于活力。

企业文化使企业管理者突破了以往纯理性的圈子，使其管理活动有着更深刻的思想性、丰富的人情味，具有时代特色和人文精神。企业文化对企业管理的推动作用大致有以下六个方面：

（1）推动企业管理的重点转向以人为中心的现代化管理。企业文化以人为中心，以人的意识形态为主体，以多种形式来鼓舞人的感情，平衡人的心理，维系人的忠诚，激发人的智慧，调动人的积极性，挖掘人的内在潜力，使之能够自觉地为企业而奋斗。企业文化有利于企业领导进一步确立员工是企业主人的观念，从而尊重、关心和爱护企业员工，不断改善和提高领导的艺术。另外，也有利于企业员工增强主人翁责任感，积极主动地参与企业的管理，为企业的发展献计献策，充分发挥企业员工的工作积极性、主动性和创造性,从而达到推动企业进一步向前发展的目的。

(2)企业文化的核心内容是企业精神和企业价值观。企业文化建设通过培育企业精神,使之成为企业内部全体员工的共识,从而引导和规范员工的群体行为,增强企业内部的凝聚力、亲和力和向心力。

(3)企业文化强调的是以人为本的管理方式。这一管理思想的存在,有助于企业管理者理顺企业内部人与物的关系,建立起注重企业员工心理需要、价值地位及企业用户、顾客的价值取向,改变过分注重硬件管理的误区,建立"软硬结合",以"软"管理、"软"约束为核心的企业管理结构和管理模式。不断调动企业员工的工作积极性,使企业全体员工各司其职、各尽其能,充分发挥员工自身的潜能和积极性。从而实现企业管理功能的整体优化,充分挖掘企业的内部潜能。

(4)企业文化是独特的,企业文化建设有助于培育企业的个性。企业文化的重要特征之一,就是企业具有鲜明、独特的个性。通过企业文化建设,企业树立了良好的企业形象,并以优质的产品占领市场,不断开拓,在市场竞争中立于不败之地。

(5)企业文化在企业的生产、经营、管理过程中体现出了企业的宏观管理和员工的微观自我管理、自我约束控制的结合,这种结合有利于企业实现自己的经营战略,并由此产生一种新型的文化管理模式,把企业的经营战略与文化建设有机地结合起来,把企业管理中的软件和硬件结合起来。

(6)通过企业文化建设,企业调整了管理组织,改革了管理制度,培育了管理人才,形成了良好的企业人文环境。

(五)企业文化的约束功能

企业文化不是一般的企业规章制度,它没有固定的条文来进行约束。但是,企业文化是一种约定俗成的东西,是一个企业内部上下员工必须共同遵守的一种行为规范和思想道德准则。企业的厂规、厂纪、厂风、厂貌都会对员工产生潜移默化的影响,使员工自觉地按照这些要求来规范自己的行为。

在企业文化建设过程中,还有着微妙的文化渗透和企业精神的感染激励,在员工中间形成一种具有约束力的倾向,从而规范了企业员工的群体行为。当企业内部少数人的行为变为大多数人的自觉行为以后,就会在员工中间形成一种相当稳定的、无形的精神力量,从而促使良好的企业风气的形成,对于工厂的各级员工都是一种无形的约束。

当企业中个别员工的思想、行为与这种企业中约定俗成的东西不协调或不一致时,这种氛围的感染便会对他造成一种压力,使他不得不与大多数人趋同,进而调整自己的思想行为,以达到与企业整体环境的协调一致。

（六）企业文化的规范或控制功能

企业文化是一种不成文的软约束。企业实行自我控制，主要是使企业能在发展过程中按照规范的要求，达到一种稳定、健康的发展。企业及其成员在企业文化的规范下，其价值观念、思想认识、思维过程、心理情感和伦理道德、行为方式等都会受到影响和规范。

企业文化建设，通过微妙的文化渗透和企业精神的激励、感染，会形成一种约束倾向，在员工中形成一种无形的准则，从而规范群体行为。当这种约束由少数人的自觉性变为多数人的自觉性之后，就会成为一种稳定的无形的精神力量，自然而然地促成企业中的良好风气。个别思想行为与这种整体价值取向不协调的人，在这种氛围的感染和压力下，将会经过自我协调，与整体变得协调一致。

当新的成员进入这一整体时，其原有的思想行为与现在整体的不和谐性日渐出现。企业新员工从进入企业的第一天起，就需接受企业文化的教育，逐渐放弃那些与现在企业不协调的思想观念、行为方式等，逐渐接受并养成本企业的企业文化意识。企业要强化对新成员的控制，使其意识到企业文化层面对其的控制，实际上是企业员工实行自我控制的一种无形约束，是一种有效的管理方式。可以通过企业规章制度和管理要素，对成员的思想行为进行约束，也可以通过企业全体员工的共有价值观念来进行自我控制。

（七）企业文化具有调适功能

人们的生活，处处是文化。如果说，作为一个员工，发生在其上班的时间、空间里的文化活动、文化现象称为"事业文化"的话，那么，在8小时之外的各种文化活动、文化现象，则可称为"业余文化"。由此也可以说，人们的文化生活分为"事业文化"和"业余文化"两部分，而企业文化的发展，不仅有效地调控着事业文化生活，而且有效地调适着业余文化生活，这是越来越明显的基本事实。

随着市场经济的不断深入发展，随着体制改革的不断深化，人们日益注意精神生活的改善，逐渐改变旧的消费观念，将吃穿玩乐融为一体，业余文化生活、文化娱乐的价值日益显现出来。作为企业文化一部分的业余文化活动，不仅作为紧张工作之余的体力、脑力恢复性的调适，而且进一步作为人们娱乐、享受、愉悦身心的调适。戏剧、摄影、美术、书法、雕刻、音乐、舞蹈、朗诵、演讲、下棋、集邮、缝纫、养花、钓鱼、跳舞、旅游、滑冰等，都是一些具体形式。这些在传统观念中并不怎么重要的消遣娱乐活动，通过身体放松、竞技、欣赏艺术、科学和大自然，为丰富生活提供了可能性。消遣为人们提供了激发基本才能的变化条件（意志、知识、责任感和制造能力的自由发展）。企业文化的调适功能，具体来说，有如下几种形式：

（1）能量补偿调适。市场经济的发展，特别是第三次世界范围的新技术革命带来的经济社会现代化发展,使企业员工的劳动节奏、协作关系和生活观念发生了一系列的变化。快节奏、高效益、重信息、讲信誉已成为当今企业的时代风尚。在这种背景下,各种企业文化活动,在人们娱乐、消遣中,使人们已消耗掉的能量得到补偿,以至迅速增加。

(2)丰富精神调适。自改革开放以来,员工们的消费方式发生了变化,人们不断地改善物质生活,同时也不断地使精神生活更丰富多彩。人们要求融吃、穿、玩、乐于一体。需要通过身体和思想的放松,开展竞技,欣赏艺术和大自然,以平衡满足生活需要的天平。于是,人们在文化设施日益增多、文化活动形式日益增多、文化活动内容日益新颖的企业文化中得到调适。

(3)自由发展调适。不论是养花、钓鱼,还是欣赏音乐、美术,或是阅览书报等,都不单单是消遣,不单单是说说笑笑。正如联合国《消遣宪章》中说的,消遣为人们提供了激发基本才能的变化条件,这即是"意志、知识、责任感和创造能力的自由发展"。

(4)愉悦身心调适。进入日本的工厂,犹如进入花园一般,它给人以清新、愉悦之感。厂内宽阔的林荫大道,两旁有一个个小花坛和养鱼池。虽然工厂用地紧张,但每个工厂的绿化面积都占厂区的10%~20%。工厂有专门的绿化队伍,班组人员兼顾环境美化员,发动全体员工人人种树。不少工厂在其一角还有高尔夫球练习场,使工厂更具生活气息。优美恬静的厂区环境使人从中受到文化的熏陶和艺术的享受,身心得到愉悦和调适。

(八)推动企业生产

在现代社会中,企业对于整个社会的进步和发展起着巨大的推动作用。著名管理学家德鲁克曾经说过:"1900年以来,公司改变了世界经济。"在现代社会化大生产条件下,企业作为独立的经济实体而存在,企业生产经营中的一切活动,都是为了推动企业的发展进步,客观上推进了全社会经济的发展和进步。

在企业内部开展企业文化建设,目的就是通过文化教育来提高企业员工的整体素质,在企业内部形成一系列广大员工所认可和接受的意识、观念、道德标准、行为规范等。从而在员工中形成与企业同甘共苦的整体意识,开发员工的智力因素,调动广大员工的工作积极性、主动性和创造性,以增强企业的凝聚力,提高企业的生产管理水平,不断更新企业产品,实现企业进步,进而增强企业的实力,促进企业的发展。

另外,企业进行企业文化建设,可以使企业在进行产品生产的同时,不断完善售前、售后服务,建立起完善的生产服务体系,从而在提高企业生产水平的同时,促进企业发展的良性循环,提高企业的经济效益。

作为从事商品生产经营的独立经济实体，企业要发展，最根本的一条途径就是提高企业的劳动生产率。只有企业的生产效率提高了，企业才有生存和发展的动力，才有可能发展，企业效益才会得到提高。一个不关心生产效率的提高、不致力于提高本单位劳动生产率的企业，只能在激烈的市场竞争面前败下阵来。

在市场竞争面前，没有任何一家企业是可以依赖特权和优待来维持生存的。企业生存发展，主要依靠的是内力，外界的力量可以在一定程度上推动或阻碍，却不能够起到关键的、具有决定性的作用。只有企业内力不断增强，才能使企业有旺盛的生命力。植物可以在温室里生存得很好，但企业脱离了市场竞争的正常环境，则不可能长盛不衰。

企业发展的原动力是企业劳动生产率的提高，那么什么又是促使企业劳动生产率提高的根本因素呢？当然是劳动者。企业发展的真正动力源泉不是物质技术装备的优良，也不是生产工艺水平的提高，而是企业生产经营主体——企业员工的生产积极性、主动性和创造性。只有企业中的每一个分子都调动起来了，企业才能具有自我改造、积累、完善和发展的能力。

近年来，哈维·莱宾斯坦提出了一个"X效率理论"，认为企业只是经济中的一个"分子单位"，企业的员工是经济生活中的"原子单位"，企业是一个"集合体"，其中每个成员的行为都会对整个"集合体"的行为产生影响。"X效率理论"从深层次上分析了企业成员的效率与企业效率之间的关系，指出了企业成员生产效率的高低会直接影响到企业整体效率的高低。

哈维·莱宾斯坦认为，企业的投入与产出之间不存在着单一的关系。企业的低效率产生于企业成员工作努力程度的低下、员工工作中惰性因素的作用、企业员工缺乏劳动生产积极性、企业成员彼此之间的不适应和摩擦，以及企业成员个人目标与企业整体目标之间的不协调等非经济因素的原因。这些非经济因素往往对企业的效率有着不容忽视的影响。

一家企业的生产资料状况、劳动者平均使用生产资料数量的多少，基本上可以反映这个企业的技术水平。但是，在一定生产技术水平条件下，决定企业效率高低的不是物的因素，而是人在企业生产中所发挥的作用。

在人的因素中，劳动者的工作时间、劳动者个人所达到的文化技术等级、每个劳动者岗位责任的明确程度、不同劳动或不同工作岗位之间工作的联系状况等基本上是已知要素，但也有惰性因素对劳动者积极性和创造性的阻碍、企业成员个人目标与企业目标间的不和谐程度等未知因素。我们不能因为这些因素是未知的而忽视它，因为这些已知因素和未知因素会共同作用，对企业效率产生影响。

威廉·大内、帕斯卡尔、阿索斯、迪尔、肯尼迪、彼得斯、魏得曼、蒂奇、萨西、基尔曼、威尔金斯等人都认为企业文化是决定企业生产效率的主要原因。因为企业中人的因素决定着劳动生产率,企业文化建设提高劳动者的整体素质,调动企业成员的工作积极性,激发其工作主动性和创造性,也就是提高企业的劳动生产率。

企业文化建设注重对人的培养,协调企业成员个人目标、日常信念同企业目标、企业信念之间的关系,使二者能得以并存。企业文化的整合功能使企业成员能够在不断调整自己子目标的过程中,调整自己子目标的顺序等,以使自己的某些子目标与企业整体目标由不协调到逐渐协调,由疏远而趋于接近,最后达到共通和融合。通过企业文化建设,企业成员的目标与企业目标达到了协调,企业成员的工作动力释放出来,工作努力程度得以提高,工作积极性得以调动,新的科研成果、技术革新可以尽快推广,以及企业管理工作者的管理水平、方法的不断提高,企业上下可以同心协力,尽可能地消除工作中惰性因素的影响,员工积极主动地从事于生产经营工作,劳动生产率不断提高,企业效率随之提高,企业生产得以推动和发展。

第四节　中国企业文化的特点

当代中国的改革开放带来了新旧观念的冲突,使得本来就有摩擦的企业文化与市场经济发展既适应又不适应,呈现出一种良莠混杂、积极与消极并存、先进与落后交叉的复杂的矛盾冲突局面。中国企业文化的现实特点主要表现在如下几个方面:

一、个性发展意识与大一统观念并存

大一统观念对中国经济管理和企业文化的形成产生了广泛、深刻的影响:国家实行高度集中的企业管理体制,对企业管理过多过死,限制企业的个性发展。企业内部也实行集权式的管理方式,对员工日常工作的方式、方法和手段一般都有统一的要求,这些做法限制了员工的主动精神和创造精神。大一统观念及其与之相适应的管理方式与企业及员工的个性发展意识之间表现出明显的矛盾与冲突。与这种冲突现象相联系,在中国企业文化中还存在着整体意识和个体意识之间的矛盾与冲突。在大一统观念下,重视整体价值,不重视个体价值和个性发展,整体以牺牲个体为前提,个体微不足道,必须服从整体。由于整体意识和个体意识之间冲突的存在,很多企业表面看来整体性很强、很团结,但这种团结不是靠共同的价值观凝聚在一起的,所以个人在其中并不能充分发挥作用,表面的团结不能带来正向的群体效应。

现代社会化大生产为实现个人价值、发挥个人优势提供了条件和机会,市场经

济又构造了实现个人价值的竞争环境,因此,人们要求在为社会、企业做贡献的同时,实现个人的价值、抱负和理想。显而易见,员工日益增长的个体意识与大一统观念下的整体意识是格格不入的。

二、创新、竞争和冒险精神与中庸之道并存

"中庸"固然有利于组织和谐、合作、稳定的积极作用,但消极作用也不容忽视。它使人们的思维、言行追求不偏不倚、安分守己,遇事往往采取折中态度。这种文化渗透在现有的企业文化中,只是很多企业领导者因循守旧,面对变化的客观环境消极被动,不思改革和创新,尤其是竞争意识不强,害怕竞争,甚至设法逃避竞争。另外,由于受中庸观念、经济不发达及管理体制过分集中等因素的影响,中国企业领导者普遍缺乏企业家精神,冒险意识极弱,在经营中不愿进取,不敢放手成就事业。企业员工在工作中不敢突出自己的成绩,怕冒尖,怕遭非议,不敢大胆提出自己的见解和建议。

创新是企业生命力的源泉,冒险提供发展的机会,竞争推动进步。要创新就不能因袭固定不变的做法,就要敢冒一定的风险,不断保持企业的繁荣;要竞争,不管是企业之间,还是员工之间,就要敢于突出自己,发挥自己的优势,战胜对手,不断保持企业不竭的动力。这种市场经济的客观要求与中庸之道导致的企业的"创新萎缩症""竞争、冒险恐惧症"是严重冲突的。

三、现代经济利益观与重义轻利观并存

企业受重义轻利观的影响,在处理、管理问题时重道德标准,轻经济标准;重人伦关系,轻利益关系;重精神鼓励,轻物质鼓励。而从扩展的意义上看,传统义利观中的"义"已经逐渐由道德范畴扩展到政治范畴。有些企业在生产经营中只算政治账,不算经济账,片面追求政治影响,不重视经济效益。在管理方法上重政治手段和行政方法,不重视经济手段和经济方法,使中国的企业文化呈现明显的政治色彩。

目前,与上述重义轻利观截然相反的事,在有些企业、有些人中也出现了一些重利轻义乃至"见利忘义",只重经济利益,不顾社会利益,一切"向钱看"。市场上一度"假冒伪劣""坑蒙拐骗""偷税漏税"等现象盛行,这更是应予以反对的。实际上,义利关系不是相互对立的,而是对立统一的。企业在坚持道德和政治方向的前提下提高经济效益,在提高员工政治、道德修养并满足员工精神需要的同时,鼓励员工追求合理的物质利益,满足其利益要求,是中国企业文化建设的正确方向。

四、实践意识与重言轻实并存

中国传统深受儒教影响,以"仁义"为中心,重言轻实,重志轻功。目前,不少企业领导者在复杂多变的客观环境中不善于及时行动,先干起来再说,有很多美妙的设想,却很少付诸实践,遇事总是左思右想,犹豫不决。企业员工在工作中习惯按部就班,循规蹈矩,不愿去大胆实践和革新。企业中的形式主义盛行,各种不切实际、不讲效果和效益的会议、活动屡禁不绝。

重言轻实以及形式主义与现代企业应具有的实践精神、行动意识是背道而驰的,这一矛盾和冲突,使企业不能适应市场经济的要求,不会使美好的设想变成现实,不会出现技术突破和生产繁荣。而且,崇尚空谈、形式主义使得人们产生懒惰心理和虚伪作风,限制企业和员工对成就的实际追求,也使得企业中的人际关系复杂化。

五、法制观念和人治传统并存

"人治"传统对企业文化的影响是深刻的,在中国的企业管理中重人治,法制观念淡薄。其主要表现有三个方面:①企业对国家法律、条例等重视不够,执行不力,企业知法犯法、不知法犯法的现象都存在。②在处理企业与企业的关系中,缺乏法律意识,既不注重用法律武器维护自己的利益,又经常出现违背法律的事件。有很多企业双方有业务关系,即使对方触犯了法律,为了照顾关系,不伤和气,也不予追究。③在处理企业内部人与人之间的关系上,缺乏理性管理,凡事以领导者个人意志和人际关系为转移。即使有了规章制度和工作规范,也有"法"不依,往往只凭个人感情用事,顾关系,顾面子,管理灵活有余,硬度不够。特别是企业领导者在裙带关系、亲朋关系、同事关系、同学关系面前,既定规章制度往往变调和失灵。

总体来讲,中国的企业管理是法制不强的,各项管理基础工作是薄弱的,泰罗制的那一套科学管理办法没有能在中国的企业中完全推行。中国目前的社会化、专业化程度较高的多数企业在客观上需要相应完善的规章制度、工作规范和工作纪律,需要加强企业内部的"法"制管理。同时现代企业制度的推行,企业作为市场经济主角必须依法办事,才能生存与发展。所以,长期的"人治"管理与现代企业经营的客观要求是严重背离的。

需要指出的是,尽管中国企业文化存在严重的冲突,但从总体上来说,中国企业文化是优秀的。企业文化冲突并非坏事,正视现实,认识冲突,激浊扬清,解决冲突,正是重塑与再造中国特色企业文化的良好契机。

第五节 儒家文化对中国企业文化的影响

儒家以人为本,重视人际关系是毋庸置疑的。仁学是孔子学说的核心,"仁"字在不同的地方可以表述为不同的含义,但它始终离不开"人",总是与"人"的问题联系在一起。既然如此,那么处理人际关系的准则是什么呢?是"和"。在儒家看来,"和"是管理活动的最佳境界。儒家之"和"在管理活动中的运用,一是用来协调管理者与一般老百姓(即治人者与治于人者)的关系,达到二者之间的团结;二是用来协调最高管理者与各级管理人员(即君主与官吏)的关系,取得二者之间的和谐。儒家认为:"礼之用,和为贵。"(《学而》以下引用只用书名)又认为:"君子和而不同,小人同而不和。"(《子路》)总之,"和"是协调一致的意思,如同奏乐时,不同的音调高低相和、错落有致才能合奏一首美妙和谐的乐曲。而"同"则是盲目强求一致,如同只有一个音调难以谱成乐章一样。

一、儒家文化对中国企业文化的积极作用

(1)现代企业文化提倡忠于职守、勤奋敬业,可溯源于儒家文化提倡的"忠"。

企业文化追求的第一大效果就是员工对企业的高度"忠诚"。这似乎又刚好与儒家人本哲学所提倡的"忠"不谋而合。曾子说:"夫子之道,忠恕而已矣。"忠的基本意思是尽心竭力。儒学传到日本后,被加以改造,把"忠"提到了高于"仁"的地位,并把"忠"演变成为对君主和国家的信从与效忠,使之成了日本民族的道德支柱。过去传统人事管理所追求的目标是员工对企业的遵从、服从,而现代企业文化所寻求的是雇员对组织目标的"忠诚",这无疑是更高层次的要求。

孔子曾多次讲到"忠"。在孔子那里,"忠"的含义比较广泛,它除了指人与人之间的忠诚,以及臣民对君主的效忠外,还包含对待工作要忠于职守、勤奋努力的意思。孔子还讲到"敬事而信"(《学而》)、"执事敬"(《子路》)、"事事敬"(《季氏》)等,都是指对待工作要恭敬谨慎、兢兢业业,而不能懈怠散漫,不能"做一天和尚撞一天钟",更不能玩忽职守。孔子还强调管理者要在其位、谋其政,勤勤恳恳地对待本职工作。不仅如此,孔子还提出"敬其事而后其食"(《卫灵公》)。

(2)现代企业文化强调"以人为本",突出"人文关怀",提倡"团队精神"与儒家文化的"仁"大同小异。

搞好企业的经营管理需要有一个和谐的人际环境。在这一方面,东西方有着很大的不同。在西方,人与人之间隔着一个上帝,个人只对上帝负责,这便造成了人与人之间的隔阂。西方的唯理性主义总是把人视为物,视同机器,因此就有了如

何进行管理控制以及如何规划人的行为等一系列的问题。在儒家文化浸润中的东亚社会,神灵的支配力量远不如现实人生哲学的指引,人们更注重的是人与人之间的情感交融及忠信和谐。

孔子思想的核心是"仁",而"仁"的根本内容和要求即是"爱人",当樊迟问什么是"仁"时,孔子即回答"爱人"(《颜渊》)。孔子还说:"泛爱众,而亲仁。"(《学而》)对于领导者或管理者来说,就应当具有广博的仁爱之心。孔子还提出:"节用而爱人,使民以时"(同上),"因民之所利而利之"(《尧曰》)。就现代企业管理者而言,关心爱护下属,努力为企业员工谋利益,既是企业管理者应当遵循的道德规范,也是其应当具备的道德品质。当子贡问:"如有博施于民而能济众,何如?可谓仁乎?"时,孔子回答说:"何事于仁?必也圣乎!"在孔子看来,一个人如果能够对人们广施恩惠,周济大众,使人们过上富裕的生活,这就不但是"仁",而且达到了"圣"的境界。

企业经营者要以仁爱之心去对待下属和工人,一切管理人员也必须以仁爱之心去对待员工;同样,员工也应该以仁爱之心去对待企业管理人员,只有这样,企业才能产生内在的凝聚力。过去传统的人事管理的职能以"控制"为主,现代企业文化强调以"关怀"为主,力求营造一种和谐的团队精神,在这些企业中,经营管理者都表现出对员工十分的关心和爱护,员工也都很热爱自己的工作,十分投入地进行工作。这就是现代企业文化要追求的目标。

(3)现代企业文化追求"学习型组织"的目标并加强学习和培训,与时俱进以及强化"文化影响"与儒家提倡的"自强不息""修齐治平"是一致的。

儒家十分重视学习,《论语》首篇第一句话便是"学而时习之,不亦说乎?"

学习型组织具有四大特征:一是有一种鼓励每个人学习并发展自身潜能的氛围;二是能够用学习的文化影响供应商、客户和重要的股东;三是使企业文化发展战略成为企业政策的核心;四是不断地进行组织变革。学习型企业的要求已远远超出传统的企业内部培训和教育的范畴,它更强调团队的互动,要求团队每一个成员不仅要"学而时习之",而且要用自强不息、勇于创新的精神去推动企业不断向前发展。

儒家的经典《礼记·大学》中明确指出,"修身"是齐家、治国、平天下的前提和基础,为使国家国泰民安、兴旺发达,强调自天子以至庶人,应该以修身为本。儒家认为,每一个人的道德修养犹如树的根,国家的兴旺犹如茂盛的枝叶,如果树根枯萎了,又怎么可能有茂盛的枝叶呢?现代企业文化特别重视"文化力"的影响,重视企业文化的培育。企业文化是一种价值理念,是人的思想的组成部分,有点类似社会道德。国家靠依法治国,但法律有失效的时候,这时就得靠社会道德。当前我国一些企业大兴建设企业文化,借鉴儒家文化,对企业的发展不无裨益。

(4)顺道与顺变哲学是人们对整个世界的根本看法,是自然知识和社会知识的概括和总结,古人称之为"道",对企业文化而言,顺道就是努力认识并遵守企业文化的发展规律,顺变就是敏锐地把握企业文化的发展动向。

顺道的思想在道家的理论中占有十分重要的地位。老子认为,"人法地,地法天,天法道,道法自然",道被认为是天下万物的本源,或者说,世间万物包括人类社会都有其各自的规律,因此,管理也就首先应当顺应道,顺应事物的发展规律。宏观上,发展社会主义市场经济,进行经济体制改革和企业制度改革,正是中国共产党人顺应社会发展规律,结合我国实际情况做出的伟大决策。微观上,企业要在竞争中处于不败之地,其根本途径则应增加产品技术含量,提高服务水平,从而更好地满足消费需求。

"顺变"的思想事实上可以被看成朴素辩证法的直接表现,即首先肯定了事物的变化性质。特别是"物极必反","反者,道之动",任何事物都包含了向对立面转化的可能性,那么,作为管理者也就必须针对对象与环境的变化做出必要的调整:"随时,乘时,时行则行,时止则止",而不应机械地去坚持已不能适应新变化的旧制度或旧做法。现代企业面临的是不同地区、不同文化、不同层次的消费者,并且企业所处的环境也处于不断变化之中,这就要求企业根据不同地区、不同国家的实际情况,按照当地的政治、经济、文化等各种变化的环境,因地制宜,适时调整本企业的经营目标和手段,完善企业文化,以满足不同的需求。例如,为满足中国市场需求,从而占领中国市场,各个跨国公司在中国销售的商品都有针对性地进行了改动,如摩托罗拉、爱立信、诺基亚的手机,提供了中文界面,并有高、中、低各种档次的机型可供选择,通过满足中国消费者的特殊需求和不同的消费水平,从而占领了绝大部分的手机市场。顺道观和顺变观是对管理行为的宏观概括和总结,对于现代管理有着重要的启示意义,值得现代管理者思索。

(5)现代企业文化提倡"物质文明、精神文明、政治文明",正确处理义利关系的激励机制,与"义利并举,义以生利,以义为上"的儒家价值观相吻合。

孔子在谈到君子应具备的人格品质时,特别强调"义",他明确指出:"君子义以为上"(《阳货》)"君子义以为质"(《卫灵公》)。他说:"君子喻于义,小人喻于利。"(《里仁》)这里所说的"君子""小人",主要是就道德人格而言的。"义"主要是指一个社会人们普遍推崇的道德原则和规范,而"利"则主要是指个人的物质利益和个人物质欲望的满足。对于管理者来说,要使自己具备君子的品格,必须处理好义与利的关系,使自己的思想和行为符合"义"的要求。

孔子认为,应"因民之所利而利之",这是他教导弟子从政的一个重要思想。他强调"恭、宽、信、敏、惠"。所谓"惠",就是要给老百姓以恩惠,因为"惠则足以使人"。他在和弟子冉谈到如何治理人口众多的卫国时,认为首先要使这个国家的老百姓富裕起来。

在现代社会市场经济高度发展的情况下,利益是调节人们经济活动的主要杠杆,"何必曰利""义以生利"的说法似乎已经不合时宜。但是不可忽视义在调节人们的经济活动中仍应有它的地位。义与利说到底并无必然对立,义也是一种利,只不过不是一人之私利,而是一种整体的利,或称"公利"。我们强调义,即是强调应该把整体的利放在首位,私利的追求应以不损害公利为原则。

二、儒家文化对中国企业文化的消极影响

儒家文化对企业发展乃至经济的高速增长,发挥了不容低估的积极作用。但儒家文化中表现出来的保守性、封闭性、盲从性和封建性是不能回避的,其消极作用可能成为企业乃至中华民族的包袱。

(一)儒家的"学也禄在其中矣,耕也馁在其中矣"思想导致管理文化贫乏

在这种观念的影响下,数千年来具有一流头脑的中国人都走上了读书、做官、食禄这条路。"学"的是仁义礼智、治国安邦之术,"官"的是正义明道、吟诗作赋之事。对于那些名落孙山的不幸儒生来说,如果不想做小人的话,也不会投入经济生活中。因为儒家文化不主张人们从事经济活动。有智慧的读书人根本不去从事经济活动,就不会对经济进行理论研究,根本就没有孕育如泰罗、梅奥这样的管理学大师的土壤。中国古代汉语本无"管理"一词,现代汉语中的"管理"是英语 manage 的意译。传统文化中没有管理效益、机会成本、利润率等概念。正像韦伯所说,儒学培养出一批高级书呆子,除了哲学、文学,其他知识极少,尤其是科技、经济、法律方面的。

(二)儒家的"天命论""灭人论"的思想压抑人在经济活动中的进取精神

孔子认为"唯天为大,唯尧则之",孟子提出"天"是"莫之为而为"的客观必然性,对于这种必然性,人只能"顺天",而不能"逆天"。这就是所谓的"顺天",即"死生有命,富贵在天""富而可求也,虽执鞭之士,吾亦为之。如不可求,从吾所好"的"天命论"思想。人想通过自己的经济活动改善生存状况,被认为是不知天命。"天命"主宰着人的命运。

恩格斯讲过,卑鄙的贪欲是私有制社会的动力,追求个人财富是私有制社会唯一具有决定性质意义的目标。在推动社会经济发展的诸因素里,没有比存在于社会成员心中原始的致富欲更强烈、更巨大。这是推动经济向前发展的原始动力。传统文化中的"灭人欲"把人的原始欲望给消灭了,人们就不想通过从事经济活动去改变自己的命运。

(三)儒家的宗族思想抑制了个体的个性发展

由于儒家宗族思想本身带有忽视个体的倾向,再加上封建统治者为了维护封建统治的需要,对宗族思想加以曲意引导,使之逐渐偏离了群体与个体辩证关系的轨道,将群体意识发展成为畸形的单向服从主义,片面强调社会、群体的价值,否定和扼杀了个体的尊严。在群体面前,个体失去了应有的地位,挫伤了个人的主观能动性。这种扭曲了的思想在协调社会秩序的同时也阻碍了个人的发展,从而阻碍了社会的发展。独立人格是社会道德的细胞,离开了个性鲜明的个体及其自主活动,就不会有社会的发展。

(四)儒家平均主义思想束缚了生产力的发展

这份财产自己得不到,别人也别想得到,想方设法拆别人的台。许多人即使不能做得很好,也不愿意别人做得很好。"一个和尚挑水喝,两个和尚抬水喝,三个和尚没水喝"就是平均主义造成的恶果。

(五)安土重迁,阻碍创新

知识经济的特点是创新的知识才有价值,可以获得超额利润。而创新意识和冒险精神是传统文化所缺乏的,儒家文化强调的"父母在,不远游""过犹不及"就是一种不思进取的精神。企业的创立与发展,都有自身独有的经营信条与传统理念。然而某些企业却走向了衰亡,很重要的一条教训就是传承传统理念却没有创新发展,终至落伍于时代。有家以提供给消费者低价值商品而著称的商店,最近宣布破产根本原因就在于一味传承廉价商品经营理念,放弃了中高层的消费者群体,未能提供消费者个性化服务,长期落后于时代精神与消费潮流。而成功的企业,一般都形成并传承企业文化的精华,不断进行企业文化和企业精神创新,赋予企业文化更加丰富的内涵和企业精神更新的内容。

第六节 儒家文化在企业文化中的应用

一、用儒家"仁爱"中心塑造企业价值观

儒家文化中"仁"的内涵即是爱人。"樊迟问仁,子曰'爱人'"。儒家"仁者爱人"(《孟子·离娄下》)的思想可以说是一种早期的朴素人本主义思想。具体到管理,即要"以人为中心"。孔子答鲁哀公问政,"为政在人,取人以身,修身以道,修道以人。仁者人也,亲亲为大。"(《礼记·中庸》)可见在儒家的思想中,管理的本质是"治人",管理的关键是"得人",管理的方式则是"人治",即一切都离不开人。孔子认为"天地之性人为贵",孟子也提出了"民为贵"的思想,强调政在得民,只有以人

为本,国家才能长治久安,儒家求治天下的根本即在于此,所谓"文武之道,布在方策,其人存,则其政举,其人亡,则其政息"(《礼记·中庸》)。企业文化的构建也要求把人作为中心,形成"以人为本"的企业价值观。日本企业家深得其真谛,普遍在企业中树立了人本价值观。其实,企业管理理论从泰罗的"科学管理"发展到"企业文化管理"阶段,实质上是管理发生了由"以物为中心"向"以人为中心"的根本转变。"人为贵""民为本"被改造应用到企业中即"以人为本",重视人的功用胜过机器、厂房、设备。正是这种以人为中心的价值观,把人的积极性、创造性的发挥与劳动生产率的提高巧妙地结合起来,使日本企业取得了巨大的成功。正如索尼公司总裁盛田昭夫所说:"日本公司的成功之道,并无任何秘诀和不可与外人言传的公式,不是理论,不是计划,也不是政府或政策,而是人。只有人才能使企业获得成功。"索尼的口号是"要让管理工作适应人,而不是让人适应管理工作"。松下的"制造人才,兼而制造产品"以及海尔"先造人,后造产品"的人格化管理都体现了这一点。现代经济与科技创造了巨大的物质财富。但很多企业家往往只看到了物质财富,而忽视了创造财富的人和财富归根结底也是为了人这一点。儒家以人为本的思想正反映了人类社会管理实践的某些共性,以人为核心的文化精神不仅与现代社会精神并行不悖,而且对企业赶上世界水平有重要的意义。

二、用儒家"忠恕"思想塑造企业道德观念

儒家道德观倡导仁爱学说,以"忠恕"之道作为立身处世的原则。为了行"仁",孔子进而提出"忠恕"的原则,作为行"仁爱"的基础。忠者,尽其在我,尽己之心去为人;恕者,将心比心,也就是以己之心度人之心,设身处地,推己及人。《论语》中将其概括为"己欲立而立人,己欲达而达人"(《雍也》),换个角度说则是"己所不欲,勿施于人"(《论语·颜渊》)。历代儒士莫不视"忠恕"为达"仁"之道。

三、用儒家"人和"观念来协调人际关系,提高企业凝聚力

随着企业经营机制的转换和现代企业制度的建立,良好的企业人际关系所具有的社会价值和经济效益日益凸显。儒学从人性本善出发,主张人际和谐,强调个人在整体中才能体现价值,"礼之用,和为贵"(《论语·学而》)为我们提供了重要的处事方法。儒学"和"的处事方法包括以下几个方面:

(一)天下一家

人与人之间是平等的,是相爱的,不是孤立对抗的。所谓"四海之内,皆兄弟也"(《论语·颜州》)。

(二)以诚待之,重在信义

孔子说:"与朋友交,言而有信。"(《论语·学而》)诚恳是待人之本,现代社会最缺少、最可贵的就是真诚和信义。

(三)"己所不欲,勿施于人"(《论语·颜渊》)

在处理人与人的情感关系和物质关系上,需用自己的仁爱之心来推度别人。所谓"己欲立而立人,己欲达而达人"(《论语·雍也》)。

四、用儒家"修身"观念提升企业领导干部的影响力

企业文化建设很重要的一个环节就是领导本身的修养和能力,以及能否在企业文化建设过程中起到带头作用。"修身之德,事业之基,未有基不固而栋宇坚久者"。管理者只有通过修身而发展、完善自己,才能有效地承担管理工作的重任。儒家主张"知所以修身,则知所以治人;所以治人,则知所以治天下国家矣"(《中庸》)。孔子在《论语·子路》中指出:"其身正,不令而行;其身不正,虽令不从。"强调作为管理者自身的行为修养对其下属所具有的示范作用,以及对于其所下命令的有效性的影响。有的领导对于本企业企业文化的概念很模糊,更别说领导和员工一起去建设企业文化了。"泛爱众,而亲仁"就是广泛地爱护所有的人,同时更加亲近有仁德的人,向他们学习。在上述基本行为做到以后,才可以学习书本知识。只有在强化自身行为的基础上,积极从事社会道德实践,厉行"忠恕"之道,才能提高修身境界,以期自我实现和自我超越。对于管理者的素质,孔子提出了"恭、宽、信、敏、惠,恭则不悔,宽则得众,信则人任焉,敏则有功,惠则足以使人"(《论语·阳货》),即要求管理者举止庄重,待人宽容,诚实守信,敏捷勤奋,论功行赏。

企业想要在如今激烈的竞争中立于不败之地,就要在企业管理中加强个性化、特色性的时代新内涵。而儒家思想博大精深、源远流长,在其整个思想体系中有助于企业文化建设的精华成分很多,因此,我们必须坚持以马克思列宁主义、毛泽东思想、邓小平理论、"三个代表"思想及习总书记系列讲话为指导,努力吸取借鉴儒家思想中的精华,使之在现代企业文化建设中发挥积极作用,创造适合自身的文化理念,形成具有中华特色的企业文化,促使企业长远、健康、快速地发展。这样不仅是可能的,也是十分必要的。

五、借鉴儒家文化打造自己的企业文化应注意的问题

借鉴儒家文化打造自己的企业文化应注意的问题如下:

(1)企业文化是客观存在的,它对企业生存和发展发挥着举足轻重的作用,企业文化建设是企业经营管理的重要组成部分。

(2)中国企业的文化建设,必须吸收发达国家的有益经验和系统理论,但不能移植照搬,而应深刻扎根于中国传统文化与市场经济的土壤中。

(3)中国国有企业具有思想政治工作的优良传统和工作优势,必须将这种优势与企业文化建设相结合,创造具有中国特色的企业文化建设格局。

(4)企业形象是企业文化的外显,企业文化是企业形象的本源。建设优秀的企业文化,对内可凝聚强大的精神力量,对外可塑完美的企业形象,从而增强企业的竞争力。

(5)文化管理是21世纪的管理,在文化管理下,企业文化建设成为企业经营管理的"牛鼻子"。中国的海尔等优秀企业已率先向文化管理过渡,其重要标志是:以人为本,以文治企。现代企业制度的健全必须与现代管理文化的建设相配套。

第四章

儒家文化与企业管理

第一节　儒家思想文化在企业管理中的价值

儒家思想文化是中华民族传统文化的优秀代表。在中国几千年的历史发展过程中,儒家思想文化对民族传统文化的发展做出了巨大的贡献,它所倡导的"尊才重教的思想""仁、义、礼、智、信"的思想和"以人为本,和谐共处""忧国忧民,自强不息"等思想,在科技高度发达的今天,在人们的政治生活、经济生活和文化生活当中都具有极其重要的现实意义。

我国正处在改革开放和进行社会主义现代化建设的伟大历史时期,社会主义的市场经济建设和企业管理水平的提高都离不开中国传统思想文化的熏陶。中国传统思想文化作为沉淀在国人思想意识和行为习惯中的固有因素,它必然对整个社会产生影响,在社会生活的各个方面都将起到一定的作用,在我国的社会主义市场经济建设中,在企业管理水平的提高和企业文化的建设方面会起着积极或消极的作用。因此,正确认识中国传统文化尤其是儒家思想文化与现代企业管理的关系,汲取其中的积极因素并使之融入社会主义现代化建设之中,特别是融入现代企业管理之中,为提高企业管理水平服务,同时遏制和消除其消极因素对企业发展的影响,这是我们面临的重大理论问题和现实挑战。

儒家思想文化是中国传统文化的主干,研究中国传统思想文化与现代企业管理的关系问题,主要是探讨儒家思想文化与现代企业管理的关系问题,探讨儒家思想文化对现代企业管理的影响,以及在现代企业管理过程中所起的积极作用。

针对新时期提高企业管理水平的需要,结合儒家思想文化的特点,我们要提炼出一些对企业发展有用的因素。对于儒家思想文化,我们应该运用辩证唯物主义的观点和历史唯物主义的观点批判地加以吸收和继承,真正做到古为今用、去伪存真、取其精华、弃其糟粕,对儒家思想文化进行再造,吸收和继承其中优秀的部分,把它们应用到现代企业管理中,从而更加适合时代发展的需要。

中国传统思想文化的主体是儒家思想,而企业是市场经济的主体,企业管理则是实现市场经济快速发展的手段。对于儒家思想文化与现代企业管理的相关问题,概括起来,大致有以下三种基本观点:

一、在企业管理中全面应用儒家思想的观点

持这种观点的学者认为,儒家思想文化完全可以与现代企业管理结合起来,在企业管理活动中发挥作用。我们知道,一个民族在其长期的历史发展过程中形成的特定素质、行为方式和文化传统,都会潜移默化地影响到民族的现代化的历史进程,都会通过全息再现,使一个民族的现代化进程带上传统的烙印,而企业管理作为现实生产的主要组成部分,它是通过具体的计划、组织、指挥、协调和控制,来实现生产过程的结构优化,运行有序和目标的实现,从而促进现实生产力的发展。一个民族所特有的思想文化理念,必将在企业管理的方式、方法上打上历史的烙印。对社会的进步和市场经济的发展,对解决当代世界的发展所面临的问题有极大的促进作用。

儒家思想文化对东亚、东南亚各国的经济发展起了巨大的推动作用。日本在很早的时候就向中国学习,在唐代曾派多批"遣唐使"来中国学习先进的思想文化。作为中国思想文化代表的儒家思想在日本得到极大尊崇,儒家的经典著作《论语》也在日本社会和日本的企业界获得了崇高的地位。由孔子的弟子辑录而成的《论语》,是各领域的领导者们极好的教科书,特别是在经济界,《论语》可以说是经营管理者们的必读之书。孔子的"仁和"思想在日本企业的经营管理活动中得到广泛应用,许多企业将"仁和"理念作为企业管理和人才培养的核心,把"仁、义、礼、智、信"作为企业管理的信条。

二、在企业管理中全面抛弃儒家思想的观点

这种观点是长期以来在学术界起着普遍影响的传统观点。其代表事件是"文革"时期的"批林批孔"和"打倒孔家店",在企业管理领域,在社会生活的各个方面,儒家思想都被歪曲为腐朽反动的思想,遭到全面禁止和封杀。其代表人物是德国的著名社会学家马克斯·韦伯。他在《中国宗教——儒家和道家》《新教伦理与资本主义精神》两部著作中,比较具体地考察了儒家思想与欧洲新教伦理思想对世界资本主义经济发展的影响,认为欧洲新教伦理思想对近代资本主义的形成和促进市场经济发展起了十分巨大的作用,而儒家思想由于自身的弱点和局限性,它对社会现代化和市场经济的发展起了阻碍的作用。儒家思想所追求的"中庸和谐"和对

外部世界的适应性,导致它不会促进市场经济的发展和企业经营管理水平的提升。20世纪60年代,美国著名经济学家约瑟夫·列文森出版了《儒家中国及其现代命运》一书,认为儒家思想强调伦理等级名分,注重整体本位,是一种保守的思想,与现代社会所强调的个人价值、社会竞争、变化发展、注重利益是格格不入的,儒家思想已经不能适应社会的发展,最后必将走向衰亡。

三、在企业管理中应坚持辩证分析的观点

这种观点主张对儒家思想与现代企业的关系采取客观分析的态度,坚持一分为二的观点,认为儒家思想文化对现代企业管理既有起着积极作用的方面,也有起消极影响的方面,至于积极作用和消极影响的程度如何,哪些是积极作用,哪些是消极影响,在实践中应如何扬长避短,在理论上应如何去粗取精,是广大学者和企业管理者应该着力解决的问题。我们必须清醒地认识到儒家思想究竟是当代社会发展的绊脚石,还是当代社会发展的助因,不取决于孔孟儒家本身,而是取决于体现、解读、研究儒家的我们。如果我们能因应时代的需要,汲取儒家的精华,创造性地转换儒家的精神,儒家思想就会成为社会发展的助力;相反,只是一味地抓住儒家思想已经过时的、与当代社会发展不相适应的只言片语不放,无论是以弘扬的面目登场,还是以批判的形式出现,都不会收到良好的效果。

我们基本上赞同第三种观点。认为应该辩证、历史、客观、具体地来分析儒家的思想文化与现代企业管理,特别是与我国现代企业管理的关系,我国正处于建立社会主义市场经济和企业制度转轨以及改组、改制的关键时期。在这个过程中应该如何建立现代企业制度,形成一套具有中国特色的社会主义企业管理模式,是学术界和企业界应该认真面对的现实问题。儒家思想本身也是多层次、多方面的,它与现代企业管理的关系也是具有多重性和复杂性的特点,同时二者之间的相互联系和相互作用还要受许多条件和因素的制约,因此,必须全面、具体地加以考察和研究。

四、将儒家思想融入企业管理,可以化解经营管理危机

现代西方管理学之父彼得·德鲁克认为:"管理并不是同文化无关,即并不是自然世界的一部分。管理是一种社会职能,因而既要承担社会责任,又要根植于文化之中。"将传统文化与现代管理相结合,在企业经营管理领域已经逐步成为共识。李嘉诚、霍英东、曾宪梓等儒商利用儒家思想进行企业管理,已经取得有目共睹的成绩。国内一批有眼光的企业家,也开始注重发掘儒家文化资源运用于企业管理而初见成效,他们用自己的成功证明了儒家学说的现代价值。可以肯定地说,

儒家思想中有着企业管理可以借鉴的内容,这些内容并没有因为时代的变化而丧失其恒常价值。我国著名学者陈寅恪先生强调指出,儒家的纲常伦理深刻地影响了中国的经济和管理体制,他说:"吾中国之文化,具于白虎通三纲六纪之说,其意义为抽象理想最高之境,犹希腊柏拉图所谓 idea 者。若以君臣之纲言之,君为李煜亦期之以刘秀;以朋友之纪言之,友为郦寄亦待之以鲍叔。其所殉之道,与所成之仁,均为抽象理想之通性,而非具体之一人一事。夫纲纪本理想抽象之物,然不能不有所依托,以为具体表现之用;其所依托以表现者,实为有形之社会制度,而经济制度尤其最要者。"由此可见,儒家思想对于企业管理的重要性。

五、儒商文化对于企业的价值

儒商的主体价值决定了儒商文化的价值。如果说新型儒商是当代代表中国企业家特色的时代骄子,那么,儒商文化就是经济文化的主流,必将以强劲之势汇入社会文化的大潮之中,奔涌向前。儒商文化对于企业的价值体现在如下几个方面:

(一)儒商文化是现代企业精神的重要来源

企业精神是企业文化的内在要素和本质,是企业价值标准的明晰化,是激励员工奋发向上的精神动力。儒商文化从经济、企业管理的角度弘扬、体现了中国传统文化,它可以帮助我们在建构企业精神时,使企业精神的时代性与传统性、民族个性与企业个性有机地结合起来,采取中国人喜闻乐见的具有个性化、具体化、人情味的形式,真正起到企业精神的指导、感化和鼓动作用。例如,儒商具有"仁爱、民本、民生"的传统,它可以转化为"为人民服务""最大限度地满足人民群众日益增长的物质文化需要"的社会主义企业精神,体现社会主义的生产目的和社会责任;儒商具有爱国主义传统,这是历史的主旋律,也是社会主义企业精神的时代主题;儒商具有自强不息的忧患、改革、创新、竞争精神,这是现代企业精神的主要内容;儒商具有反求诸己的内省精神,这是现代企业高标准、严要求、自我约束、苦练内功、稳进发展的有效方法。

(二)儒商文化是现代企业道德的重要内容

作为企业文化核心的企业道德,是企业行为自律的内在规范。当代企业管理理论和实践对企业道德越来越重视,视之为企业的生命,十分强调企业的理想、态度、义务、纪律、良心、荣誉、作风等内容的道德。儒商就是讲传统道德的商人、企业家,将道德与经济融为一体是儒商的特点。在儒商道德中,含有许多可以作为构成具有中国特色的现代企业道德"内核"的因素和原料。儒商崇仰的以义取利、诚敬就业、言信货实、和睦协调、勤俭廉洁等道德规范,可以成为构建现代企业道德的合理内核和重要内容,发挥其价值核心的作用。

(三)儒商文化是现代企业形象的设计方法

企业形象是企业文化的重要内容,是企业精神、企业道德的外在表现。企业形象设计是企业的个性、身份、形象。企业形象实际上就是文化形象,儒商文化对于塑造现代企业形象是极有帮助的。在中国人的人格认同意识中,道德形象具有极大的吸引力。特别是在目前假冒伪劣商品甚嚣尘上的社会环境下,人们痛恨奸商,以讲道德为特征的儒商形象是令顾客感到亲切的。"近君子,远小人"是千古名训,也是儒商形象为什么具有如此大的感染力的秘密所在。儒商形象除了具有道德性的特征外,还有"民族性",这也是它得到全国人民普遍认同的重要原因。儒商的实践证明,企业生产和经营必须与中华民族的传统风俗协调一致,才能取得成功。"品牌的背后是文化",文化积淀着民族传统。采用儒商的形象战略建设现代企业形象,就必须注重企业形象的民族特色。

(四)儒商文化是现代企业管理的智慧宝库

首先,儒商以性善论为主的性多元论人性思想符合现代管理学的人性假说;其次,儒商以人为本的管理哲学符合现代管理理论和实践的发展趋势;再次,儒商家族结构的亲情式管理具有极大的凝聚力;最后,儒商灵活的经营战略是现代企业管理行之有效的方法。

第二节 儒家思想文化与现代企业管理的关系

要想辩证、客观、切实地分析儒家思想文化与现代企业管理的关系,就必须全面地对儒家思想文化与现代企业的关系进行分析和探讨,具体可以从儒家思想文化的特性、现代企业管理的脉络、儒家思想文化与现代企业管理的多重关系等方面加以考察和研究。

一、现代企业管理的逻辑体系

首先我们必须对现代企业管理进行一些探讨和研究。企业是市场经济的主体,企业管理活动贯穿了市场经济的始终。早期的企业管理更多的是一种潜意识的活动,面对一项工作,人们自觉或不自觉地去寻找一种更高效的方法去完成它。随着社会生产力的发展,人类的生产活动日趋社会化和专业化,于是便产生了分工协作的要求以及劳动者之间如何分工协作才能提高效率和取得最佳效果。这就需要管理。企业管理作为一种人类的社会实践活动,虽然自古有之,但成为一门科学却是在工业革命之后,即从19世纪末到20世纪初才形成和发展起来。那么什么是企业管理呢?由于人们在研究时的出发点不同、角度不同,所以对管理的内容和性质的认识也存在着差异性,但一般来说,管理可以被定义为:在企业的生产实践活动中,通过计划、组织、领导、激励、控制等方式组织人力、物力和财力等资源去实现组织目标的过程。

我们可以从如下三个方面来理解它的含义:

(1)管理作为一个过程,是通过计划、组织、领导、激励、控制等职能来加以实现的。这也表明了管理的基本职能与管理者的工作内容。

(2)管理的对象是组织的各项业务活动及其所使用的资源,包括人力、物力、财力、时间、信息等,通过运用现有的资源,经过业务性和管理性的活动来取得经济效益。

(3)管理的目的在于达到组织的目标,这是其特有的规定。

随着社会化大生产的进一步深入和发展,企业管理也经历了繁荣发展的历史阶段,跨越了不同的历史时代。企业管理的内容得到了不断扩大和充实。中国作为世界体系中的一员,在企业管理上探索着具有中国特色的社会主义市场体制和符合本国国情的企业管理制度,以及企业管理的未来发展趋势等问题,这也是学术界和企业管理者应该着力探讨的问题。

自从泰罗发表《科学管理原理》一文至今,已有90多年的历史,在这期间,管理思想和管理理论均有较大的发展,它分别经过了科学管理时代、行为科学管理时代、管理丛林时代、企业文化时代,目前已进入科技创新时代。在具体的科学实践中企业管理理论的各个发展阶段又带有各自不同的发展轨迹和时代特色。以科学文化与人文文化为源头的企业管理思想的发展,大致经历了以上五个发展阶段。在企业管理理论形成和发展的过程中无不渗透着思想文化的影响,同时为了适应企业发展的需要,根据各个阶段企业管理过程中出现的问题,形成了不同的管理思想和方法,从而促进了现代企业管理学的不断向前发展。

随着现代市场经济的发展,世界进入知识经济时代。在企业的经营和管理过程中,科技创新在企业经营过程中的作用越来越大,使现代企业管理进入科技创新时代。在科技创新时代,固然要克服管理科学各个阶段上的某些错误倾向,但不是全盘否定,而是综合了以上几个阶段当中一切合理有用的东西,把它们保留下来,在管理过程中突出了科技创新在现代企业管理过程中的突出作用。无论是科学管理时代所包含的科学主义思想,行为科学时代的人文主义思想,企业文化时代推崇的儒家思想,还是科技创新时代强调的创新思想。

从现代企业管理的逻辑发展过程可以给我们提供如下三个重要启示:第一,现代企业管理理论的发展受一定的思想文化体系和价值观的影响;第二,企业管理的模式和理论不是唯一的;第三,任何一种企业管理形式都是为了适应本国企业发展的需要。

具体来说,就是现代企业的发展必须要有一种能够成为其动力因素和规范因素的思想文化精神与价值体系,思想文化精神与价值体系对于现代市场经济和现代企业管理都具有重要作用。这种作用不但表现在思想文化精神为其提供精神动力,还表现在对于物质利益追求的价值定位上,从而为市场经济的发展提供物质支持。而且,企业管理的模式和理论也不是唯一的,不同的国家和地区、不同的企业,由于文化历史背景的差异,对于利益追求的价值取向不同,它采用的管理模式和管理理论也不同,尤其是由于进行管理的形式和性质的不同,需要有不同的思想文化精神与价值体系作为动力源泉和定向定位的机制。企业管理所采用的形式是为了适应企业发展的需要而存在的,不同的企业在不同的发展阶段会采用不同的管理形式。一般认为,一个企业的成长过程要经历初建期、发展期、成熟期、衰退期、消亡期五个阶段,在每个发展阶段,都应该采用与其发展水平相适应的有本企业特色的企业管理模式,超前或推后都是不利于企业长远发展的。

中国的企业改革和企业管理制度的建立也必须或必然具有中国的特点。中国是一个拥有13亿人口的发展中大国,人口多,底子薄,企业类型也千差万别,既有进入世界500强之列的大型国有企业,也有几个人的个体民营企业。同时,它又拥有5 000年悠久历史和灿烂的文化。我们的企业管理不能照抄、照搬别人的现成模式,如果完全模仿或照搬西方或日本的模式不可能获得成功。中国要进行市场经济建设和建立现代企业管理体制,倡导爱国、敬业、诚信、友善等道德规范,这也是儒家传统思想文化精髓在现代社会的具体体现。

二、儒家思想文化与现代企业管理的三重关系

以上我们对儒家思想文化与现代企业管理进行了一些基本考察与反思。总体上说,我们认为儒家思想文化与现代企业管理之间存在着三重关系。

(一)儒家思想文化与现代企业管理相互异质的关系

我们这里所谈的儒家思想文化与现代企业管理是异质的,存在着相互间的冲突,也就是说儒家思想文化并不是在商品经济或市场经济条件下形成的,而是在以小农经济为主体的自然经济条件下形成和发展起来的。儒家思想首先是封建统治者维护阶级统治的工具,它要解决的主要问题是封建社会的伦理秩序以及在这种制度下为人处事的原则和态度。而企业管理在那时几乎是不存在的。尽管市场经济或商品经济在中国封建社会始终存在,并在有些地方,比如,在沿海地区还比较发达,但它在封建社会中只是封建小农经济的组成部分。在一些小的店铺中,它的组织机构也只是由一个老板和一个或几个伙计组成的,在管理上也是非常简单的。

尽管有些大的商号或钱庄规模很大,组织机构比较复杂,但充其量也只能是企业管理的"雏形"。

企业管理是市场经济的重要内容,而市场经济在本质上是属于现代社会的。现代市场经济是以工业化大生产和科学技术的发展以及高度发达的商品经济为基础的。企业管理是在现代市场经济条件下进行的企业管理,它在本质上也是属于现代社会的。

显然,作为中国封建社会正统思想的儒家思想文化同被封建社会所排斥的,本质上属于现代市场经济体系范畴的现代企业管理是不同质的社会现象,二者在性质上是异质的。因此决定了二者在一些方面存在着冲突。这种冲突表明,从整体上看儒家思想存在着不适应现代市场经济发展的因素,对此我们应该有清醒的认识。我们在建设社会主义市场过程中所遇的阻力和障碍,其中有些就与儒家思想的消极影响有直接或间接的关系。如人情大于法律,裙带关系,忽视经济效益等;在企业管理上的封建家长制作风,地方保护主义,竞争意识不强等。我们在建设社会主义市场经济的过程中,必须注意遏制和克服儒家思想的某些负面影响,利用其积极因素。在实际运用中应去伪存真、去粗取精,达到古为今用,以保障企业改革的顺利进行。

(二)儒家思想与现代企业管理存在同构因素,可以互相契合

儒家思想文化与现代企业管理的异质性只是二者关系的一个方面。我们还应该看到,儒家思想与现代企业管理还存在着同构的因素,是可以互相融通形成一种互相契合的关系的。正如前面所谈到的,儒家思想文化是一个包括多层次、多方面、变化性特点的复杂体系。儒家思想文化作为几千年来中国传统文化的重要内容,既有其历史的局限性,包含着封建的糟粕,同时又在其中积淀了中华民族的群体智慧和对人生的感悟。它作为一种千百年来积淀下来的人类文明成果,又具有同现代社会互相融通、相互借鉴的因素,包含着许多真理性的成分。这些人类智慧和真理成分在现代企业管理过程中,特别是在建设有中国特色的企业发展之路上,通过去伪存真,去粗取精,一定会绽放出夺目的光彩。就一般意义而言,儒家思想文化是关于人的行为及人与人之间的关系的理论。如前所述,企业管理说到底是由人类进行的一种行为。企业之间的关系表现为一种交换关系,而隐藏在背后的是人与人之间的交往关系。因此,在人的行为及人与人之间的关系这一层面上,儒家思想与现代企业管理有着某些共同的因素,这些共同的因素又使得二者存在着某些同构和契合的方面。

(1)儒家思想文化所重视的"礼法"规范与企业管理过程中所强调"秩序"规范的一致性。儒家思想文化注重规范和秩序的思想意识与现代企业管理过程中对秩

序和规范的客观要求也是有其一致性的。儒家注重人与人之间的交往关系,通过交往来增强联系和了解,并且强调这种交往必须要在严格的规范下进行。即在"礼"的规范下来调整人与人之间的关系以及整个社会的和谐秩序。而企业管理过程作为一种社会化的活动,它的活动主体也是复杂多样的,因而只有在统一的规范制约和调节下才能够正常进行。企业管理过程应该在一定的法制环境和行业规范内进行商业交换活动,否则就打乱了正常的经营管理秩序,从而导致正常的商业活动不能有序地进行。我们这里所谈到的规范和秩序对市场经济来说具有不可或缺性。而规范的实行又必须依赖稳定正常的社会秩序作为基础。没有良好的社会秩序就没有企业经营管理活动的正常进行。因此,在市场经济条件下,企业管理过程要求人们有自主的主体意识,又必须具有自觉的规范和秩序意识。可见,对秩序和规范的强调是儒家思想文化与企业管理活动共同具有的因素。

(2)儒家思想的诚信为本与企业运行过程中信誉第一原则的一致性。讲究诚信是儒家思想提倡的为人处事的一个根本原则。对于企业来讲,要使企业兴旺发达,树立良好的形象,必须首先以诚信入手。讲究诚信是企业经营管理的基础和根本,它是企业的生命。马克斯·韦伯在《新教伦理与资本主义精神》一书中写道:"切记,信用就是金钱……,影响诚信的,哪怕十分琐屑也要注意。"从以上内容可以看出,儒家以诚信为本的思想与企业信誉至上要求是一致的。

(3)儒家思想所强调的互助交往精神与企业管理所提倡的互利互惠原则是可以相互融通的。儒家以"仁爱"为核心的人际关系从原则上可以说是一种高尚的人与人之间互助交往的原则,儒家认为,人不是孤立存在的,而是始终处于各种社会关系之中,人只有在相互交往中才能生存和发展。儒家思想提倡人与人之间就应该多多交往,礼尚往来。而人与人之间交往的基本准则就是儒家的"仁爱"思想。儒家的这种人与人之间的相互依存、互利交往的思想与现代企业在经营管理过程中所要求的互利互惠原则是可以互相融通的。企业的互利互惠是在市场经济基础上的交换经济,各种生产要素只有在相互交换中才能获得,商品的使用价值只有在交换中才能实现其价值,各种利益群体的愿望只有在商品交换过程中才能实现。在这种交换经济中,生产者与生产者之间、生产者与消费者之间都处于一种相互依存的关系之中,离开对方,自己的利益和价值就不能实现。显然,企业的互利互惠原则与儒家思想的互助交往思想有着某种内在的相似性,儒家的互助交往理念可以融通于市场经济的互利互惠原则之中。

(4)儒家的群体合作意识与企业管理过程中所提倡的"团队合作"精神之间是一致的。儒家思想对现代企业管理的促进作用,还突出表现在儒家的群体合作意识对于培养和形成市场经济条件下的企业精神,增强企业的凝聚力,提高企业的劳动生产率和经济效益方面有着重大意义。儒家思想文化重视群体价值,强调人们对于所属的群体要有归属感和责任心,把为群体做贡献当成是自己的职责和荣耀,提倡群体中个体之间相互忍让、互助合作。儒家的这种群体合作精神对企业内在的发展起着积极的作用。

(5)儒家思想所提倡的勤劳节俭自强不息精神与企业管理过程中所提倡的艰苦奋斗勤俭办企业精神的一致性。儒家思想所提倡的某些精神还可以成为现代企业发展的精神动力。这主要表现在儒家"自强不息"的进取精神和"节俭勿奢"的自律精神上,与现代市场经济的主体——企业所需要的精神品质是一致的。

从以上的考察中我们可以看出,儒家思想文化与现代企业管理确实存在不少融通与契合的因素,它们可以在一定的条件下融通于现代市场经济活动中,并对市场经济的发展起到积极的促进作用。我们应该积极吸收儒家思想的精华,把它应用到企业经营管理过程中去,为我国的现代市场经济建设提供精神动力和智力支持。

(三)儒家思想文化与企业管理之间互补优化

如前所述,儒家思想文化与现代企业管理不仅存在着相互融通、契合的方面,而且存在着相异质的方面。这些相异质的因素也可以在一定条件下与市场经济形成一种互补、优化的局面,从而规范并促进企业的经营管理更加高效、更加健康地发展。

这些相异质的因素对企业管理的作用表现在两个方面:一方面,一些相异质的因素对企业管理工作的顺利进行起着消极的阻碍作用;另一方面,一些相异质的因素又可以在一定条件下与企业管理相辅相成,形成互补优化的效应,转化成起促进作用的因素。具体来说,就是儒家思想文化中与现代企业管理相冲突但在性质上具有积极意义的因素,可以遏制企业管理过程中的消极因素,补充其不足之处,从而促进企业的发展更加合理、更加完善。

它们之间的互补优化关系主要表现在以下几个方面:

(1)情理与法制的相互补充与优化。现代企业管理是法制化的管理。常言道:没有规矩,不成方圆。在企业管理过程中,依法行事,照章办事,是现代企业管理的基本特征,也是企业追求利益最大化的内在要求。因此在企业运行的过程中,非法制化的因素受到排斥,人的情感受到抑制。应该说,法制化是企业正常运行的一个根本条件,然而,片面地强调法制化并不能实现利益的最大化,更不能实现整个市场经济的最优化。因为企业经营主体是人,企业的一切经营管理活动都是由活生生的人来完成的,离开人的活动,企业的一切物质运动都会停止。因此,企业利益的最大化是靠人的主观能动性的发挥实现的。人的主观能动性的发挥不是光靠理性化的因素就能实现的,非理性化因素,比如情感、意志等因素也在其中起着重要的作用。

在现代企业经营过程中,过分强调法制化而不顾及情感等非理性因素的存在,就不可能充分发挥行为主体的主观能动性,这种片面地强调和追求法制化而排斥和忽视人的情感、意志等感性因素存在的做法,必将形成企业管理的僵化模式,不能适应瞬息万变的市场变化,从而有损于企业利益的提高和个人主观能动性的发挥。儒家思想不仅重"礼法",还重感情;认为"感人心情,莫先乎情",提倡"发乎情,止于礼义";强调"礼乐并重",礼是理性的规范,乐是情感的陶冶。如果把儒家思想情理并重的理念引入企业法制化的运行模式中去,使企业的运行机制既合理又合法,从而实现情与法的互补、情与理的互动,这样就可能更好地发挥人的主观能动性,充分满足企业的需要,实现企业利益的最大化和社会效益的最优化。

(2)重义与谋利的互补优化。企业以实现利润的最大化为企业生产和经营的出发点与落脚点,这是支配整个企业运行的根本机制。一般来说,追求利润是无可厚非的,这也是支配整个市场运行的根本机制和推动市场经济发展的根本动力。但是,这种求利情绪的过度膨胀,势必助长一些唯利是图、见利忘义、损人利己、为富不仁等歪风邪气,严重的甚至还会造成人格的缺损和道德沦丧等问题。这不仅会损害企业利益,败坏社会风气,严重的还会影响市场经济秩序和整个社会的和谐稳定。因此,对于企业的求利趋向应该进行正确的引导和规范,而这种引导和规范最主要的就是重"义",即提倡"正当、适宜、高尚"的观念和行为。

(3)社会群体利益与个体利益的互补与优化。社会群体利益是各种个体利益的集合体。市场经济的发展不能没有个体利益的存在,但仅强调个体利益是不够的。要实现企业经营管理的良性运行和协调发展,必须注重社会群体的利益,或者说只有把个人利益的追求和社会利益有机地结合起来,才能实现市场经济的优化运行和健康发展。我们知道,在儒家思想中,群体的和谐是其重要基础和首要目标。儒家思想强调个体利益只有在群体中才有其存在的意义和价值,个体行为必须服从和服务于群体利益。重群克己是儒家思想的基本要求。儒家思想要求人们要以"公义胜私欲",提倡"国尔亡家,公尔亡私""至公无私"。因为人毕竟是社会的个体,离开了群体,个人的利益和价值不可能得到真正的实现。同时,企业经营管理活动的正常运行,更需要人们把个人利益和社会群体意识结合起来。在市场经济条件下,如果把儒家重群克己思想的积极因素融汇于企业的经营管理中,做到个体与群体相结合,做到公与私相结合,就可能促成人们在发挥个人主观能动性的同时,又抑制了利己主义思想的泛滥,从而维护市场经济的正常运行和整个社会的和谐稳定;在追求个人利益的同时又注重群体价值,促进企业内部形成团结合作的精神和整个社会经济的良性循环与健康发展。

（4）和与争的互补与优化。市场经济的另一个根本机制就是竞争。竞争是实现资源有效配置和促进生产要素及其整个社会生产优化的根本条件。但是竞争是一把双刃剑，它可以对市场的发展产生推动作用，也可以对经济运行及整个社会生活的稳定带来某种负面的影响。在市场经济条件下，企业之间为了取得发展的优势，互相竞争是不可避免的，合理的竞争会促进生产的发展和效益的提高，但是如果为了达到个人或小团体的一己私利，而进行不正当的、无秩序的竞争会造成一定社会资源的无效损耗和一定程度的经济秩序的混乱以及人心理的过分紧张等，这就失去了竞争应该有的意义和价值。如果把儒家的贵和思想引入现代企业管理的运行机制中去，以和的生成性来补充争的破坏性，以和的规范性来调节争的无序性，以和谐的心态来淡化竞争的紧张和冲突，达到以和济事、和争互补，就能避免竞争的破坏性和无序性。

（5）儒家"天人合一"的生态伦理思想与环保思想的互补优化。儒家的生态伦理思想就是提倡一种天人和谐共存的观点。认为天与人是同一世界的两个既相互对立又相互依存的部分，二者不能分割，缺一不可。人作为整个世界的主体，对自然界这个客体不应该是疯狂掠夺，无限制地利用和开采，不顾后果地鲸吞和蚕食，而是应该处处想到人和自然界是一体的，人如果破坏了自然，自然界就会报复人类社会。我们应当按照儒家"天人合一"的思想，吸取现代科学的最新成果，动员社会力量，建立起全民参与的生态环保体系，从而向更高的生态文明过渡。

总之，儒家思想文化与现代企业管理既可以互相融通，又可以互补、相互整合。因此，从这一意义上讲，儒家思想文化在一些方面可以促进经营管理水平的提高，在市场经济发展过程中起到积极作用。

第三节 现代企业的儒商精神

一、儒商及其特征

（一）"儒商"界说

儒商，即为"儒"与"商"的结合体，是有德行与文化素养的商人，这种人既有儒者的道德和才智，又有商人的财富与成功，是儒者的楷模和商界的精英。儒商有超功利的最终目标，有对社会发展的崇高责任感，有救世济民的远大抱负和忧患意识，追求达则兼善天下。古有陶朱、子贡、白圭等一代儒商，后有徽商、晋商、淮商、闽商、郴商等儒商商帮，现今也涌现出"立己立人，达己达人"的荣氏家族、邵逸夫、霍英东等具有新时期儒商精神的现代儒商。

关于儒商的解释,学术界存在着不同的说法,归纳起来有以下几种说法:

(1)儒商是以儒家理念为指导的、从事商品经营活动,有一定文化修养的商人。

(2)儒商是把"儒"和"商"相结合的"商",即把"商"的职业和"儒"的伦理品种结合起来的市场经济中经济活动的主体。

(3)儒商与一般商人最本质的区别就是非常重视商业道德,不义之财不取。

(4)儒商有广义和狭义之分。从狭义上说,是指以儒家学说作为行为准则的商人;从广义上说,是指具有中国传统文化兼收儒家、道家、墨家、法家、兵家之长的商人。

(5)儒商是指有较高文化素养的、有儒家道德观和价值取向的、有自强不息和勇于创新精神的企业家。

(6)儒商分为古代儒商和现代儒商,现代儒商是把"内圣"和"外王"有机结合起来,把传统美德和由市场经济滋生的新的道德观念有机结合起来,尊重人的价值,实行人格化管理的商人。

(7)儒商是把儒家的价值理想与市场运行本身的法则相结合,并能遵循指导市场活动行为法则的商人。

(8)儒商是以儒家思想为核心价值观念的企业经营管理者。现代儒商应该是具有科技专长,同时又具有儒家价值理想的,即具有"士魂商才"的经营管理者。

(9)儒商就是以孔子倡导的儒家道德来规范自己的商业行为,并进行内部管理的商人或经营者。

(10)儒商是指有文化、讲道德、善理财、会管理、创效益,并且能发现问题、解决问题,具有综合创新能力的商人或企业家。现代儒商还具有现代意识、区域意识、全球意识,还应该懂外语(最好是英语)和会使用电脑。

(11)儒商是有道德、有文化、有理想的商人。

(12)儒商是有品牌战略思想、成功后反哺社会的有良知的商人。

(13)儒商以创造社会财富、服务于天下为己任。

(14)儒家"仁、义、礼、智、信"的根基在于"诚信",儒商以产品和服务的质量诚信为特征。

(15)工资来自劳动的报酬,在其位必须尽其职,儒商的忠诚是忠于职守、忠于客户。

(16)资金最初来源于发明、劳动等报酬的再投入,因而投资的股权仍然合乎儒家伦理。

(17)新儒商本质是商,应以企业为重。

还有的认为,具有现代人文道德的、有社会责任感的,又具有现代管理能力的、有创新意识的企业家,就是现代儒商。儒商也是商人,但商人不都是儒商。由于历史和时代的原因,现代儒商可谓天之骄子,他们占尽天时(改革开放政策)、地利(中国这块处女地)、人和(儒与商的完美结合),获得了物质和精神的累累硕果,同时也在理论规范、商业规则及社会关系、政治联姻等方面修筑了坚固的工事。在未来社会,他们无论从战术、战略还是从挖掘内部潜力等方面,都将成为一种辉煌。另外,这些儒商所具有的"儒",是与政治联姻的基础,政治家以谈"儒"为名与儒商结成亲密的伙伴,为儒商提供政治保护。儒商又具有雄厚的经济基础,由于经济基础决定上层建筑,儒商可以堂而皇之地通过政治协商等途径参政议政,所以现代儒商羽翼颇丰。过去的"暴发户"在中国私有经济领域里的资本份额占很大比重。他们虽然文化程度低,但社会经验、人生阅历决定了他们的雄厚实力,中国大量的资本进入他们的腰包。他们之中的相当一部分人已经意识到文化的缺陷,发财之后首先考虑让下一代接受良好的教育,为了培养接班人,他们将自己的孩子送到中国甚至国外最好学校的读书。他们掌握的资本最终将转移到受到良好教育的后代手中,形成中国未来拥有大量资本的新一代"儒商"群体。

儒商不是简单的商人加文人,是与那些取得了一些商业利润就以学问装点门面的媚俗行为毫不相干的。儒商的关键不在于学问有多高深,不在于学养有多深厚,而在于对儒家伦理道德的实践程度。有些商人尽管文化程度不是很高,但他在本质上却有向善之念,对儒商思想有一种如佛家所言的天然"慧根",在商业行为中自然地坚持"不苟取",坚持取之有道,善于处理好公众利益和个人利益的关系,不以获利为唯一目的和终极目的,也完全可以称之为儒商,而且是有"君子儒"风采的儒商。

由于儒商的特殊存在方式,他们对资本的使用更具有文化特点。同样是资本的消费,一般商人和儒商之间的消费观念可能会存在很大的差别。儒商的消费一般是在艺术层面,如建造园林、挽救文化遗产、收藏艺术珍品等。而一般商人的消费则更具有挥霍性,如暴富后赌博、吸毒、淫欲等。当然,这种消费观念只是相对而言的。在此并不否认没有文化的商人就对文化艺术没有兴趣,也许一部分没有文化的商人更渴望获得文化艺术。同样,不可否认儒商对非文化艺术会丧失兴趣,也许有一部分儒商还染有很多恶习。总之,在历史的长河中,我们可以随处看到文化大家族给我们留下的文化遗产,那些璀璨的文化遗产包含着一代又一代儒商的勤劳和智慧。这是社会的财富,也是人类的财富。

(二)儒商的特征

儒商一般注重个人修养,诚信经营,有较高的文化素质,注重合作,具有较强的责任感。

1. 现代儒商的特点

现代儒商应该具备以下几个主要方面的特点：

(1)以德为立身之本。

(2)坚持实践"利"与"义"相统一的价值观。

(3)勇于竞争和善于竞争。

(4)实行以人为本的管理。

(5)具有开拓创新的意识和能力。

这些都是现代儒商必须具备的最基本的素质，但不是他们的全部素质。

用传统文化思想精华构建企业文化，用以指导企业的运作与发展，称之为当代儒商或新儒商文化。

2. 当代儒商精神的特征

(1)企业员工队伍靠文化知识结构而成，素质高，推行知识型管理和文化型经营。企业重视对员工的文化素质教育、传统文化教育和业务素质培训，重视企业思想文化建设。企业文化建设与企业经营管理紧密结合，以培养提高人的素质为目标，把经营管理推向新的高度。

(2)以儒家传统思想精华为企业的生存、发展理念。企业领导人具有相当的儒学修养和传统文化素质，勤奋、热情、善良、智慧、自尊、大度、心态平和、胸怀宽厚、举止文雅、注重礼仪、热爱生活，并善于结合实际把企业文化思想运用到企业的筹划运作和经营管理中去；坚持用优秀传统文化思想教育全体员工，规范企业行为，带领企业员工，探索新时期儒商文化的特征，揭示新的儒商文化内涵，联系当今社会的特点，通过企业行为传播儒商文化传统精华，为发展和构建和谐社会做出贡献。

(3)以仁爱思想构建和谐的企业环境和广泛的人际关系。对内，提倡互相关爱，宽容谦让，建立上下左右的融洽团结的内部关系；对外，以"仁为心、义为路""和而不同"和平等、公平法则追求和谐的市场和宽松的环境。

(4)人无诚不立，企业无信不存，将诚信作为企业求生存、图发展的生命线。企业员工把"言必行、信必果"作为座右铭，以信誉谋求企业的长远利益，一举一动都要讲究信用，信守诺言和遵法守纪。企业要坚持以"诚信为荣，失信为耻"的信条，并把它变成企业员工的自觉行动。

(5)以贤选人，以贤重用和对员工升职。选人用人的标准应当是：第一，有正确的是非观、善恶观、羞耻观，严于律己；第二，与人为善，有精诚合作和团结的精神；第三，拥有青春活力，精通业务，工作干练；第四，以大局为重，勇于认错，懂得服从，懂得自责和心存感激。

(6)企业家拥有儒商风度。孔子曰:"君子有九思:视思明,听思聪,色思温,言思忠,疑思问,念思难,见得思义。"(《论语·季氏》)这里提出的九思,说的是有文化、有教养和素质高尚人的风范。观察事物,看问题,要看清楚,看准确,不可看走了眼,误了事,或者走马观花;听人说话时,要考虑听清楚没有,不可道听途说;待人时一定要考虑自己的外部表情,要温和,要诚恳;待人一定要谦恭,不可夸夸其谈、盛气凌人;对人说话一定要忠诚、实际,不可以假大空;办事时,要认真,不可以马虎;有疑问要向人请教,不可以不懂装懂;自己发怒时,要考虑后果,不可留下后患;得到好处时,要考虑所获得的利益是否符合义的规则。

(7)企业家讲究礼仪。子贡曰:"贫而无谄,富而无骄,何如?"孔子曰:"可也,未若贫而乐,富而好礼者也。"(《论语·学而》)即孔子的弟子子贡问老师:"贫穷不谄媚,富贵不骄傲的人如何?""孔子回答说:"可以,但不如贫穷而乐观,富贵而好礼的人。"孔子一生做人处世把礼放在重要位置,儒商继承儒家传统,更重利益,认为人与人的交往应以礼仪为先。礼对规范人的行为,培养良好的人格起到了不可估量的作用。礼仪的方式不同,古代行跪拜礼;汉朝迎宾行执帚礼;今天以握手礼较为普遍,但也有诸多要求和禁忌,使用得当,方能发挥礼仪的最大作用。企业领导人和员工都要精通社交礼仪、公关礼仪、公务礼仪和商务礼仪等。

二、儒商文化与经济发展

从孔子时代的子贡,明清之际的晋商、徽商到当代中国改革开放的成就,以及以"亚洲四小龙"为代表的东亚经济的崛起,以儒家的"经世致用"哲学在经济领域的成功运用,形成了源远流长的儒商文化。

儒商文化提倡建立在道德基础上的经济发展,它是一把"双刃剑",在约束儒商自身诚信经营、重义轻利的同时,也提高了儒商的信誉,降低了社会交易的成本和风险,促进了商业的繁荣和经济的发展。在中国社会主义市场经济体制已经确立之后,弘扬儒商文化具有十分重要的意义。

首先,儒商文化是公民道德建设的有机组成部分。我国实行的"以德治国"方略,深得儒家"修齐治平"思想的启迪。《公民道德建设实施纲要》中的基本道德规范,"爱国守法、明礼诚信、团结友善、勤俭自强、敬业奉献"与儒家思想一脉相传,是对几千年中华民族传统美德的继承和发扬。而根植于儒家思想沃土又融合当代经济发展经验形成的儒商文化,与《公民道德建设实施纲要》互相印证,可以说是《公民道德建设纲要》的商业版本。把提倡儒商文化与贯彻落实《公民道德建设实施纲要》有机结合起来,重铸道德长城,才能推动经济和社会全面发展,推动民族素质全面提高。

其次,儒商文化是社会主义市场经济体制的必要补充。市场经济体制是由市场对资源配置发挥基础性作用,但是市场这只"看不见的手"也有失灵的时候,它不能解决市场中的垄断、收入不公,并带有一定的盲目性、滞后性等。而以行政审批为核心的政府调控又难以洗净"腐败之手",这中间必须有道德的"良知"发挥作用。由于斗争哲学对传统道德的破坏,加上市场经济体制还不够完善,假冒伪劣商品泛滥成灾,上市公司财务数据造假,市场经济秩序还比较混乱。厦门远华走私、沈阳慕马腐败大案等,这些都昭示着重振道德的"纲常"的必要。市场经济的道德伦理是市场经济列车的铁轨,脱离了道德之轨,市场之车就会走向失败。因此,必须大力整顿和规范市场经济秩序,逐步在全社会形成以诚信为本、以操守为重的良好风尚。

最后,儒商文化是加强企业管理和企业文化建设的重要手段。儒商文化是经过历代儒商的成功实践不断总结出来的,它本身就是一种企业经营管理之道。儒商文化的诸多内容对现代企业发展有十分积极的作用。如注重诚信,就是重视产品质量,信守合同,不逃避债务。重义就是守法经营,注重环保,在创造经济效益的同时,创造社会效益。仁爱就是关心职工的切身利益,实行人本管理。人和就是对内铸造团队精神,搞好协作,对外树立顾客至上的观念,建立良好的客户关系。西方的诸多管理法则也往往体现了这种管理中的道德诉求和人文关怀。如美国企业的创新精神、德国企业的质量第一观念、日本企业的团队意识等,与中国儒商的管理理念可谓殊途同归。孔孟之乡在改革开放以后涌现出一大批在国内外市场上崭露头角的企业,就是这些企业老总能够从传统文化中汲取丰厚的营养,并根据企业实际进行创新的结果。如太阳纸业集团董事长李洪信"太阳每天都是新的"的创新思想、山东山矿机械有限公司董事长马昭喜"两本(即人本、成本)管理"法则、鲁抗集团原董事长章建辉"如临深渊、如履薄冰"的忧患意识、如意毛纺集团总经理邱亚夫的"树立国际一流品牌、建国际一流企业"的坚定信念、心声集团原董事长韩法轩"奉忠孝诚爱心,走人间真情路"的亲情管理理念等,都深得儒家文化精髓而又独具特色,成为企业管理的核心和企业文化建设的重要组成部分,极大地促进了这些企业的发展,为经济发展做出了卓越的贡献。

三、儒商精神是全球华商的一面旗帜

(一)什么是儒商精神?

儒商精神是一种援儒入商所形成的独特商业人格和行为规范。作为儒商的商人要有儒的精神、儒的气度、儒的道德规范,以儒家的道德理想和道德追求为准则

去从商、经商,在商业行为中渗透着儒家所倡导和躬行的"仁、义、礼、智、信"。

儒商精神是随着时代的发展而发展的,它大体经历了四个发展阶段:

一是"取之有道"阶段。在中国明末清初之际,随着商品经济的发展,有一些儒士逐渐认识到,要想实现儒家伦理及其价值观,即学而优则仕,必须以经济实力为基础,通过经商获利,以商养文,于是弃儒从商。这些儒士从商,提高了商人的整体素质,将儒家伦理用到商业活动中,促进商品经济发展。他们奉行"君子爱财,取之有道",标榜经商以诚为本,认为赚钱顾及他人,才能商运亨通,如果一味奸诈、行骗,在商场终究要失败,害人必害己。

二是崇儒好儒阶段。贾而好儒是儒商的重要特色。具有较高文化素养的徽商,意识到富不敌权、权可致富。他们为了在政治上保持崇高地位,强化族众的凝聚力,只有依靠其文化的优势,大兴族学、书院,以猎取科举制下的功名。要博取功名,光宗耀祖,必须由儒而步入仕途。

三是贾儒结合振兴中华民族经济阶段。贾与儒结合,优势互补,产生一种儒商精神,这种儒商精神,一旦与西方的商业经营意识结合,形成一种新的儒商精神,就会产生一种强大的竞争力量。商品竞争主要是商品内在文化含量的竞争,是知识和科技的竞争。20世纪末,我国实行改革开放,在由计划经济转入市场经济之初,儒商精神遭到破坏。一些投机经营的商人搞假冒伪劣、坑蒙拐骗,使消费者利益受到极大损害。然而,国外的华商运用炎黄文化推动经济发展,却取得了成功,获得了辉煌成就。中国儒商再次出现是社会的一大进步,是社会新价值取向的胜利,是历史和市场的选择。

四是世界儒商精神形成和发展阶段。这是儒商的概念和范围扩大后,新形成的一种世界性的儒商精神。1994年国际儒商学会的成立和首届世界儒商大会的召开,就标志着这一阶段的开始。

由此可以看出,儒商精神是对儒商在形成发展和生产经营中体现出来的一种人文思想、精神的概括,是世界儒商共性的进步商德以及对从事商品生产经营和交换的共性认识与经验的相互交融发展而形成的一种特有的人文思想与精神。其主要点是:整体主义精神,艰苦创业的精神。21世纪的儒商精神应是世界性的,它既包括人道与商道结合和富商强国的爱国精神,也包括为世界和平与发展奋斗的奉献精神。

儒家精神还可以从中国历史上被奉为儒商的代表人物身上得到体现。超越个人功利的儒商代表有春秋时的范蠡和计然、战国时的弦高;以卓越的文化水平提升了经营之道的有白圭,他将"人弃我取""人取我与"作为经商之道可谓深得市场要领;把经商致富作为一种"致太平"的途径的有清初思想家唐甄,他在《潜书·考功》

中说:"为治者不以富民为,而欲幸致太平,是适燕而欲马首指南者也。"他们都是经商从商而不以一己之利,而是从商但以富民强国、安定社会为己任,都是在经商的过程中实现了自己的人生价值。

在农业经济时代,人们对经济的认识水平受到很大限制,往往轻商、贱商,认识不到商业的经济价值,国人甚至曾高喊割资本主义尾巴、反投机倒把的口号,虽然也有工、农、兵、学、商的排序,但学的地位低下,商就更不足而论,这同中国传统商人居"四民"之末的地位相比有过之而无不及。"商品的流通环节并不增加社会财富","无商不奸""无奸不商"几乎成为对商人和商业的定论。从商、经商如同犯罪,商人也要以为社会所尊崇的儒家行为规范和道德标准来规范要求自己,或是将"贾而儒行""以儒术饬商事"作为提高自身社会地位的手段,在这种情况下,儒商应运而生。

流传久远的儒家思想两千多年来深刻影响国人的思维,形成了国人独特的行为方式和思维方式。把儒商精神与儒家教义相对照,有助于了解儒商精神的内涵。《论语》有云:"富贵而可求也,虽执鞭之士,吾亦为之。"可见儒家并不"罕言利",但"不义而富且贵,于我如浮云",要讲"义""利"之辨,要区分什么是合于"义"的"利",什么是不符合"义"的"利",前者的求利是属于"取之有道",后者的求利则是"小人喻于利"的那种求利,为君子所不取。这就直接引发了儒家的"不苟取"理论,而且是"一毫一厘不苟取",要"取之有道",而且,儒家学说对"苟取"和"不苟取"有很严肃的道德判断,"苟取"是小人,而"不苟取"应该就算得上是儒商了。儒商精神本质上反对为富不仁,强调利以义取。从儒的"穷"和"达"的主张来说,援儒入商,即真正的儒商还需要有益于社会,"穷则独善""达则兼济",又使真正的儒商具有一种强烈的社会责任感,有一种乐善好施的精神,就是在不"穷"不"达"的情况下,援儒入商也需要有一种"利他"的精神,起码要考虑"己所不欲,勿施于人"。儒商在从事功利性质的商业时,始终存有超功利的道德追求,让经商行为带上浓厚的道德色彩,这是典型的儒商经商理念,是儒商精神对世界商业文明独特的贡献。所以,援儒入商是儒家思想在商业中的实践,是一种贾而好儒。

我们从儒家的经典教义和传统的商业道德对比中,可以看出儒家思想对传统商德的影响。儒家思想强调"礼之用,和为贵",传统的商业理念是"和气生财";儒家强调"己所不欲,勿施于人","己欲立而立人,己欲达而达人",无论是传统还是现代商业道德都强调能站在顾客的立场上考虑问题,强调货真价实、童叟无欺,强调在顾客得到完美服务的同时得到商业利益。儒家讲义利之辨,进步的商业道德也强调商人的利益不能置于社会整体利益之上,强调不能因谋求私利而损害消费者利益甚至国家利益,认为只为个人私欲不择手段谋取利益是不道德的,是一种利欲熏心、恶性膨胀行为。经典儒家教义强调人之为人必须"言必信，行必果"，而诚实守信则在任何时候都是一项基本商业道德。儒家的义，从本质上来讲是宜，就是说要做应该做的事，做符合社会公义的事情，比如扶危济困、互助、热心社会公益事业等，这些都是人对社会应尽的义务。儒家学说最大的特点是将人置于社会的大背景中考虑人与人之间的关系，规范人与人之间的关系，用道德的力量调节人与人之间的关系，而从来不谈什么自然人，要求一个人在实现私利时不损害公利，不损害他人利益。商业理念也是如此，强调合作，强调不损人利己。儒家思想强调"过犹不及""中庸之道"，传统的商业道德则强调不谋取暴利，不搞掠夺式的经营，注重商业生态，讲究商人之间、商人和顾客之间的协调发展。儒商实际上奉行的是商业道德秩序学，讲究以道德力量维系商业秩序。儒商在商而品位超过商，在从事本应是纯功利的商业行为的过程中，总是希望提升自己的精神世界，这就是儒商精神。

　　因而，儒商精神应该包括恪守信用、诚信为本、诚实不欺、利以义制、以义取财、仗义疏财等商业道德，是把诚、信、义、恕、让等伦理道德原则贯彻到从商经营之中，是尽量用儒家精神去洗涤一味求利的商人习气。或者说商人经商的目的就在于追求利润，而且要追求利润的最大化，提倡儒商的精神不就牺牲了商业效率吗？事实上，这里有一个追求商人个体利益或局部利益最大化还是追求社会利益最大化的问题，但放在社会大系统中，商人个体不顾公德、不择手段的求利，乃至于追求利润的最大化恰好是商业生态恶化的罪魁祸首。"效率"似乎是有了，但就社会而言，公平却被抛在一边，失去了公平和公正的所谓"效率"对社会而言无疑是一种灾难。儒商精神的可贵之处正在于强调了公平原则，而且这种公平不是来自于一种外在的强制力量，而是来自于受儒家思想浸润的商人的自觉行为。儒家经典有"性善"和"性恶"之辨，提倡儒商精神就是要在商业经营中保持一种"性善"，使诚、信、义等人性中美的东西转化成优秀的商业品格，转化成商人的自觉行为，而不仅仅要靠制度和法律约束。儒商精神实质上是受儒家思想影响的商人在商业行为中的道德"自律"，而非"他律"，从宏观上看，提倡儒商精神，可大大降低整个社会管理系统的运作成本。就拿商人来说，经常性地陷入投诉、商业纠纷的旋涡中，对商业活动来说也是不利的。可以期待的是中国社会随着儒商队伍的发展壮大，商业秩序必将得到根本改善。

　　儒商精神其实是用道德自律去抵制几乎是人的本能的利欲。这正是儒商精神的精华，古往今来出现的大批商德崇高、业绩不凡的儒商证明了儒和商是可以兼于一身的。儒和法是中国古代思想中重自律和重他律两种不同的理论，儒家的思想是通过提倡道德伦理、唤醒人们的道德自觉来匡扶人心、匡正社会的，当然这些伦理道德一旦被固定下来也有一定的强制性,如后世的"理学"和"礼法"就是如此。法家则是用严刑峻法来规范人的行为。儒家强调道德自律是导之于前,法家的严刑峻法则是导之于后。儒家学说从本质上讲是道德秩序学,讲究以道德力量来维系社会秩序,让人追求一种精神自觉。儒家学说只强调人的社会属性,人伦其实就是人与人之间的关系。把人与人之间的关系调整好了,那么,社会的发展才能和谐、稳定。在商品经济时代,儒商精神所提倡的是人与自然的协调发展、人与人和谐相处的商业生态文明和义与利、合作与竞争、自强与自律和谐统一的商业伦理精神,具有非常强烈的时代意义。儒商精神是儒商所共有的商德,是他们在儒家思想熏陶之下对所从事的生产经营、交换本质的独特认识,是受儒家思想浸润的商人在商业经营中所形成的独特的人文精神和人文思想,是对世界商业文化的独特贡献。

(二)儒商精神的价值

儒商精神自诞生以来就对规范商业行为起着积极作用。中国的商业文明虽然不及美国等西方国家发达,但我们的商业文化精神却丝毫不落后于西方发达国家。要使经济健康有序地发展,必须大力弘扬儒商精神,提倡进步的商德;否则,中国经济就不能健康有序、持续稳定地发展。

商业行为从来都具有两面性:一方面,促进了商品的流通,激发了商品生产,带来了社会繁荣;但另一方面,商人的趋利又有不择手段、唯利是图的自发倾向。儒商精神既能纠商人唯利是图之偏,这就使得这种精神在整个商品社会都会起到历久弥新的重要作用。荣氏企业的创办人之一的荣德生曾说:"古之圣贤,其言行不外《大学》之明德,《中庸》之明诚,整心修身,终至国治而天下平。吾辈办事业,亦犹是也,必先正心诚意,实事求是,庶几有成。若一味唯利是图,小人在位,亦则虽有王明阳,亦何补哉?"从这段话中,我们不难看出儒商的一些追求,首先,荣德生先生作为一代儒商,他有这样一种意识:做一名好的商人,同时要做一名有道德的高尚的人,两者必须统一于商业行为之中,否则就会"一味唯利是图",只能是"小人在位"。其次,既要做一名好的商人,又要做一名高尚的人,实现的途径是向"古之圣贤"和儒家思想汲取营养,要"明德""明诚""整心修身",实事求是,而不能见利忘义,这样,"吾辈办事业"才"庶几有成"。这正如明代大思想家王明阳在《大学问》中所指出的:"商贾虽终日作买卖,不害其为圣贤","其归要在有益于生人之道",只要他们在商业行为中能"致良知",能恪守儒家教义就行。

儒商精神有益于世用。一般商人都非经济方面的理论家,他们在从商方面的宗旨和理念,都是建立在某种文化底蕴基础上的意识和潜意识的产物。儒家思想有益于世用,在于它既崇高又平凡,寻常商人都能在不同程度上去实践,这样一种优秀的本土文化能为我们的商人提供精神源泉。有一位深谙儒商精神的银行家曾说:"古人日常道德之训,永远是真。盖道德非他,乃维持团体合作的必要条件。忠、诚、廉、让四字,余觉其特与商业团体有关。"如今,伴随着社会转型,我们遇到的是严重的道德危机,进而引发大规模的商业危机。商业领域欺诈之风日盛,极端功利主义和极端利己主义盛行,十几年前清理"三角债"几成运动,信用缺失如今成为一种很严重的社会问题;"打假"更是一本难念的经,在商业行为中,损人利己、坑蒙拐骗、敲诈勒索现象严重,这些反映的都是一种从商者的素质。我们的经济秩序、道德秩序都面临着一个重建的问题。当然,加强法制建设,是使市场经济健康发展的一个重要方面,但也应该两个文明一起抓,要努力提升商人的思想道德水平,利用本土文化,发掘儒商精神,并把它作为一种现代精神来提倡和弘扬,不失为一条有效的途径。哈佛大学教授杜维明曾说:"世纪之交,我们的地球上贫富悬殊越来越大,有钱又有权的人如果没有文化担当,没有一种为人类进步的责任感,地球就不会有和平与发展。可以说,在商人中提倡儒家精神是使商人逐步有"文化担当"的伟大事业,是进步商德的客观要求。我们强调儒商精神的现代价值,强调要通过对儒商精神的弘扬,来为现实的经济发展服务,目的和意义正在于此。

儒商精神将成为全球华商的一面旗帜。儒家文化是影响了中国2 500多年的本土文明,儒商精神也是根植于本土的优秀商业文化。儒家思想深刻地影响着国人的思想方式和行为方式。全球华商有同一种文化思想背景,那就是儒商文化和儒家精神。社会实践业已证明,儒商文化已经推动了"亚洲四小龙"的经济腾飞,也使得世界华商在全球经济格局中扮演越来越重要的角色。我们有理由相信,儒商精神作为一种进步商德,在商战重于兵战的今天,将对经济秩序的稳定、经济的繁荣和发展起到越来越重要的作用。

儒商精神是海内外儒商经过多年努力而共同创造的一种宝贵的精神财富。儒商业精神的现代价值,是指它对振兴民族经济、弘扬中华文化所起的积极作用;是指对当今世界商业活动和经济运行以及对整个世界和平与发展、对人类文明和进步所起的积极作用,它是世界和人类发展的一种精神和文化的推动力。具体来讲,儒商精神的现代价值表现在以下几个方面:

(1)引导和规范商业行为,促进商业和整个经济运行健康发展。在中国,当前的市场经济中存在许多不规范、不文明的现象,在竞争中出现一些商人的败德行为,弘扬儒商精神,提高道德水准,正可对症下药,它将引导市场经济向着健康的方向发展。儒商精神的一些原则,将成为更多商人共同遵守的准则,使市场竞争公平化、有序化。同时随着竞争机制的完善和竞争规则的强化,人们的道德水准也会不断提升,儒商精神也会不断丰富和发展。

(2)协调两个效益、两个文明共同提高和发展。在中国贾与儒是相通的,"士商异术而同志"。儒商精神是儒与商结合的精神,儒商以自己的行动实现了两个效益双丰收,为两个文明建设做出了贡献。当今,市场伦理化已成为全球范围内市场经济发展的大趋势,经过300年之久的前市场经济阶段后的西方,正在苦苦寻求经济发展的道德支撑,他们已把目光投向博大精深的中国文化,投向了儒商精神,随着儒商精神的发展,世界和社会将更加协调发展,呈现良性循环,将更符合人类文明和共同发展、共同利益的要求。

(3)增强民族的文化科技意识,促进文化科技、教育发展和人才成长。历史上的儒商,不仅自身具有悠久的文化传统,而且十分重视对教育和文化的投资。明清时徽商积极参与并支持"振兴文教",曾一度创造了徽商文化的辉煌。弘扬传播儒商精神,将有利于整个社会"崇文好儒"风气的形成,许多儒商自身刻苦努力,著书立说,成为精通商务和经济工作的专家学者,成为商儒。儒商投资助学,兴办文教,有利于全民文化素质的提高,有利于人才的成长,也使科技兴国的战略真正得到落实。

(4)缩小贫富差别,缓和社会矛盾。中国儒商一方面从维护自己的经济利益和个人名声出发,另一方面受儒家思想熏陶,有一种仁义博爱的胸怀,往往对一些社会公益事业和贫困地区较为关心,他们常捐赠扶贫资金和赈灾救济,这在客观上缓和了一些社会矛盾,有利于社会秩序安定,也有利于实现人类共同富裕和社会长治久安的目标。

(5)推动廉政建设和净化社会风气,有利于反腐倡廉和干部队伍建设。弘扬儒商精神,能够推动企业家和商人克己自律,在决策举措上,既要合"礼",又要合"理",要尽量不犯错误,如果有了错误,要勇于改正,弘扬儒商精神,就要将儒家信与义处世做人的准则运用于商事,并作为理想人格和完善处世接物的准则,这对净化社会风气、推动廉政建设极为有益。

(6)推动世界和平与发展。21世纪将是物质极大丰富、科技极高发展、人们的生活更加安乐的时代,但是把物质作为衡量价值唯一标准的价值观会带来不幸的结局。人类在第一次世界大战、第二次世界大战时,居然用自己所发明的最厉害的武器,去残杀同类。为避免这种结局再次发生,必须恢复以"仁"为中心的价值观,建立和平共生共存的世界。孔子提出"君子和而不同"的主张,在孔子的学说中,"仁"是人与人之间的一种和谐关系。"和"的境界使人活得舒畅,"和"的世界更臻完善,"和"的机制更富有生机活力。"礼之用,和为贵""和气生财""天时不如地利,地利不如人和",可以看出,"和"在人们心目中的重要地位,如果每个人、每个民族和每个国家都能和谐相处,人类世界就是一个幸福美满繁荣的世界了。儒商有着中国文化的人文思想，既尊重人的地位，肯定人生的价值，也重视人伦常道，崇尚德化政治，主张"以德服人"和爱物、惜物，维护生态平衡，希望实现"天下为公，世界大同"的理想。当今世界，文化的发展正向着人文的道路前进，向着统一性和多样性并存的道路前进。世界各个国家、各个民族，一方面要有独立的民族文化，因为独立的民族文化是振兴国家和民族的根本；另一方面又要互利、互惠、互补、互助，从而推动世界和平与发展，达到共同繁荣和共同富裕的目的。

中·篇

第五章　诚信经营是企业发展的引擎

第六章　义利兼顾、以义为先是企业发展的内在要求

第七章　以人为本是企业发展的生命线

第八章　和谐是企业发展的保障

第五章

诚信经营是企业发展的引擎

改革开放30多年来,我国在社会主义市场经济体制建设和完善方面取得了举世瞩目的成就。但是,多年来在一些领域仍然存在着不少诚信缺失的问题。中国三鹿集团曾在全国奶粉市场独领风骚,一度成为中国最大的奶粉制造商之一,其奶粉产销量连续15年全国第一,然而,谁能想到三鹿集团却因三聚氰胺而轰然倒塌。"三鹿事件"引发了全社会对诚信问题的思考。其背后的原因实质上就是违背科学发展和诚信道德的缺失。一个企业不讲诚信,势必对消费者、整个行业以至社会造成危害。据统计,我国每年企业间签订的50多亿份合约中,履约率仅有50%。在当今的经济交往中,许多企业被迫放弃现代信用,重新选择了如以货易货、现金交易等原始交易方式。经调查,有近40%的企业经营者对违背诚信经营的行为采取了高度容忍的态度。这些不规范的市场行为影响着市场经济的健康运行。

诚信缺失会导致企业的经营与发展的失败,甚至倒闭破产。那到底是什么造就了成功的企业?如何才能保持企业百年不衰?美国《财富》杂志2009年公布的全美500强企业中,沃尔玛以4 012亿美元的销售收入位居前列。沃尔玛的成功在于八大要素:真实的、稳健的财务状况;突出的、内外一致的形象;诚信的服务;团队协作精神;以客户为中心的诚信理念;公平对待员工;激励;创新。沃尔玛获得成功的八大要素都与企业诚信的内容直接相关。

市场经济条件下的企业讲诚信,不仅是社会和广大用户对企业的要求,还是企业自身发展壮大的首要条件和立足之本。与其说企业经营的是产品,不如说企业经营的是信誉。一个企业要在激烈的市场竞争中脱颖而出或处于领先地位,要在商品质量、价格、管理、服务等方面坚持信用至上,履行诚信承诺,抓好诚信的系统工程。纵观历史和现实,同仁堂、全聚德等百年老店都是由于诚信而扬名国内外。

"诚"与"信"是儒家五德的重要内容,是中华民族传承千年的优秀文化内涵。儒家"诚信"理念的树立、"诚信"思想的形成一直影响着华夏民族。

第一节　儒家诚信的敬业观

儒家文化在中国漫长的社会变迁过程中，对中国的传统的政治、经济、文化等起着十分重要的作用。在经济领域，儒家的文化无论是对人的管理，还是对商业、企业经营理念都起到了十分重要的作用。儒家诚信敬业思想让后人获得了实践中的成功。无论是历史上的晋商、徽商还是齐商，这些不同地域商人的成功经营无不从儒家思想中受惠。这也验证了儒家诚信敬业思想的重要性。在当代经济迅速发展的时期，任何一个企业、商业组织更是离不开诚信伦理与敬业思想。

一、"诚信"伦理溯源

（一）儒家"诚"的内涵

"诚者，天之道也；诚之者，人之道也。""诚者自成也，而道自道也。诚者物之始终，不诚无物，是故君子诚之为贵。""唯天下至诚，则能尽其性，能尽其性，则能尽人之性，能尽人之性，则能尽物之性，能尽物之性，则可以赞天地之化育，可以赞天地之化育，则可以与天地参焉。"《中庸》中论述了"诚"是自我完成与天地相伴随的规律和原则，既能成就人，又能成就物。"诚者，天之道也；思诚者，人之道也。"这些《孟子·离娄上》讲的"诚"是大自然的本真状态，而追求"诚"是人的主体性展现。《中庸》和《孟子》均把"诚"上升到天道的高度。

《中庸》把"诚"视为德行之本，承载德行根基，认为"是故君子诚之为贵"。为此，提出了两种不同的道德境界："诚者，天之道也；诚之者，人之道也。诚者，不勉而中，不思而得，从容中道，圣人也。诚之者，择善而固之者也。"

儒家把"诚"视为"天道"，在他们看来，"天"不仅是自然之天，同时也具有灵性、神圣性，是义理、德行之天，因而可以将"天"道德本体化、心性化。同时，"天"又具有必然性和强制性。儒家把"诚"视为天道，把"诚之""思诚"当成人道，进一步将"诚"作为人所应具备的基本道德实践素质加以张扬。

《大学》中倡明"诚意"之说："古之欲明明德于天下者，先治其国；欲治其国者，先齐其家；欲齐其家者，先修其身；欲修其身者，先正其心；欲正其心者，先诚其意；欲诚其意者，先致其知，致知在格物。"把"诚意"作为个人修身、齐家、治国、平天下的基础，同时要求人"毋自欺"。

宋明"理学"把"诚"看成人的基本德行。朱熹"诚学"的最大特点是以"实"解"诚"，认为"诚者，实有此理""诚者，真实无妄之谓，天理之本然也"。由此，"诚实"作为一个组合词成为宋明理学的一个重要伦理范畴。朱熹站在理学角度进一步表明,"诚"不仅是外在的、客观的、本源的天理,也是人主观内心的真情实感。

(二)儒家"信"的内涵

"信"在西周历史文献中频繁出现,其思想内涵,如"信用、信誉、信任、信心、信义、信仰、信念"等多种,同时又经常同其他道德范畴连用,如"忠信、诚信"等。"信"字,从人而言,言又包括语言和言语,按常人的说法,信就是一种用来进行人际交往和沟通的言说道德,包括内在和外在两个方面。

一方面,对内而言,"信"表达的是人内心的真实无妄态度,是对"忠"和"诚"的一种坚守,是历代儒家所极力倡导的忠心和诚心,它们均为信的心理基础——诚本信用和忠本信用。孔子在《论语·卫灵公》中说:"言忠信,行笃敬,虽蛮貊之邦行矣。"何谓忠信? 邢昺在《论语注疏》中指出:"中心无隐谓之忠。人言无欺谓之信。"俗话说"言为心声",由忠而言、心言如一即为信。

另一方面,对外而言,"信"代表人的言行一致,即孔子所说的"言必行,行必果"。作为"信之言"实为"诺言",因此要有信就务必有诺必践,即讲信誉。

"信"是做人之本。儒家认为,信是人在社会上立身行事的根基,是待人处世的基本准则。《论语·学而篇》有大量有关诚信价值规范的言语。孔子说"敬事而信""谨而信""主忠信"等。荀子在《修身》篇对人讲信的作用说:"体恭敬而心忠信,术礼义而情爱人,横行天下,虽困四夷,人莫不贵。"在为人处世之道中,先秦儒家尤其注重把"信"作为交友之道。孔子把"老者安之,朋友信之,少者怀之"作为个人的社会理想。先秦儒家凸显了"信"作为交友之道的内容意蕴,处理或调节其他人际关系也要守信。

先秦儒家的尚信思想对中国社会治理产生了长久而深远的影响。宋初政治家司马光说:"夫信者,人君之大宝也。国保于民,民保于信。非信无以使民,非民无以守国。是故古之王者不欺四海,霸者不欺四邻,善为国者,不欺其民,善为家者,不欺其亲。……上不信下,下不信上,上下离心,以至于败。"清代郑端在所撰的《政学录卷三》中说:"信者居官立事之本。与民信,则不疑而事可集矣。期会必如其约,无因冗暂违;告谕必如其言,无因事暂改。行之始必要之终,责诸人必先责己。"

在儒家诚信思想体系中,尚信是工具理性和价值理性的统一。一方面,"信"是达到某种价值目标的重要手段——"民无信不立","上好信,则民莫敢不用情""信则人任""信立而霸";另一方面,"信"本身也是个人与社会值得追求和倡导的道德价值目标——"言忠信""敬事而信""笃信好学""足食、足兵,民信""夫信者,人君之大宝也""信者居官立事之本"等。正因如此,《礼记·礼运》不仅把"信"与"仁""公""和"一起拉入"大同社会"理想之中,还把"信"作为"小康社会"的价值理想加以肯定。

二、儒家"诚信"思想

诚信就是诚实而又有信用,准确地说是"忠诚信义"的概括。"君子进德修业。忠信,所以进德也;修辞立其诚,所以居业也。"诚在于仁,信近乎义,仁义又是儒家文化的核心内容,因此诚信可谓是儒家的专利。儒家视诚信为"进德修业之本""立身之道""立政之本"。对于诚信,孔子不仅提出"人而无信不知其可"的思想,而且把信提升到"民无信不立",以致"去兵,去食,宁死必信"的政治高度。孟子曾说:"诚者,天之道也,思诚者,人之道也。"在儒家看来,诚信不仅是一切道德行为的基础,而且是一个人做学问、干事业的根本。

(一)为人需要诚信

"诚信"作为"诚实守信"的道德范畴是作为一个人的基本素质。如果一个人不讲信用,就很难得到别人的尊重和信任。《大学》将"诚意"列为"八条目"之一,而《中庸》更把"诚"视为一切德行之本。"诚"与"信"的结合,正体现了儒家所强调的为人必须表里如一、言行一致的道德思想。

(二)经商需要诚信

《孔子家语·相鲁》说:"贾羊豚者不加饰。"《礼记·王制》说:"布帛挟精粗不中数,幅广狭不中量,不鬻于市。"认为商人要取信于顾客,就必须做到"价实""量足"。古人提倡"贾而好儒",即要求商人在进行商业活动时不贪图暴利,不为眼前的短期小利所迷惑。《汉书·货殖传》中记载"贪贾三之,廉贾五之",即是说,如果单就一笔交易得到的利而言可能很薄,但若能赢得众多商客的信任,货可连售,资金周转加快,比那些贪贾总是获利丰厚。自古以来,恪守儒家信德的商人往往事业日益兴旺。

(三)为政需要诚信

"信"是立政之道。儒学的核心内容包括为人之道和为政之道。儒家为政之道所推崇的根本理念则是为政以德。儒家阐扬的信作为对社会的一种承诺和责任,作为重要的道德品质,是建立人与人之间和谐、友善、信任关系的道德基础,因此儒家特别重视信德在治国理政中的作用。

一是从反面强调,人一旦缺乏诚信就会让人无所适从。孔子在《论语·为政》中说:"人而无信,不知其可也。大车无輗,小车无軏,其何以行之哉?"在《论语》中,"信"有"受人信任"和"对人有信用"两层含义。这里的"信"无论理解为统治者的信誉还是理解为老百姓的信任,都说明"信"的重要性,表明在治国理政的过程中缺乏信德会一事无成。

二是从正面强调,信是为政的基本要求。孔子《论语·学而》指出:"道千乘之国,敬事而信,节用而爱人,使民以时。"这就是说君王在治理国家时应谨慎处理事务并讲究诚信。

三是强调诚信是社会治理的基础。孔子认为如果老百姓无诚信,则当政者就失去了根基,反之君子倘取信于民则会保证施政效果。他指出,执政者只有专心注重自身修养,才能获得黎民百姓的信赖和拥护;只有喜好信德,才能得到民众真心实意对待,《论语·子路》中说:"上好礼,则民莫敢不敬;上好义,则民莫敢不服;上好信,则民莫敢不用情。夫如是,则四方之民襁负其子而至矣,焉用稼?"孔子还总结出历代圣明君主治国的经验是重在宽厚、诚信、勤敏和公允。

孔子、孟子力主德治仁政,因而将五种品德施行于天下,也就包含着对为政以信的重视。荀子不仅在《荀子·王霸》中主张"信立而霸",还在《荀子·强国》中强调"政令信者强,政令不信者弱"。可见,儒家十分强调政治信德的规范指导意义,把信上升为用以调节君民、君臣关系的基本准则。

三、诚信敬业与企业发展

为政诚信理论可以应用到企业管理上来,在管理上企业一定要做到对员工讲究信用,增强企业的员工团队精神,实行人本化管理,增强员工的敬业爱岗精神,培育企业精神和价值观念,这样才能确保企业的可持续发展。儒家思想以"诚"为道德之本和行为之源,以"信"为德之目。认为"诚信"是立身、立业、立国之本,并重视"诚信"的实践,强调言行一致,像"言忠信,行笃敬,虽蛮貊之邦,行矣。言不忠信,行不笃敬,虽州里,行乎哉?"这样的儒家名句强调诚信是一种道德追求,是人际交往的准则。市场经济是一种信用经济,诚信经营准则更应该凸显。

"敬"源于"爱",敬业先需爱岗,敬业就要爱己、爱人、爱本职工作。敬业爱岗是儒家伦理道德的理性积淀。创业需先敬业,先有对功业崇高而执着的精神追求。岗位和职业,是个人为社会服务和做贡献的基本手段与平台,也是个人实现自己的理想和价值的基本方式。敬业爱岗包含着积极的人生态度,和对"仁"的至上追求。

敬业爱岗是爱国、爱民和自尊自爱的统一,是主人翁意识和为人民服务意识的统一。现代生产的规模化、劳动的复杂性和高新技术的趋势,要求从业者必须具备高度的敬业精神。这在客观上要求企业员工敬业重道,乐业爱岗,要有强烈的事业心、责任感和使命感。儒家传统的"敬业重道",无疑也是新时期企业职业道德的重要内容,要求员工爱岗敬业,干一行爱一行,勤业精业,精业笃实。业精于勤,勤业是精业的基础,精业是勤业的升华,是更高层次的价值追求。

道德文化是体现社会文明程度的行为规范,体现在德性和德行两个方面。企业的发展离不开社会道德文化,尤其是先进的企业道德文化,所以说,道德文化是企业的灵魂。企业要进一步增强文化自觉和文化自信,推进文化建设,铸造企业之魂,才能为推动企业科学发展提供持久动力,企业在市场竞争中才能够有利于把握正确的发展方向。

有的企业,如重庆隆鑫集团公司确立了"创世界品牌、立百年企业"的企业目标,培育了"追求无止境、功到自然成"的企业精神,提炼了"正心诚意、敬业创新"的企业价值观;再如,重庆力帆控股有限公司确立了"百亿立帆、百年力帆"的企业目标,培育了"团结一致、产业报国、吃苦耐劳、敢为人先"的企业精神,提炼了"诚信、创新、精益、奉献"的企业价值观。

"正心诚意、敬业创新""团结一致、产业报国、吃苦耐劳、敢为人先""诚信、创新、精益、奉献"的企业精神和企业价值观都体现出一个企业的价值方向和社会追求,体现出特色社会主义的道德和社会主义的核心价值观。

企业目标追求、精神理念符合企业发展实际,证明了企业文化与企业发展的有效融合。企业在激烈的市场竞争中要想做大做强,最根本的是要靠文化价值追求。优秀的企业文化在形成企业共同理念、行为规范、激励机制和塑造良好企业形象等方面,具有重要作用。企业真正将文化建设作为提升软实力、增强竞争力的关键举措去抓。企业文化建设,重在培育企业精神。一定要坚持以人为本,结合企业自身实际,打造企业精神,树立企业科学发展的精神支柱,为企业科学发展提供文化条件。

党的十八大报告中也提出,"坚持贴近实际,贴近生活,贴近群众的原则,推动社会主义精神文明和物质文明的全面发展"。企业作为特色社会主义建设的基本细胞,加强企业文化建设,是建设社会主义强国的最基本举措。因此,搞好企业文化建设不仅是提升企业核心竞争力的重要举措,还是建设有中国特色的社会主义强国,提升国家软实力,全面推进社会主义现代化建设的重要举措。因此,以社会主义核心价值观体系为根本推进企业文化建设,培育和增强企业文化软实力,推动企业可持续发展。

第二节　企业诚信伦理缺失现状

当代中国人的诚信是一项重大的道德建设课题。在当前的市场经济领域,诚心缺失的不良现象屡见不鲜,造假、贩假、售假、用假的行为比比皆是,屡禁不止。产品的假冒伪劣现象危害极大,甚至形成了"诚信危机"。解决诚信缺失问题必须加强诚信的专项治理,必须加强诚信价值观建设。而要提高治理水平、培育和践行诚信核心价值观,就应从儒家诚信伦理思想中吸取宝贵的资源,既要创造性地转换儒家建立在义务、血缘、亲情和友情基础上的诚信思想,荀子所讲的君子"能为可信,不能使人必信己""耻不信,不耻不见信"正是一种出于良知和道义的主观承诺,着力于构建以经济交换为特征的经济诚信,使诚信成为大众化、普遍化的道德存在,又要在全社会大力倡导儒家所阐发的道德诚信,以弥补法律诚信和契约信用的互利性、交换性的不足,同时致力于建立完善以契约为基础的法律诚信和社会信用体系,克服儒家诚信伦理单一义务本位的偏颇,树立起权利和义务对等的诚信精神,把道德诚信和法律诚信有机结合起来。

一、企业诚信伦理现状

企业追求利益的需求提高了企业的市场竞争力、能动性和创造性。但是,同时也造成了狭隘地考虑局部利益、短期效用、微观成本而忽视整体利益、长期效用、宏观成本倾向。这些倾向主要表现为:重视股东和管理层等直接利益相关者;淡化、漠视对政府和社会的责任;摆脱环境责任等。经济发展增速不能证明商业环境的真正改善。目前,企业存在着严重的诚信伦理问题,具体表现为:无视社会保障责任,如偷税漏税;唯利是图,提供不合格服务、产品或虚假信息;损害消费者利益或欺骗消费者;污染和破坏环境。

现代社会人们消费水平不断提高,产品和服务需求越来越多。在这种形势下,企业应遵守公平交易、诚实信用、遵纪守法等最起码的伦理规范与社会准则。在此基础上,企业应当对员工、供应商、顾客及当地社区等利益相关者承担相应的道德责任,并且在企业发展的不同生命周期,社会责任将呈现出不同梯度的重点,并随着社会的不断变迁而对其产生新的要求和期待。所以,企业必须服从市场规则和社会道德准则:既享有一定的权利,又承担一定的义务和道德责任;在实现股东利益最大化的同时,兼顾利益相关者的利益,切实处理好企业与社会、企业与自然环境的关系。

全球最大的电子零部件制造商深圳富士康集团,半年时间里,竟接连爆出了十几起员工坠楼伤亡的悲剧。追究事件发生的原因,单调的工作性质、超长的工作时间和半封闭的工作环境的交互作用使员工不堪心理重负,如被诅咒般地以极端的方式接二连三地结束了年轻的生命。西方资本积累时期的血与肉的事实,如今仍在某些企业中上演,这样的事件也再次警醒了人们,商业盛世的云梯无法离开道德脚手架的支撑,中国商业伦理的当代构建与强化应该引起人们的重视。

中国作为一个历史悠久的文明国家,历史文化源远流长。中国的传统伦理道德与企业、商业伦理之间有着极为类似之处。众所周知,丰富的商业伦理思想是源于丰富的伦理文化传统思想,而其中又以儒家商业伦理为代表。儒商是指具有儒家思想并将其运用到商品经营活动中的商人,即所谓"以儒术饰贾事"。《大学》中说:"生财有大道,仁者以财发身,不仁者以身发财""生财要取之有道,仁者生财",是用来发展仁的事业。"仁"是儒家思想的核心,生财是实现"仁"的事业的手段,通过"以财行仁"的活动而得民心,不仁者见利忘义,损人利己,为富不仁,把生财作为最终目的;儒商则是以财发身,有对社会发展的崇高责任感,有着坚定的爱国惠民抱负和强烈的忧患意识。

二、企业产品与服务质量危机

2003年安徽阜阳农村的一百多名婴儿在喂养期间纷纷患上了一种"怪病"。调查发现"怪病"其实是由婴幼儿食用劣质奶粉营养不良导致的。这个事件引发了"三鹿毒奶粉事件"。

在这个严重的损害消费者利益事件中,"三鹿集团"的领导者没有扮演好管理者的角色,前期没有做好监督,发现了产品有问题却没有做好有效管制,导致了决策和监督的失误。毒奶粉事件曝光后,还在一味地固执己见,推脱责任,失去了消费者对品牌的信任。通过查阅资料,三鹿集团对产品的生产要求不在于科学,不在于对人的健康有利和产品的绿色环保,而只看重奶粉蛋白质的含量。对乳脂产品高蛋白的含量的高要求高到一般的天然牛乳达不到的地步,这种做法迫使他们的牛乳供应商不得不往牛乳里面添加三聚氰胺,而他们自己也默许了这种做法。这种只顾企业利益,不顾消费者的身体健康的理念和行为反映了"三鹿集团"诚信道德伦理的缺失。

类似的企业产品和服务产生的问题还有很多。特别是在网络经济时代,电子商务平台在给销售和消费双方提供了便利的同时,产品和服务质量问题、诚信伦理问题也更加突出。

三、当前企业诚信缺失原因分析

当前企业诚信伦理缺失现象的出现既有经济利益驱使、诚信意识淡漠等内部原因,也与体制不健全、法规不完善等因素有关。

(一)经济利益驱使

改革开放以后,市场经济体制的转轨给中国带来了翻天覆地的变化。市场经济的蓬勃发展一方面调动了人民群众的生产积极性和创造性,另一方面滋长了人们追名逐利的贪婪心理。激烈的市场竞争对企业的产品质量、劳动生产率、服务质量、宣传力度和企业文化等提出了更高要求,很多企业为了追求自身利益最大化,不惜使用卑劣手段降低成本,谋取暴利,完全不考虑消费者的实际需求和生命健康权利。

(二)管理秩序混乱

食品、电器、服装等行业中存在着很多家族企业或者小型企业,科学管理能力和企业整体素质参差不齐。由于企业经营者和决策者的管理意识和行为决定了企业的发展方向。面对巨额的市场短期回报,缺乏内部诚信约束和制衡机制的企业很容易做出诚信缺失行为。上级带动下级,管理层的诚信意识淡薄,必然造成执行层的诚信行为无效。企业自上而下的失信行为和管理混乱放任了违法侵权的行为。

(三)经济体制不健全

我国仍处于社会主义市场经济发展的初级阶段,竞争规则和运行机制尚未健全,特别是对于食品生产、经营、销售等各环节没有明确细致的规定。政府职能部门权责不清,政企不分,行政干预不当,政策连续性不强,在一定程度上影响了市场经济运行。权力寻租和地方保护主义为部分企业非法生产经营提供了保护伞,破坏了自由竞争的市场规则,助长了黑心企业的违法、违规行为。

(四)法律机制不完善

目前,我国的信用体系在规范授信、平等授信、保护个人隐私等方面均没有相应的法律法规,许多企业都不能够受到明确的法律规范与约束,这就为诚信危机的发生创造了机会。现有相关的法律具体操作性不强,不能及时应对经济生活中出现的新问题、新现象。立法不完备、执法不严等对于弄虚作假、不正当竞争的民营企业,法律给予的惩罚有限,使得非法经营牟取巨大利益。

第三节 企业信用文化建设

孔子说:"君子喻于义,小人喻于利。"孟子进一步主张:"仁义而已矣,何必曰利。"在商业活动中要求企业做到智慧和道德相交融,做人之道与经营之道相统一,坚持"守信与重义""修身与报国""君子爱财,取之有道"。其中,"诚信不欺,一诺千金"是中国商业精神的一条重要原则,要求企业在经营和经商活动中信守道义和诺言,先义后利,以义取利。

义利兼顾、以义取利的思想对企业文化建设有积极的影响,在物质利益面前提倡"克己""见利思义""义而后取";鄙弃"嗟来之食",不取"不义之财"。百年老店同仁堂是有着三百多年悠久历史的中医药行业的著名企业。同仁堂继承儒家优秀思想,严格遵守"炮制虽繁必不敢省人工,品味虽贵必不敢减物力"的诚信经营理念,树立"修合无人见,存心有天知"的自律意识,创制了许多令消费者放心的精品良药,确保了同仁堂金字招牌熠熠生辉。同仁堂的不断发展壮大,很重要的一个原因就是能继承儒家思想精髓,坚持诚信为本的行业道德思想,并随着时代的发展,不断融入新的内涵。这种优秀的企业文化与诚信思想伴随着同仁堂的发展并不断在实践中加以落实,使得同仁堂在市场竞争中长期立于不败之地。

一、建设企业诚信文化的重要意义

现代企业的诚信管理要以道德信仰为中心,以道德诚信为主要手段。首先,对于企业员工来说自己要值得社会信任,并且要信任客户和社会大众。其次,企业诚信管理要强调制度诚信的作用。孟子在《孟子·离娄上》说:"徒善不足以为政,徒法不能以自行。"说明在诚信管理过程中,道德诚信和制度诚信要相资为用,不能偏废。道德诚信的实现并不是一蹴而就的,它有一个长期的形成过程。

首先,树立企业员工道德诚信的自觉性和主体性,同时还要建立切实可行的诚信规范、诚信制度来监督和引导员工的诚信发展。

其次,坚持基于道德诚信,强化制度诚信的企业诚信管理。通过道德水平的提升,促进人们对道德诚信的理想价值追求,从而激励企业员工和企业组织自觉主动的诚信行为。制度诚信主要是通过外在、后天的制度规范的约束、引导人们去服从诚信制度。在具体的诚信实现过程中,两者是相互辅助、共同提升的。通过科学的诚信管理、积极的诚信实践,形成一种内化意识,使得员工真正意识到诚信对自身和社会的价值。

最后,企业的诚信管理要促进企业员工人格平等,以人的全面发展为目标。孟子发展了"朋友有信"的思想,将"信"延伸到其他社会关系之中。对于企业员工来说,既是企业的员工,又是家庭的亲人,他们承担着各种社会责任。这就要求企业诚信管理要以促进人的全面发展为目标,扩大诚信管理范围。培养员工诚实守信的思想道德素质和职业道德素质。这样,通过企业的诚信管理,就将家庭、企业、社会三者结合起来,会使得员工在企业里是诚实守信的好员工,在社会里是缔造社会诚信的好公民。

二、企业诚信文化建设策略

(一)整合传统文化的诚信理念

"诚者,天之道也;思诚者,人之道也""民不信不立""人而无信,不知其可也""讲信修睦",儒家注重个人的自我修养,每个人作为生存于公民社会的独立个体必须坚持诚实守信的原则,真诚待人,不欺瞒,不耍诈,正确处理人际关系。这样的理念同样适用于市场经济的企业主体,部分企业利欲熏心,将诚信抛之脑后,引发了大规模的产品、服务诚信危机。因此,解决诚信问题,建设诚信企业文化必须吸收传统文化的诚信理念,倡导诚实守信的企业价值观,挽救扰乱市场秩序的信用危机。

(二)开展诚信文化教育培训

企业不是单纯的生产组织,是由若干鲜活生命共同架构的集体。教育培训是企业文化建设必不可少的步骤,具有广泛性和渗透性。企业文化建设的目标群体是企业全体员工,通过对员工实施"内诚外信"的教育培训,能够实现营造企业整体诚信文化氛围的目的。定期开展以诚信为主题的教育培训,学习企业以诚信为本的精神理念,分析诚信立业的企业案例,参观企业生产和服务的规范活动,展示宣传企业的诚信标兵和榜样人物,才能将诚信理念融入企业的物质文化、制度文化和精神文化,传递到员工的思想观念之中,引导员工以诚信作为服务消费者的根本原则。

(三)建立诚信激励机制

企业是实施和维护食品安全的微观主体与直接执行者。为了更好地进行企业的诚信文化建设,建立诚信激励机制是非常必要的。一方面,从外部来讲,政府和相关部门利用经济、行政、法律等手段为企业提供激励资助,如提供经济支持、拓宽发展途径、实施宽松政策、建立企业诚信档案等;另一方面,从内部来讲,企业对切实做到诚信服务的员工进行表彰和奖励,加大宣传力度,树立诚信人物标兵,激励员工切实坚持诚信原则。

(四)完善诚信危机应急处理体系

企业在应对公众质疑和品牌失信的状况时,需要企业具备化解困境和扭转局面的公关能力。当企业由于操作失误或外部原因遭遇诚信危机时,企业文化和企业价值观受到来自社会和公众的巨大挑战。此时企业必须采取一系列对社会和消费者高度负责的措施,努力挽回企业形象,这就需要启动诚信危机应急处理体系。诚信危机应急处理体系应当包括对危机事件的全面分析、成本预算、公共关系、事件反馈等各个环节的通力配合。诚信危机的顺利解决有利于强化企业诚信文化建设,牢固公众心目中的企业形象。面对层出不穷的食品安全事件,大型食品企业通过危机应急处理体系及时化解危难,走出困境。

(五)重视企业家诚信理念树立

企业家是以经营企业为职业,承担市场风险和进行经营创新的人。市场经济是靠企业来运作的,企业又是靠企业家来创立和主持的,企业家是企业的核心和灵魂,是企业成败的关键。《经济伦理学大辞典》释义企业家伦理:它是指那些涉及企业家地位的基本信念,这种基本信念肯定了企业家的社会角色理解和自我理解,在伦理要求与经济要求的矛盾地带确立了企业家的商业道德,并力图使其经受舆论批评的检验。

企业家伦理外化表现为在一定时代背景和社会关系下,在企业家的经营管理实践中所形成的道德品质和能力的综合与统一。企业家的伦理素质包含了企业家特有的道德品质以及经营理念。在当下我国市场经济条件下,资本的话语权越来越大,企业家也自然成为社会中的强势群体。作为社会的精英阶层之一,是引导社会走向进步的一群人物,他们的一举一动也都影响着社会大众的价值取向,在新闻媒体的照相机、摄像机的聚焦下,直接或间接地影响着社会。而一个企业也常常是在企业家的思维空间内成长的,企业的成长被经营者所能达到的思维空间所限制。企业家道德素养在很多情况下是与企业道德水平紧密相关的,所谓上梁不正下梁歪,企业家的道德水准会影响到公司的每一个角落,不仅影响着高级职员的行为,还由此影响到基层职员,为整个公司定下了道德基调。

企业的社会责任包括经济、法律、社会、慈善等各个方面都离不开企业家的道德支撑:创造利润,给员工好待遇,为社会创造财富的经济责任;遵守法律法规,追求阳光下利益的法律责任;不污染环境,不生产假冒伪劣产品,诚信经营的社会责任;力所能及地开展社会公益之类的慈善责任等。这些责任的履行都有赖于企业家的身体力行。

三、企业诚信文化建设路径

(一)牢固树立诚信经营的商业伦理观

要加强市场经济的伦理道德建设,使信用文化深入人心。诚信应该是每个公民最基本的道德守则。要求人人要懂得信用,个个要讲信用,使讲诚信成为社会经济生活中的一种基本公德,成为绝大多数人的精神理念。通过教育和宣传,使人们对信用观念、信用意识、信用道德的"诚信"原则渗透于经营管理全过程,加强广告信用、合同信用、质量信用、服务信用几个重点环节的信用建设。

(二)加强企业内部信用管理

企业内部信用管理的基本规范包括:资信管理制度、合同信用管理制度、产品(服务)信用管理制度、财务信用管理制度、劳工信用管理制度、环保信用管理制度、安全生产信用管理制度。企业内部信用管理的基本思路是:通过明确企业内部信用建设要遵循的基本规范,督导企业建立内部信用管理制度;通过表彰信用管理先进单位,引导和激励其他企业加强内部信用管理;通过在有关政策法规中确立信用准入标准,激发企业加强信用管理的主动意识;通过强化对企业经营者的信用监管,加强企业内部信用管理的领导力量;通过推进企业管理信息化,带动企业内部信用管理水平的提高。

(三)发展资信评级行业

资信评级业务范围主要包括金融机构资信评级、贷款项目评级、企业资信评级、企业债券及短期融资债券资信等级评级、保险及证券公司等级评级等。目前,我国资信评级市场不断发展,但要使潜在的市场转化为现实的市场需求,需要政府部门对该行业的规范和推动:一方面,通过扩大对资信评级结果的使用范围,推动评级市场需求的增加;另一方面,要打破地区封锁和行业封锁,鼓励企业组织机构积极采用独立的资信评级公司的报告,推动独立的资信评级公司的发展。

(四)加强媒体监督

媒体公开曝光是揭露欺诈行为的有效方法之一。媒体的监督作用包括:一是将公众的注意力聚焦于欺诈行为,提高公众对欺诈行为的警惕性;二是将公众的义愤激发起来,营造良好的道德舆论监督氛围,形成强大的惩治弄虚作假行为的环境压力;三是给那些未整顿其辖区内的经济秩序的地方官员施加舆论压力,要求其切实保护个人、企业和国家的合法权益。政府以及行业监管部门应该支持媒体对企业实施监督,以利于及时掌握企业的真实情况,及早发现问题并妥善加以解决,以免造成更大的损失。

第四节　诚信经营与企业可持续发展

一、企业诚信经营

企业内部员工个体之间需要讲诚信。企业的诚信建设,在根本上决定于员工个体的诚信,决定于员工的素质,建设一流的队伍是推动企业诚信体系建设的保证。企业在管理中要想建立起信任机制,其前提是对人的尊重。如果管理者对员工献出爱心,尊敬员工,员工必然报之以"爱"和"敬"。孟子说过:"爱人者,人恒爱之;敬人者,人恒敬之。"(《孟子·离娄下》)关爱员工是企业内部建立诚信机制的重要条件。

企业与企业之间需要讲诚信,《中庸》说:"不诚无物。"不实行至诚之道,将一事无成。"信以导利""信以生利"是企业与企业之间相互遵循的原则。企业与企业之间的经济往来,一般都采用经济合同的形式,虽然经济合同具有法律效力,但履行合同更主要的是靠"诚信"来支撑。现代企业要从重建市场契约经济的高度,充分认识"重合同守信用"的价值,扎实把"重守"活动搞好,争取市场的认同和企业的认可,让"重守"称号成为企业无形资产的有机组成部分。

企业与消费者之间需要讲诚信。质量和效果是市场经济运行机理的本质要求,也是企业生命的保障。信誉是企业生存的根本。因此,企业与消费者之间必须建立良好的信用关系。然而,当前中国企业诚信危机导致假冒伪劣商品盛行,令人担忧。只有"诚信",才能获得消费者的信赖。一个获得社会广泛信誉的企业和一个获得消费者信任的企业必将在市场经济大潮中永远立于不败之地。

20世纪80年代中期,影响海内外山东省海尔集团"海尔砸冰箱事件"作为一种企业行为,不仅改变了海尔员工的质量观念,为企业赢得了美誉,而且引发了中国企业质量竞争的局面,反映出中国企业质量意识的觉醒,对中国企业及全社会质量意识的提高产生了深远的影响。

1985年,海尔从德国引进了世界一流的冰箱生产线。一年后,有用户反映海尔冰箱存在质量问题。海尔公司在给用户换货后,对全厂冰箱进行了检查,发现库存的76台冰箱虽然不影响冰箱的制冷功能,但外观有划痕。时任厂长的张瑞敏决定将这些冰箱当众砸毁,并提出"有缺陷的产品就是不合格产品"的观点,在社会上引起极大的震动。

企业道德的核心是诚信。诚实不欺、重约守信。诚实守信是做人之本,是企业立身之本。诚实守信是企业的良心之所在,是企业对顾客、合作者忠实守约的责任感和正义感。日本企业奉行的"终身雇佣制"就蕴含着管理者与雇员之间内在的、深厚的信任和忠诚关系。市场经济是契约经济、信用经济。重约守信,言而有信,诚信为本,是现代企业必须具备的职业道德,也是公平有序竞争的基本条件。企业要盈利,但必须弄清楚获利的性质和获利的途径问题。企业赚钱要讲良心,获取的应该是"阳光下的利润"。在社会主义市场经济条件下,企业要牢固地树立契约意识和忠实履约的道德精神,以信誉至上,注重商业道德;反对随意毁约、商业欺诈和言而无信;企业成员要诚实、忠实、老实,要坦诚相待,信守承诺;要诚心待客,货真价实;要惜守信用,严格履约。企业成员要通过自律、自省、自觉,从思想上消除"恶搞动机",减少"道德风险";不弄虚作假,不欺下瞒上,不歪曲事实,不偏听偏信。只有诚信不欺、重约守信,自觉维护公平竞争的市场秩序,维护社会公共利益,才能维护企业的信誉和形象。欺诈、哄骗,言而无信,昧着良心赚钱,就会使企业失去信用,最终也会失去市场和消费者,失去生存与发展的机会和条件。

讲诚信、守信誉是中华民族的传统美德,是每个人安身立命的根本所在,也是历代中国人崇高的价值追求。作为中国传统文化价值观的精华之一,儒家的诚信伦理包括诚实不欺、言行一致和诚信合一等丰富内涵,它在儒学体系中占有重要的地位,被作为求真务实价值意蕴的"常道""常理"深刻地烙印于民族心灵之中,成为人们的立身之方、交友之道和为政之纲。诚信核心价值观具有深厚的传统文化根基，而传统儒家诚信伦理为培育和践行诚信核心价值观提供丰厚的精神滋养。必须对儒家诚信道德作创造性转换，以便更好地发挥它在培育和践行社会主义核心价值观中的积极作用。

当代中国出现了较为严重的诚信缺失问题，为此，党和国家反复强调要加强道德领域突出问题专项教育与治理，十七届六中全会提出把诚信建设摆在突出位置，十八大报告《关于培育和践行社会主义核心价值观的意见》也把诚信作为个人层面的核心价值观之一在全社会加以倡导。毋庸置疑，诚信核心价值观具有深厚的传统文化根基，反过来传统儒家诚信伦理为培育和践行诚信核心价值观提供丰厚的精神滋养。但是如何对儒家诚信道德作创造性转换，把它运用于现时代以培养人的诚实守信品德，更好地发挥它在培育和践行社会主义核心价值观中的积极效应，是一个有待于进一步思考的深层次时代问题。

二、企业可持续发展

（一）企业可持续发展的内涵

企业可持续发展战略是指企业在追求自我生存和永续发展的过程中，既要考虑企业经营目标的实现和提高企业市场地位，又要保持企业在已领先的竞争领域和未来扩张的经营环境中始终保持持续的盈利增长和能力的提高，保证企业在相当长的时间内长盛不衰。

企业可持续发展要在创新、文化、制度和核心竞争力等方面实现可持续发展。企业可持续发展的核心是创新。企业的核心问题是有效益，有效益不仅要有体制上的保证，而且必须不断创新。只有不断创新的企业，才能保证其效益的持续性，也即企业的可持续发展。

文化可持续发展是企业发展的核心是企业文化。企业面对纷繁变化的内外部环境，企业发展是靠企业文化的主导。制度可持续发展战略，是指企业获得可持续发展主要源于企业制度。企业核心竞争力是指企业区别于其他企业而具有本企业特性的相对竞争能力。而企业核心竞争力可持续发展战略是指企业可持续发展主要是培育企业核心竞争力。

（二）企业可持续发展能力

企业可持续发展能力是指企业在追求长久生存与永续发展的过程中，既能实现经营目标、确保市场地位，又能使企业在已经领先的竞争领域和未来的扩展经营环境中保持优势、持续盈利，并在相当长的时间内稳健成长的能力。影响企业可持续发展能力的因素归纳为以下两个方面：

1. 按照企业生存与发展的环境要素分类

影响企业可持续发展能力培育的因素包括企业自身、社会环境、相关利益者。

企业自身因素涉及企业的目标、战略及资源的组合,企业的目标是企业可持续发展的方向,战略是保障,资源的有效配置则是基本条件;社会环境包括社会、人口、社区、资源、环境等因素,一方面企业的可持续发展依靠这些因素提供的条件和机遇,另一方面企业的可持续发展推动这些因素的协调发展;相关利益者是指关注和共享企业发展成果的利益团体、组织或个人,包括企业投资方、供给链的上下游、消费者等,利益相关者因素往往直接或间接地影响企业的盈利能力、发展方向和速度。

2. 企业可持续发展能力要素

影响企业可持续发展能力培育的要素包括:资本、技术、信息和人力资源。

其中人力资源是最主动、最积极并具有创造性的要素,人力资源在生产过程中对其他要素进行加工、改造和利用,使它们创造更多的企业和社会财富。根据现代企业治理理论,创新是企业可持续发展的核心,而人力资源是企业创新的实施主体,这也充分体现了人力资源的基础和先导作用。

三、增强企业可持续发展能力

企业是社会主义经济的重要支柱,是全面建设小康社会、构建社会主义和谐社会的重要力量。一个成功的企业,既要千方百计地提高企业经济效益,确保实现其阶段性或者长期的经营目标,又要自觉主动地保持企业竞争优势,确保实现可持续发展。

企业的可持续发展取决于企业的可持续发展能力。这一能力就是通过变革和创新,不断巩固、保持和提升企业核心能力以推动企业可持续发展的能力。评价企业可持续发展能力的基本要素包括能力资源、能力状态和能力环境。

(一)推进自主创新,为企业可持续发展提供支撑

创新是一个民族进步的灵魂,是一个国家兴旺发达的不竭动力,也是一个企业实现发展和赢得优势的有效途径。在日趋激烈的国内外竞争中,企业要掌握主动权就必须把提高自主创新能力摆在突出位置,努力掌握赢得市场竞争的"法宝"。一是把支撑发展作为自主创新的立足点,在坚持技术引进的同时,挖掘企业潜力,加强自主研发,力争在若干重要领域掌握核心技术,拥有自主知识产权,进而推动主导产业和优势产品优化升级。二是加强原始创新和集成创新。原始创新、集成创新和引进消化吸收再创新是自主创新的三种基本方式。引进消化吸收再创新有利于快速缩短与先进水平的差距,而原始创新和集成创新则更有利于形成自己的

专有技术，形成企业的核心竞争力。通过采用合作、协作以及人才集聚等方式，有效整合相关研发资源，提高研发工作效率，增强企业研发能力，以不断适应和满足市场需求为目标，积极开发市场急需、用户青睐、性能优良的新产品，大力开拓新市场。

（二）推进制度创新，为企业持续发展提供保障

制度创新是企业核心竞争力的重要保障。制度通过影响信息资源的可获性、塑造动力以及建立交易规则等方式来影响企业的发展。企业制度创新是企业管理创新的保证。因为企业本来就是生产要素的组合体，企业对生产要素的组合，实际上就是靠企业制度来保障其组合的。所以说，企业就是一个将各种生产要素按照一定的制度组合起来的经营主体。

（三）重视人才培养，为企业可持续发展提供保证

人才是最重要的资源，是事业发展的根本保证。企业要实现可持续发展，关键是加强人才队伍建设，特别是认真研究和探索如何按照企业发展的战略需求来培养、选拔、用好人才。企业应始终着眼于未来的发展，确定人才开发的重点，完善人才培养的思路，创新人才使用的机制。一是把人才开发的重点放在创新型人才培养和团队建设上。通过创造氛围、搭建平台，吸引和集聚一批创新型的经营管理人才、专业技术人才和关键技能人才，形成有利于推动技术进步和企业发展的创新人才团队。二是把人才培养的重点放在提高人才的素质和能力上。企业应从满足使用需求和降低用人成本的角度，分层分类编制人才培养的规划并认真抓好实施，保证投入，加强管理，优化人才结构，提高人才质量，建设一支精干高效的人才队伍。三是把人才使用的重点放在激发人才的活力和潜能上。企业应改变传统的用人机制，逐步建立起突出岗位绩效和创新能力的考评机制以及渠道畅通、形式多样、以能力为本的使用机制，即期激励与中长期激励相结合、物质激励与精神激励相结合的激励机制，有效激发人才的工作活力和创新潜能。

（四）强化内部管理，为可持续发展提供基础

加强内部管理，是企业的永恒课题。没有科学有效的内部管理，企业的可持续发展就失去了根基。因此，国有大型骨干企业应坚持通过构建合理的工作流程和完善的规章制度，切实解决影响企业可持续发展的突出问题。企业应在对企业内部的人、财、物状况以及外部的市场环境、社会条件诸要素进行深入分析的基础上，完善业务流程，确保企业各项业务有序、有效运行，防止顾此失彼现象和短期行为的发生；善于抓住市场营销、财务管理、收入分配等一些关键环节推动企业管理创新，使各项机制和制度有机结合起来，共同发挥作用，促进企业管理质量和水平的提高；统筹考虑与企业即期业绩和可持续发展相关的各种问题，既立足当前又着眼

长远,健全管理机制,优化资源配置,改进不足之处,真正做到实现眼前利益不损害长期利益,谋求当前发展有利于未来发展。

　　诚实守信是中国人的传统美德,颂扬于民间,印证于史册,传承在信念,渗透在血液里。自古以来恪守诚信就是衡量一个人、一个组织的标准。古人云:"经营之道在于诚,赢利之道在于信",诚实守信既是做人的基本道德准则,也是企业搏击市场赖以生存的前提,企业的发展离不开诚信经营。

第六章

义利兼顾、以义为先是企业发展的内在要求

第一节 "义""利"释名

在中国古代典籍中,"义""利"二字的内涵具有不确定性和多义性。

先说"义"。据郭齐勇、任中杰等人的研究,在较早的文字系统中,"义"字作"義"。从字形上看,"義"字由"羊""我"二字会意而成。有一种观点说,上古时代决狱时,作为"聪明正直、公正无私、极有理智的动物"的"羊",常常被用来"决嫌疑、别善恶、明是非"。因此,古人就以"羊"作为美誉吉祥的象征。"我"字本是一种戈形兵器的象形,后来文字假借为表示第一人称代词。据此,"义"的本义大体上可能是:以"我"的力量捍卫正直公平、善良美好的事物及其所代表的价值,后来,词义又被引申为"己之威仪也"。《左传·襄公三十一年》,"威仪"被解释为,在君臣、上下、父子、内外、大小等一定的伦理道德关系中,言论行动与道德容止所表现出来的一种令人敬畏、引人效法的威严。古代君子具有了这种威严,就能成为人们的表率。由此,"义"就具有了一种道德威慑力,具备了道德的内涵。有的学者说,"义"的本义可能来源于"仪"。春秋以前的奴隶主贵族都很重视容貌举止的"仪",《诗经》中就有"人而无仪,不死何为"的文句。后来,"仪"逐渐变成了概括人的行为原则和规范的"义"。还有的学者说,"义"由"宜"而生。"宜"在古文献中多次出现,原本是"杀牲、杀俘以祭"的意思。《殷墟书契后编·六·二·三》载:"癸卯,宜于义京,羌三人,卯十又。"这种仪式,儒家经典中仍有保留。《尚书·泰誓》载:"类于上帝,宜于冢土。"《诗经·大雅·绵》:"乃立冢土,戎丑攸行。"这里的"冢土"就是"大社"。社,就是用来举行杀祭典礼的地方。所以,"宜(义)"一开始就带有令人恐惧的杀气和血腥。这种血腥是对神明的献祭,对被选中的牺牲来说,可谓死得其所,理应义无反顾。于是,从中引申出一种崇高的道义性。正因为如此,唐代韩愈释"义"作"行而宜之之谓义"。时人匡亚明、庞朴等先生也都有类似的看法。

"义"既是"四维"之一,也是"五常"之一。孟子说:"亲亲,仁也;敬长,义也。"(见《孟子·尽心上》)也就是说,仁和义,分别是"亲亲、敬长"的扩大。孟子从"亲爱亲人"出发来界定"仁、义",但是"仁、义"二者的内涵又有所不同。"敬长""从兄",表达了"义"含有"敬其所当敬"的意思,即行仁有一定的范围、边界和分寸感。义是行走的正路,是行仁德人实现"仁"的道路。孟子还说:"杀一无罪,非仁也。非其有而取之,非义也。"(见《孟子·尽心上》)"人皆有所不为,达之于其所为,义也。""人能充穿窬之心,而义不可胜用也。人能充无受尔汝之实,无所往而不为义也。"(见《孟子·尽心下》)可见,孟子以为,不该由自己所得的东西,却去取过来,是不义的。每个人都有不应当做的事,把他扩充到所肯干的事上,不做一切不应当做的事,就是"义"。人能够把不挖洞跳墙(即不偷窃)的心扩而充之,义就用不尽了。人能够把不受轻贱的实际言行扩而充之,有惭忿之心,自己所有的言行都不会遭致别人的轻贱或贬斥,无论到哪里都合于义了。可见,孟子所论"义"含有尊重别人的所有权,不侵犯别人的利益,尊重别人的社会地位和遵守一定的社会规范的意思,同时也就是尊重自己,守住自己的本分。

"义"是对事情"应当"与否的判断及由此而引发的行为。它的主要含义是"公正",是"正当""正义"。无论是孔子的"君子义以为上"(见《论语·阳货》)"不义而富且贵,于我如浮云"(见《论语·述而》)等,还是孟子的相关论述,都是对"公正、正义、正当"的肯定。这就是人们通常所谓的"道义"。正如朱熹所说,"义"就是"行其所当行"(见《朱子语类》卷六)。所以,"义"含有社会公正性与正义性、行为正当性的要求。特别是在权益与义务、奉献与索取的矛盾中,作为做人标准、道德原则的"义"要求我们尊重别人的权利和利益,克己、正己,不获取不应当获取的东西,把道义、公正放在首位,行其所当行,处其所当处,以公正之心,行公正之事。

"义"又是"适宜、得宜、合宜"。《礼记·中庸》:"义者宜也,尊贤为大。""义"是人们的行为准则,"义行"指合宜、得当的行为。在"应该、应当"的要求中,包含有恪尽职守、发挥才能,对社会、家庭尽法律上、道德上的责任和义务等内容,包括尽职尽责、尊老敬贤、爱幼护弱、扶危济困、除暴安良、见义勇为、舍己为人、互相帮助、打抱不平等。羞耻之心,是"义"的萌芽。在内心,"义"是对是非善恶的正确果断的裁决,既是道德情感,又是道德判断。义行则是人们发自内心的责任感、义务感的实行过程。行义,就是自觉自愿地按照"义"这种道德原则行动,正直勇敢,是很高尚的道德行为。"义"所包含的"当然、应该",不是功利方面的,而是道德方面的,因而是无条件的。无条件地求社会的公利和别人的利,是"义"的行为的目的,"义"是这种行为的道德价值。凡有道德价值的行为,都必以无条件的利他为目的。民间江湖中的所谓"义气"是一种低层次的哥们义气,在一定意义上恰是在牺牲社会群体的"公利"和别人的"私利",因而倒是"不义"的。"义"包含有"合宜、合理"的内核。所谓"合宜",就是"应该",就是符合当时社会政治、经济发展的需要。所谓"合理",就是符合社会发展的规律和人的全面发展的需要。"义"有两大基本特征:第一,行为只求是否应该,毫不考虑能否对自己产生利害;第二,行为只求尽心尽力,不求能否成功。从主体角度看,义有两种形态:群体之义和个人之义。群体之义又称之为公义,是指为了集体、国家、社会以至全人类都追求的崇高理想而奋斗不息的精神和行为。个人之义可称之为私义,是指为了个人的理想、愿望,为了维护人之所以为人的尊严,将成败得失以至个人安危置之度外,百折不挠、奋斗不止的精神与行为。公义的社会地位和社会作用要高于私义,是私义的发展和升华,是大义的体现;私义是公义的基础和源泉,没有私义就没有公义。

简单地说,"义"是"应当",即无条件地做应当做的事;又是"合宜",即在某种情况下办某种事,在道德方面是最好的办法。正如冯友兰在《新原人》中所说,行义的人,无所为而为,其行为不能以求自己的利为目的。

再说"利"。从字形上看,"利"字从"禾"、从"刀",是一个会意字。显然,"利"字的本义应该是"以刀割禾",即运用农具从事农业生产,采集自然果实或收割成熟的庄稼。在甲骨卜辞中,"利"已经有作"吉利"的用例,指特定活动获得成功,达到预期目的。在中国古代文化中,"利"又通常被用来指称"物质财富"。伦理学意义上的"利",也就是利益之"利"。在中国古代伦理思想史上,"利"一般在三种意义上使用:一是泛言"有利",二是"众人之利",三是"一己之利"。而在西方思想史上,对"义""利"的认识也是多种多样的。功利论者主要是在工具或手段意义上使用道德,把道德作为获得幸福或快乐的手段和调节利益的工具。道义论者则是在目的意义上谈论道德,肯定道德中所含人的价值和尊严。他们认为,人与动物的不同之处,就在于人有道德追求,能够禁欲、节欲。

综上所述,对"义""利"概念的认识,中西方学者见仁见智,缺乏统一的标准。概念的歧义影响到人们对"义""利"关系的认识和价值选择。中国传统社会倾向于重义轻利,西方社会则倾向于重利轻义。马克思主义学者依据唯物主义辩证法的原理,对"义""利"概念及其关系进行了科学的界定。"利"有"利益、功利"之义。广义的"利"不仅指向具有实体形态的物质利益,也包括可以转化为物质利益的其他因素,如名声、地位、权利等。狭义的"利"仅指有实体形态的物质利益。从主体上看,"利"有"公利"(阶级、政党、民族、国家乃至人类之利)与"私利"(个人利益)之分。"纯粹真实、完全彻底的公利反映和代表着全民、全社会乃至全人类的根本利益",趋近于"义",具有"义"的属性,但其根本内容仍然只是物质之"利",不能简单地归结为、等同于"义"。"私利"在性质上也有正当与否、符合义与否之分,同"义"

不一定严格对应，也未必决然对立。但由于"私利"是"利"的最直观、最直接也最易于把握的形态，因此常常被当作"利"的主要形态甚至唯一形态，这也就把"利"近似于甚至等同于"私利"。

第二节　儒家"义利观"简说

"义以为上、以义制利"，是先秦儒家义利观的主旨。先前人们通常认为，"重义轻利"是儒家义利观的主旨。其实，早期儒家尽管主张"义"重于"利"，但是其主导思想更倾向于"以义取利"。换言之，中国古代道德哲学家们并不绝对排斥求"利"的行为，他们主张在"道义"指导下的"义利统一"。下面以先秦儒家主要代表人物孔子、孟子为例简析。

据郭齐勇等人的研究，义利关系问题虽然并不是由孔子首先提出来的，如形成于西周初年的就有"利者，义之和也"的说法，略早于孔子的齐大夫晏婴也说过"义，利之本也"这样的话，但是，作为一种明确的道德规范体系的义利观，确实是由孔子最早提出的。从《论语》的记载可知，孔子虽然不多谈"利"，但是他是在真心肯定人民的富庶，即人民之"利"的。孔子本人就曾说过"富而可求也，虽执鞭之士，吾亦为之"的话（见《论语·述而》篇）。如果财富可得的话，让他做个市场的守门卒他也是愿意。孔子不光不反对获得私利，他还支持自己的学生子贡经商赚钱。孔子只是希望人们面对利益，看它是否符合道义，然后再决定取舍。他提出了"见利思义"（见《论语·宪问》篇）"见得思义"（见《论语·季氏》篇）的原则。在取舍之际，他主张以"义"为标准，强调求之有道，对于不符合"义"的"富贵"，他视之如"浮云"。孔子不但不反对老百姓的私与富，也不反对社会上层人士的私与富。孔子早年为了生计，事实上也做过一些层级很低的官职，"少也贱"。他不仅曾经说过"富而可求也，虽执鞭之士，吾亦为之"的话（见《论语·述而》篇），而且还说自己的学生子贡"赐不受命，而货殖焉，亿则屡中"（见《论语·先进》篇），"邦有道，贫且贱焉，耻也"（见《论语·泰伯》篇）。孔子还肯定"富与贵，是人之所欲也""贫与贱，是人之所恶也"，强调得之以道、取之以礼、去之以礼（见《论语·里仁》篇）。鲁哀公11年至12年，鲁国权臣季氏要增加赋税，派孔子的学生、正做自己家宰的冉求征求孔子的意见，孔子主张"施取其厚，事举其中，敛从其薄"，但是冉求仍旧听从季氏，为之搜刮、敛财，加重盘剥百姓。孔子骂冉求不是自己的学生，并让自己的其他学生"鸣鼓而攻之"。对于社会上层的官吏以及准备做官的弟子时人，孔子告诫他们说："奢则不逊，俭则固。与其不逊也，宁固。"（见《论语·里仁》篇）又说："仿于利而行，多怨。"（见《论语·里仁》篇）"君子喻于义，小人喻于利。"（见《论语·里仁》篇）这并不表示孔子是在否定私利,而只是在告诫在位者不要利用职位、权利去谋求个人私利,希望官员晓明道义,"见利思义"(见《论语·宪问》篇),以"义"来指导"利"。当时的卿大夫不但贪污,而且奢侈成风,孔子用卫国公子荆的故事来讽喻在位者,以"廉、俭"讽"贪、侈":"子谓卫公子荆:善居室。始有,曰:苟合矣。少有,曰:苟完矣。富有,曰:苟美矣。"(见《论语·子张》篇)。

孟子的"义利观"比较复杂,大凡在义利冲突、必作选择时,则一定取先"公义"后"私利"的立场,但并不是不顾私恩、私利。对于"公私关系",孟子对君、臣、百姓之"私",对君之个体、诸侯国与百姓之"利"是明确加以区分的,而且明确地反对杨朱的极端利己主义和墨子的极端利他主义:"杨氏为我,是无君也;墨氏兼爱,是无父也。无君无父,是禽兽也。"(见《孟子·滕文公下》)。又说:"杨子取为我,拔一毛而利天下,不为也。墨子兼爱,摩顶放踵利天下,为之。子莫执中,执中为近之。执中无权,犹执一也。所恶执一者,为其贼道也,举一而废百也。"(见《孟子·尽心上》)可见,孟子在对待"义利"关系上是既有分寸又灵活,在公私、利义兼济统一上,颇具辩证智慧。《孟子·梁惠王上》载,孟子对魏惠王说:"王何必曰利,亦有仁义而已矣。"表面上看孟子是把"利益"和"仁义"对立起来了,但实际上并非如此。孟子虽然明确说过"王何必曰利"的话,但是不能就此断定孟子是绝对主张弃绝私利的。孟子所谓的"何必曰利",实际上主要是针对梁惠王(即魏惠王)、齐宣王等之类的君主而言的,是针对当世的弊病提出并用来批评指导当世的。孟子提倡"制民之产",让每家有百亩之地,有"五亩之宅,树之以桑,五十者可以衣帛矣。鸡豚狗彘之畜,无失其时,七十者可以食肉矣"。他希望人主多考虑百姓的利益,痛斥王公大人标榜的利国其实只是光顾一己私欲的满足,不顾百姓死活。他说:"庖有肥肉,厩有肥马,民有饥色,野有饿莩。"孟子希望人们有恒产,当政者有义务使得百姓富足,省刑罚,薄赋敛,并救济弱者。这种老百姓的"利",在他看来是符合道义的。行仁义,就该让人民得利。

事实上,如果追溯"义为利本""义以生利""利在义中"主张的由来,则可以上溯到更早的记载。《左传·僖公二十七年》曰:"德、义,利之本也。"《昭公十年》中说:"凡有血气,皆有争心,故利不可强,思义为愈。义,利之本也。蕴利生孽。"据此,人与生俱来是有强烈的利欲之心的。但是,在谋利争利的时候,还是要以"道义"为先导;因为,私利积聚过多也是会招致"妖孽灾害"发生的。《国语·周语》中说:"夫义所以生利也""不义则利不阜"。《国语·晋语》中说:"义以生利,利益丰民。"又说:"废义则利不立,厚贪则怨生。"另外,《晏子春秋·内篇》:"义厚则利多,义厚则敌寡,利多则民欢。"这里所强调的义利统一,其实包含着三层意思:第一,求利当以道义为标准;第二,坚持道义与谋求公利,即坚持百姓之利、与社会整体长远的利益是一回事,此二者是统一的;第三,义与人主、人臣或君子之正当利益也是一致的,因为只有这样才能得到百姓的拥护,也才能保证自己正当利益的获得。"义"能"聚民、丰民、得民",与统治者的长治久安、长远利益也并不矛盾。

　　归纳而言,"义"与"利"的关系在内容上体现为三个方面:第一,道德与物质利益的关系;第二,个人利益与社会整体利益的关系;第三,道德与求利行为的关系。在特点上则体现为对立统一性。"义利统一"包括两个方面:其一,义利相互制约。利是产生义的基础,利决定义。不同时代的利益关系产生不同的义,中国传统社会是以自然经济为基础的"家族本位"或"群体本位"的社会,其义利观表现为重义轻利论。资本主义社会是以个人为本位的社会,其义利观就表现为功利主义。在"利"的基础上和决定作用下,"义"并非无足轻重、可有可无。"利"常常具有一定的盲目性,而"义"以其明智和远见可以有效克服"利"的盲目性,告诉人们如何和怎样满足各自的"利",因而"义"对人们的求利行为有约束和指导作用。其二,"义""利"在一定条件下可以相互转化。如人们向灾区捐款,虽损失了个人利益,但维护了国家、民族的大义,这本身就体现了义;商人在经营过程中坚持"信誉第一、顾客至上",结果生意兴隆、财源广进,这就是"义"转化为"利"的结果。"义"与"利"的对立表现在:"利"是主体的物质追求,是主体自觉追求并力图实现的目的和结果。一切行为只看是否有"利",反对以"义"作为最高价值的追求。"义"表示人的精神追求,是人的行为活动所应当遵循的原则。它保持和实现人类所独有的尊严和价值,反对把利益和成功作为行为的唯一动机与目的。"义利"的不同导致"义利"冲突的不可避免性。在求"利"的过程中,有个所求之"利"的性质问题。是首先求"个人之利"还是求"群体之利";是追求人的"全面发展之利"还是追求"片面畸形之利"。还有个"求利方式"的问题。如是"合法求利"还是"不择手段求利",是"靠个人劳动求利"还是"靠损害他人和社会获利"等。只有在这两种求"利"过程中,才存在如何处理个人和他人、个人和社会的关系问题,才有义利冲突。有的人信奉利己主义,并照此来追求和实现自己的利益,认为这是正当的,是"义"之所在。在这里,"义"和"利"是统一的。可是,持社会主义道德的人则认为利己主义道德不正当,按该道德求利是不"义"的,崇尚利他主义的人又认为前两种人所持的观点、所做的行为是错误的等。社会上道德观念的种类和流派越多,"义利"冲突的情形就越复杂。"义利"冲突根源于社会关系内部的矛盾,特别是人们之间的利益差别和冲突。每个人都要追求自己的利益,这是客观必然的,但由于社会地位即所占有的经济、政治及其他社会条件的不同,他们的利益存在差别和对立,因而,他们的求利行为无论是在性质上还是在方式上都会呈现出差异甚至冲突。利益取向的不同会使他们倾向于接受彼此抵牾的道德规范,从而产生义利冲突。显然,人们之间的利益差别越大,社会的"义利"冲突就越尖锐。

第三节 早期儒家"义利观"的现代意义

郭齐勇先生在其《中国儒学之精神》一书中指出,在儒家伦理思想中,不仅包含以"仁爱"为核心的一系列道德规范、一整套关于道德教育和道德修养的理论方法,而且也包含着对诸多重要伦理道德问题的深刻论述。以孔子伦理思想为主,深刻地影响了中国古代社会的意识形态,成为中华民族传统的道德观念和道德心理的主体内容,甚至对整个儒家文化圈中的众多国家和民族的道德意识、道德习惯和精神文明的发展也有着深远的影响。这一点相当重要。

一、"义利观"是儒家思想最为精髓的思想,也是中国传统文化的核心

儒家思想中最根本的主张是"以义统利"。孔子说"见利思义",孟子说"先义后利",都把"义"作为重要的价值取向。在这种"义利之辨"的文化思想影响下,到宋明以后,构成了中国传统文化中"贸易不欺三尺子,公平义取四方财"的商业道德。而在中国历史上最为人所称道的晋商更是提出了"利以义修,名以清修"的诚信观,由此可见儒家思想在商业道德上的教育成果。

我们知道,儒家所谓"义",是指整体的利益、民族与国家的利益。我们常常听说,"大义灭亲""不顾民族大义"等,就是说的这个意思。对于企业来讲,强调生财有大道,利己不损人。孔子曰:"富与贵是人之所欲也,不以其道得之,不处也。"由此可见,孔子不是反对致富,只是主张正当致富。而儒家所谓的"利",既不是狭义的金钱财富的"利",也不是权利的"利",而是广义的"利"、长远的"利",它认为"仁义"是"利","道德"也是"利",在儒家思想看来,没有任何一件事不存在着"利",而"人之情",最为根本的是"见利莫能勿就,见害莫能勿避",也就是我们经常所说的"趋利避害"。孔子以"仁"为核心的伦理道德规范体系和理论——"仁、爱人、孝悌、忠恕、礼、义、信、中庸、恭、宽、敏、勇"等,构成了孔子伦理思想的主体内容。"义"是以孔子为代表的儒家重要的旨在处理人与人之间关系的一项重要道德规范。我们知道,孔子关于"义"的论述很多,如"见利思义""见得思义""义然后取""不义而富且贵,于我如浮云""见义不为非勇也"等。在孔子伦理思想中,"义"既是一项重要的道德规范,也是"君子"应该具备的一种道德品质。所谓"君子喻于义,小人喻于利""君子义以为上""君子义以为质"。孔子认为,君子仁人要知晓大义,使自己的思想和行为符合"义"的要求。

二、遵循"义"的道德规范有利于处理各种关系

(一)正确处理人际关系

如"君臣之义""使民也义"等。《礼记·礼运》中提到"十义",即"父慈、子孝、兄良、弟悌、夫义、妇听、长惠、幼顺、君仁、臣忠",这里的"十义"也就是正确处理十个方面的人际关系。

(二)正确处理"义"和"利"的关系

在"义利观"上,孔子是重义轻利的。当"义"和"利"发生冲突时,孔子主张舍利求义,他说的"见得思义""见利思义"都说明了这一点。能否做到见利思义、见义勇为,直接反映出一个人的道德境界和道德品质。

三、"以义统利""义利统一"是市场经济发展的必要条件

儒家思想在"义利"关系上主张"仓廪实,然后知荣辱;衣食足,然后礼义兴"。以这种观点看待在市场经济发展中,每个人追求个人利益,每个企业追求利润,从而形成一种促进经济发展的内在动力的现象同样是十分一致的。而在追求利益的过程中,很多经营管理的实践告诉我们,强调儒家的"义",强调把追求利润与服务社会结合起来,以达到"以义统利""义利统一",对于经济发展和企业壮大也是必需的。退一步说,即便不能服务社会(当然任何企业都可以),也不能够肆意妄为、危害社会。当今社会上,层出不穷的企业偷排污物、污染环境、偷税漏税等违法现象,正是没有正确处理好"义利关系"造成的。在现代社会中,任何人、任何企业都不能回避利与义的选择问题。古典经济学家亚当·斯密早就说过对自身利益的追求是人的本性,也是促进经济发展的内在动力。因为从一定意义上讲,利益上的竞争,有利于激活企业,焕发经济活力。在市场经济条件下,企业作为理性的"经济人"相互之间激烈竞争的主要目的在于追求"利",即最大的利润。我们要讨论的不是要不要"利",而是怎样获"利"的问题。儒家文化也特别强调生财致富要有道。告诫人们要"以义统利""见利思义""先义后利",以义为重的价值取向,不取不义之财。"义"与"利"说到底并无必然对立,"义"也是一种"利",只不过不是一人之"私利",而是一种整体的"利",或称"公利"。今天我们强调"义",就是强调应该把整体的"大利"放在首位,"私利"的追求应以不损害"公利"为原则。从长远利益看,以义(公利)为先,可能会使企业暂时损失一定的利益,但其公益行为必能为企业营造一个良好的舆论环境和经济环境,从而开辟广阔的发展前景,这于企业实在是有百利而无一害的。反之,若企业局限于短期利益,制造伪劣商品,做虚假广告,可能使企业获取暴利,但这种破坏公共利益的行为必会使企业的声誉和形象一落千丈,到头

来只能被消费者冷落，被市场淘汰，或受到法律的严惩。企业应该依靠科学的管理、先进的技术和优质的服务等在竞争中取胜，其经营应把追求自身利益与贡献于社会紧密结合起来，积极参与发展公共事业，树立良好的企业形象，讲求"诚实""守信"的商业道德，力求利己又利人，至少是利己不损人。

四、先秦儒家"义利观"的现实价值

市场经济的飞速发展给现代社会带来了一系列的冲突和矛盾，如个人与社会、他人的冲突，个人与自然的冲突，个人与自身的冲突，经济发展与社会文明进步之间的冲突，等等。刘厚琴先生认为，如何解决"利"的问题，树立健全的、合理的"利益观"，处理好个人和谐发展与社会可持续发展之间的关系，具有重要的理论意义和现实意义。解决这些问题，先秦儒家"义利观"仍然具有积极的借鉴作用。

（一）先秦儒家的"义利观"

先秦儒家主张以"义"生"利"，讲究节制欲望。这对于遏制人们贪得无厌、唯利是图的个人私欲，对于缓解社会利益矛盾和人际关系疏离具有重要的意义，有利于解决个人与社会、他人之间的冲突，促进人际关系和谐发展。

（二）先秦儒家主张的节欲，有利于人类社会可持续发展

先秦儒家主张节制个人欲望，这有利于缓解人与自然环境的矛盾，解决人与自然的冲突，促进自然生态环境的保护，从而使人类社会可持续发展。

（三）先秦儒家主张的节欲，有利于处理好自身的关系

先秦儒家主张节制欲望的目的之一就是为了处理好人与自身之间的关系，使人修养品性，健康身心，成就事业。在现代社会，工作压力大、人际关系疏离，人们的身心健康受到很大损害，使得人们的心理经常处于一种因某种欲望不能满足的失衡状态。随着社会经济的发展，物质生活水平的极大提高，享乐主义思潮盛行，一些人因为满足不了自己不断膨胀的物欲不仅败坏着人的道德意志，而且损害着人们的身心健康，必须自觉节制个人欲望。

（四）社会道德理性向个体感情欲求的转化必须开发自身道德感情资源

先秦儒家主张社会道德理性向个体感情欲求的沉淀、转化，要求人们反身而诚，开发个性中的道德感情资源。对于现代人如何将与个人利益相关的追求化作与社会群体利益相关的道德理性，有重要借鉴作用。

五、承认"求利"的自然性和事实性的现时意义

这对于发展社会主义市场经济，维护社会利益，推动社会进步有积极意义。承认"利"的合理性，对人们通过自己的勤劳与智慧去创造财富，满足自己的欲望，而

不是投机取巧、用欺诈的手段去牟利,对于这种欲望的肯定,无疑会增进社会利益,推动社会进步。事实上,依靠激活人们对欲望和个人利益的追求作为经济改革的动力是有根据的。然而,当经济改革取得明显成效的同时,这种单纯依靠激发欲望作为动力方式带来了许多恶果,因为市场经济的盲目性和自发性会诱发人的贪欲、利己主义,如果听之任之,则会导致尔虞我诈,唯利是图,社会物欲横流,道义不存,人文精神失落。这样社会就会走向混乱,经济的发展也会因之停滞。人们道德意识的提高,无疑有利于促进社会文明的发展。

六、切实把握"义""利"范畴的新内涵

"义",是一种正向或向"善"的道德价值,它反映了人们行为或观念的正当、合理、应当,是处理人与人、人与自然、人与社会利害关系的准绳。一般来说,"义"应该做如下原则性规定:要维护和肯定人民群众的整体利益、根本利益和长远利益;维护和肯定并尊重个人的正当利益不受侵犯;维护并发扬全社会范围内的社会主义、人道主义精神。具体来说,现阶段的社会主义之"义"应为"把国家和人民利益放在首位"的国家和民族大义。自古以来,中华民族就有"以义为上"的重义传统。这个传统历经千年而不衰,在民族意识上已经深深积淀为维护国家、民族大义的崇高品德,表现为坚贞不屈的民族气节。现阶段的民族之"义"要求把国家和人民利益放在首位,其本质同为人民服务的核心、集体主义的道德原则是完全一致的。

七、现代社会应讲求公正、诚实守信、团结友善、互助济弱的人际情义

在社会生活中,人们的利益竞争为社会生活带来生机,有利于社会的进步发展,但是这必须以正当利益的竞争为前提,在全社会范围内讲求公正、诚实守信、团结友善、互助济弱的人际情义。如果一个人贪得无厌、不择手段地追求个人利益,就势必会损害到他人的利益或者社会集体的利益,使个人与他人、社会间出现冲突。因此,按照理性规范的要求节制个人的贪欲,使之与社会认可的道德、法制等不相冲突,才能既有利于个人发展,也有利于他人、社会集体的发展。公正就是公道,就是正义。公正是历代劳动人民和进步人士追求的道德目标,是社会主义之"义"的必然要求。诚实守信是人们待人处世的一种美德,尤为当今的社会主义市场经济发展所必需。团结友善、互助济弱也是人与人之间道义精神的集中体现,它要求人们在根本利益一致的基础上,相互关心,相互爱护,相互帮助,尤其是先富起来的人们或生活境况较好的人们应主动帮助贫弱者脱贫致富,这也是市场经济条件下急需的人际情义。

八、善待生态环境,实现社会与自然协调发展的生态道义

善待生态环境,保持生态平衡,也是当代社会主义"公义"的重要内容。正确、合理的对"利"的追求,成为人们改造自然、利用自然的内动力;同时,对于不正当的、不合理的"利"的遏制,保护着人类赖以生存的自然生态环境不受破坏。自然环境的好坏、生态是否平衡,不仅涉及每个社会成员的现实利益,而且关系到子孙万代的幸福。自古以来,由于"义利关系"处理不当,过分的贪欲和急功近利造成的破坏自然生态环境的教训并不少见。现代社会,随着高科技发展,人口剧增,人类的生存环境遭到严重破坏,全世界环境问题日益突出,生态环境日益恶化,构成对人类社会可持续发展的严重威胁。人们在遭受自然界的灾难性报复的同时,开始呼吁保护大自然。人们应该以高度的责任感和危机感,从人类的全局利益和长远利益出发,合理地开发利用资源,发展、维护生态平衡,实现自然与社会的协调发展。这是每个社会成员应尽的不可推卸的社会责任和道德义务。"利"是指物质利益,在社会主义市场经济条件下,主要涉及广大人民群众日益增长的物质和文化需求。"利"也具有多方面的规定和内容:个体生存、素质发展所需的物质利益;阶级、阶层、集体生存、发展所需的物质利益;社会生存和可持续发展所需的物质利益。

九、社会主义初级阶段应谋之"利"

(一)国家和人民的整体利益、根本利益和长远利益

国家和人民的利益是发展社会主义生产力,实现全体人民共同富裕,巩固和发展社会主义制度的基础。同时它还是个人利益的集中代表,体现着个人的长远的根本利益,高于个人利益。因此,必须把国家和人民的利益放在首位。

(二)与整体利益、长远利益不相违反的局部利益、眼前利益

整体利益是由局部利益组成的,长远利益是从眼前利益开始的。所以,与整体利益、长远利益不相违反的局部利益是值得重视的,它应该得到充分的实现。

(三)受到宪法、法律保护的公民个人合法利益

社会主义市场经济讲求物质利益原则,鼓励人们通过诚实劳动、合法经营先富起来。市场作为资源配置的有效手段,其实质就在于利益驱动。只有充分尊重公民的正当利益,才能更好地调动他们建设社会主义的积极性和主动性。社会主义市场经济条件下的"义""利"关系讲求"义利并重,见利思义",是把国家和人民利益放在首位的义利"辩证统一"观。

十、社会主义的义利取向

（一）社会主义的义利统一

既主张把公民个人利益与国家人民利益有机地统一起来，又主张把国家和人民的利益放在首位，并以此为根本性和至上性的道义，还主张尊重公民个人的合法利益，这也是社会主义道义精神的应有内涵。

（二）社会主义的义利取向

一方面，推崇"君子爱财，取之有道"，主张用合乎道义的方式去追求利益，不取不义之财；另一方面，又把"道义"视为社会文明和个人完善的价值目标，主张利益应当服从、服务于社会主义道义的目标。

（三）社会主义义利统一的客观要求

社会主义义利统一要求反对见利忘义、唯利是图的思想行为，反对拜金主义、享乐主义和个人主义，弘扬为人民服务和集体主义的道义精神。社会主义义利观要求尊重公民的个人合法利益，主张为全体人民的物质利益而奋斗，但不是鼓吹个人主义。事实上，社会主义义利观恰恰要求理直气壮地去批判个人主义，坚决抵制"损人利己""见利忘义"的思想和行为。

在现代社会中，市场经济的健康发展，离不开与之相适应的政治结构、法律秩序、教育水平和伦理体系、道德观念的配合。即使在资本主义自由市场经济建构的初期，尽管人们利欲冲动的合理性被认可和接受，并打出"合理利己主义"的旗帜，但同时也肯定"信守契约、等价交换"的原则和"同情心"等道德要求。古典经济学家亚当·斯密虽然说过对自身利益的追求是人的本性，也是促进经济发展的内在动力，但是他还是于1759年写出《道德情操论》一书。20世纪30年代，凯恩斯批评了那种不择手段牟取暴利，完全以"利己"为唯一原则的思想和行为，认为这些思想和行为是不能适应市场经济发展的。杜威实用主义的道德学说也曾严厉批评了打着维护所有人自由、平等招牌的"粗鄙的个人主义""利己主义""金钱至上""享乐至上"的价值观念。他认为，把少数人对私利的追逐扩大为多数人的追逐，也是有问题的；重要的是改造社会，促进新型人格的形成。他还强调道德行为的社会性，认为"人"不应服从私人的"金钱利益"，而应该服从社会改造的利益。美国经济学家、1986年诺贝尔经济学奖获得者詹姆斯·布坎南非常重视政治制度改革、法律秩序和伦理道德在市场经济中的作用，他认为，市场是"道德秩序"的体现，它要求互相尊重，保证实现权利和执行契约的法律。他说"不受制约的人就是野兽"，个人经济利益的行为必须限制在相互有利的界线之内。从上面的论述不难看出，就是西方的经济学家、思想家也并非否定社会道德与个体道德在市场经济中的作用，并非不加批评地鼓噪不择手段、尔虞我诈的利己主义、享乐腐化或不受任何制约等。至少我们可以说,资本主义的市场经济也离不开公共道德秩序和个人的道德自律与教养,离不开一定的商业道德。这是文明积淀下来的、不言而喻的背景和健康的市场经济发展的润滑剂。

第四节 坚持义利统一,摆正各种利益关系

一、正确处理好企业内部的义利关系

这是促进企业内部和谐、团结的基础。企业是从事物质产品生产和流通的部门,是不能不讲利的。如果一个企业没有利润,或利润很少,就说明这个企业对社会没有贡献,或很少有贡献。企业必须要获得利润,因为它是对社会的贡献,是国民福祉的保证,也是社会繁荣的基础;同时,我们强调的利润是"合理的利润",在这个"合理的利润"中,已经包含着"义"了,是为了维持整个社会的协调。

二、正确处理好企业与社会公众、国家之间的义利关系

这是企业获得丰厚回报的出发点。任何企业在处理企业与社会公众的利益关系时,应把"利他"作为立足点。从"利他"出发,从利于社会大众出发就是"义"。唯有"利他"才能自利,这就是事物的客观辩证法。如果只从自利出发,就不可能利他,最终也不能自利。世上的各种利益关系错综复杂,人与人之间的利益,企业与社会公众之间的利益,企业与国家之间的利益,企业与企业之间的利益,是一个环环相扣的锁链。只有企业给予他人、给予社会以利益,企业才有可能获得利益。企业创造的价值越大,对社会大众的贡献越大,企业获得的利益也就越大,贡献和收获总是成正比的,这就是"义而后取,义以生利"的经营哲学。所以,企业把"利他"作为立足点是一种很高的思想境界,也是唯一正确的观点。成都恩威集团总裁、著名企业家薛永新有一套独特的"利他"的利益观,他认为,"现代企业的立业之道",必须要把"业""立在人们利益的需要上,立在人们最普遍、最实际、最迫切、最不可缺少的利益上"。企业的利益"在公众和社会里,就像水与万物的关系一样,利益是在万物,而不在水。薛先生的企业是以"利他"为出发点的,他始终关心他的企业生产的药物是否能真正有利于民众的身体健康。他认为,企业的真正利益在消费者之中,在社会公众之中,在整个社会利益之中,"消费者用药后,药到病除,保全了健康的生命,这才是真正的利益之所在,或者说,这才是利益的人文发生点。"这其中隐含着一个判断,如果公众不能从消费行为中使心身受益,就根本谈不上什么利

益。"真正的利益,只能在消费公众的身心和生活领域中实现。消费公众是否受益,是判断是否有真正利益发生的人文判别点"。"公众生存有所受益,才能算是有了真正的利益",这种利益观才是仁爱的、义利合一的利益观。

三、建立社会主义市场经济体制需要树立正确的"义利观"

在建设有中国特色的社会主义市场经济过程中,我们应当清醒地认识到儒家"义利观"的精华与糟粕,继承和弘扬其积极因素,批判和剔除其消极因素,树立正确的"义利观",促进社会主义市场经济全面健康发展。

(一)见利思义,先义后利,义然后取

在市场经济条件下,市场经济主体活动的主要目的是追求经济利益、获利盈利。求利本身是无可非议的,但求利的方式正当与否则关系到合义与否的问题。在市场经济发育不完备、法制不健全的情况下,有些个人、企业为了求利而见利忘义,可能会以坑蒙拐骗等方式不择手段地去获取经济利益,以违法手段去获取不正当的利益。不过,市场经济也是一种法治经济,是一种规范经济,企业、个人的生产经营活动只有符合法律、规范,其所追求的经济利益才能受到保护、得到保障,否则只会损人又不利己。"义然后取"才是获利之正道。

马克思曾指出:"劳动产品一旦作为商品来生产,就带上拜物教性质,因此拜物教是同商品生产分不开的。"这就揭示了商品经济社会容易滋生拜金主义。在市场经济条件下,随着改革开放的不断深入和扩大,市场经济自身的一些消极方面,如拜金主义、个人主义、享乐主义、见利忘义等,也会趁机显露出来。为克服这些消极方面的影响,我们必须大力弘扬儒家"见利思义""先义后利""义然后取"的精神,在遵循"义"的规则的前提下追求"利"。当然,不同时代,不同社会,有不同标准的"义",我们力求在现代文明社会的指导下实现义与利的统一。

(二)公利大于私利

儒家所说的"杀身成仁""舍生取义"以及"大道之行,天下为公"(《礼记·礼运》)实质上都是在强调当个人利益与集体、国家利益发生矛盾时,应当放弃甚至牺牲个人私利而成就集体、国家公利。虽然儒家所说的公利与我们所说的集体、国家、人民的利益性质上不同,但儒家强调"公权至上"的原则,这对于我们处理个体与整体、公与私等关系还是具有指导意义的。在社会主义市场经济日益发展的今天,我们应继承儒家"重公利"的思想成果,当个人利益与集体利益、国家利益、社会利益发生冲突时,应坚持以集体利益、国家利益、社会利益为重,克服市场经济中的利己主义、小团体主义以及地方保护主义等不良倾向。邓小平同志曾指出:"每个人都应该有他一定的物质利益,但是,这绝不是提倡抛开国家、集体和别人,专门为自己的物质利益而奋斗。"在社会主义社会里,社会整体利益离不开每个社会成员的个人利益,相应地,每个社会成员的个人利益也离不开社会整体利益。

在社会主义市场经济条件下,必须深入发掘儒家"义利观"的积极因素,消除儒家"义利观"消极因素的影响。一方面,充分肯定人们的正当利益需求;另一方面,一定要有所节制地追求利益,"以利制义",严格遵循社会主义伦理道德规范,"先义后利"。这样,社会主义市场经济才能健康、有序地迅速发展,进而建立起完备的、有中国特色的社会主义市场经济体系。

第七章
以人为本是企业发展的生命线

儒学所建立的以人为本的管理理论,是对管理学的重要贡献。在管理学发展的历史上,从把人当作会说话的工具,把人当作被动的物来看待,到认识到人的价值和尊严,并进而重视人、尊重人、发挥人的能动性,确立以人为本的管理新理念,经历了一个漫长的历史过程。儒学的人本思想,不仅与现代社会的精神并行不悖,而且对于企业管理水平的提高具有重要的积极意义。在现代管理中,人是管理活动的主体,也是管理活动的客体,是一切管理活动的中心。任何管理活动的开展,其核心都是管理好人。正因为如此,人本思想成为中西方管理思想发展的趋势所在,以人为本、尊重个人也成为一种优秀的企业文化。儒家思想中诸如"仁者爱人""富民养民"的闪光思想,和现代人本管理形成一种契合,对现代管理有着深远的启迪意义。可以预言,21世纪将是中国儒家人本思想占主导地位的时代。现代社会,对任何一个组织而言,要获得成功,取得长期的生存和发展,就必须得到组织成员的认同和支持,从这一意义上说,人才是组织生存和发展的根本。在当代经济条件下,在企业所掌握和运用的生产资料中,土地和资本的作用在日益下降,而掌握科学技术的人力资源要素的作用和重要性日益突出。

诚如李光耀所言:在知识经济里,人才是创造财富最缺少和最珍贵的资源,作为现代管理者,应当认识到人在管理活动中的地位和作用,从而把尊重人、爱护人、调动人的积极性作为最重要的工作,更要把这一管理的理念和原则贯穿和运用到管理的职能中。在现代社会中,企业间的竞争是人才的竞争,能否拥有大量的人才是当今企业能否在激烈竞争中立于不败之地的关键。要吸引人才,留住人才,企业就应把儒家"爱民、富民、养民"的思想运用到企业的管理中,一切以员工为出发点,为他们提供良好的人才培训机制,以促进他们的发展,也为企业的长远发展作铺垫。同时,企业应重视个人发展方向、发展目标,看其是否与企业的目标一致,使职工的个人目标融入企业整体发展中,在企业中营造一种和谐的氛围,通过沟通、协调,既可促进管理,又可激励职工的工作热情和积极性,还能了解下属的需要,消除人们之间的各种误会,使管理工作在轻松的气氛中进行,有利于促进管理活动的开展。因而,相信、尊重、爱护和关心人是管理活动的基本出发点。

第一节 儒家的人本管理思想

一、儒家人本管理思想产生的背景

中国古代管理思想发端于《周易》,发展为兵、医、农、艺四大模块,而我们又可将这些古代管理思想划分为"以人为本"以及"无为而治、道法自然"两类管理思想。诸子百家中儒、道、法、墨、兵家的管理思想各有千秋,儒家重人伦纲常,道家重无为而治,法家重严刑峻法,墨家讲知行统一,兵家讲文韬武略。儒家由创始人孔子起,有孟子、荀子、朱熹、王阳明等大家出现。他们都是儒学文化大师,生活在不同的时代背景下,有着各自的理想和愿景,因此产生了对于儒学文化不同的见地和见解,但是他们都离不开一个"仁"字,围绕着这个中心展开了各自的研究。

众所周知,先秦的儒家和法家都是塑造中华民族文化的主要思想力量。在儒家思想发展初期,并不具备实践指导意义,仅仅作为思想层面发展,在社会不断的前进和变革中,后世对它进行了继承、发展和发扬。孟子继承了孔子的"仁"的管理思想,在此基础上,将"仁义"用于社会经济的管理,将"仁政"用于社会政治的统治,使儒家思想成为当时社会的治理思想,但是还并未在统治阶级形成真正的管理意识和形态。在西汉王朝初期,百废待兴,统治者亟须恢复生产,发展经济,以此来消除各种关系间的矛盾,以适应历史发展的需要。西汉著名管理学家董仲舒继承了儒家思想的衣钵,在当时社会历史的背景下,他在儒家思想中融入阴阳五行,借天道说人事,形成了封建神学体系。在北宋时期,以朱熹为代表的管理学者,在孔孟道德学说的基础上,从宇宙本源出发,阐明了社会管理行为的目的和准则,形成了较为完整的管理哲学体系。随着中国进入社会主义社会,面对各种竞争和机遇,传统管理思想,尤其是儒家人本管理思想起到了正面积极的实践指导意义。

总之,儒家思想是融合百家思想,又有发展创新,综合前人思想之精华的结果。经过一代又一代的儒学学派的继承、发展和发扬,终使儒家管理思想得以完善和改造,让代表着华夏文明的儒家管理思想成为千百年来广为流传的不朽精神。

二、儒家人本管理思想产生的意义

西方文明发展了数百年,文艺复兴运动、工业革命的兴起都对其文化的发展产生了极大的影响,可以说到近代为止,西方文明已经达到鼎盛时期。这样快速的发展已经逐渐产生了不可忽视的缺陷。

首先，要发展就需要开发，在文明高速发展的同时，人类已经破坏了环境，打破了生态平衡，为子孙后代的发展埋下了隐患；其次，在物欲横流的社会中，拜金女、炫富男屡见不鲜，个体意识不断膨胀，出现了仇富群、嫌贫体，使得基层分化和固化现象屡见不鲜，道德失范无处不在；最后，随着经济的不断发展，物质生活日益丰富，人们开始向往享乐安逸的生活，逐渐丧失奋斗斗志，在物质环境下失去了自我价值的追求。这些文明发展带来的副作用，应该引起我们的警醒和反思，如果任由其放纵发展，将会成为阻碍文化发展的绊脚石。反观中国古代传统文化及思想，其不骄不躁的风格，在这个浮躁不安、以物质为先的年代，给中华民族带来了一丝清风，一缕阳光。改革开放多年来，东方雄狮终于苏醒，发生了举世瞩目的变化，生产力价值大幅提升，后起之秀不可小觑。

一个多世纪以来，管理学界的精英和企业家们，在不断的理论习得和管理实践中总结道：企业修炼，人本为先。"以人为本"的企业理念深深烙在这些优秀的管理者身上，他们认为只有从人入手，充分考虑到人的作用和社会性，运用以人为本的管理方式，企业方能提高管理效率，实现最终的经营目标。儒家文化中所蕴含着的强烈的人文人本色彩，对我们当代企业的发展具有重要的借鉴意义和现实作用。

目前，中国正处于以市场经济为主体的社会主义初级阶段，在竞争日益激烈的今天，想要实现企业效益最大化、管理方式最有效化和管理文化最优化，依靠的不仅是设备的改造和技术的改进，更为重要的是还要创设具有企业特色的企业文化，用优秀的、正面的、积极的信念鼓舞和激励上至管理层下至基层员工，使管理层和员工能够认可企业，以主人翁精神投身企业的发展。

三、儒家人本管理思想发展历程

儒学的创始人为孔子，其主要代表著作为《论语》。孔子之后，"儒分为八"，有"子张之儒、子思之儒、颜氏之儒、孟氏之儒、漆雕氏之儒、仲良氏之儒、乐正氏之儒、公孙氏之儒"。归根结底仍然属于原生儒学（经典儒学）的范畴，并未构成新的儒学形态。汉朝时期，董仲舒的"新儒学"是儒家思想发展史上的第一个新形态，我们称之为"政治哲学"形态。"新儒学"的主要内容包括"大一统"的政治系统论、"君权神授"的政治权力论、"三纲五常"的政治关系论、"德主刑辅"的政治手段论、"有常有变"的政治运作论。汉代以后，魏晋时期儒学演变成玄学，是为士族辩护的一种消极思想。

四、儒家人本管理思想内涵

(一)儒家代表人物及其管理思想

1. 孔子(公元前551—公元前479年)

孔子,名丘,字仲尼,鲁国人。春秋末期的思想家和教育家,儒学的创始人。他的主要代表著作为《论语》。

(1)以"礼"为核心的管理目标。孔子认为"礼"为一种道德规范,它是用以束缚社会尊卑贵贱、约束伦理道德的规范。孔子希望建立这样的行为规范以后,使得全社会得以达到"仁""和"的境界。首先,子曰:"名不正言不顺,言不顺事不成,事不成礼乐不兴,礼乐不兴刑罚不中,刑罚不中民无措手足",故其主张"正名";其次,"不在其位,不谋其政",维持自身地位及权政,方能达乎"礼";最后,"乐礼善学,尚中贵和",孔子既强调"礼"的运用要以和为贵,又指出不能为"和"而和,无原则地进行调和,而要以礼节制之。

(2)重义轻利的管理原则。"义"是指合乎善或美的行为规范,是儒家重要的道德规范之一。其一,作为一名管理者要以身作则,以义制欲,"身正,不令而行;身不正,虽令不从";其二,君子理政要眼光远大,依次而进,欲速则不达;其三,对百姓要加强思想上的教化,只有从思想上达到统一,方能言行划一,讲究真正的"义"。

(3)以人为本的民本管理思想。儒学文化及其人本管理思想,以人为先,认为只有调动好人的积极性,为管理提供必要的先决条件,即所谓"以人为本,为政在人"。

(4)举用贤才是人事管理的主要内容。关于贤才的重要性,子曰:"举直错诸枉,则民服;举枉错诸直,则民不服""举直错诸枉,能使枉者直";关于如何选择贤才,子曰:"不以言举人,不以人废言";关于如何使用贤才,"器之"。

(5)教育是首要的管理手段。孔子十分重视教育的作用,"化民成俗,其必由学",教育的教化作用无疑是众手段之首。"道之以德,齐之以礼,有耻且格";对于教育手段的运用,不但适用于管理对象,同时也适用于管理者,"学而优则仕,仕而优则学";注重各种管理手段的综合运用,"不教而杀谓之虐"。

2. 孟子(公元前372—公元前289年)

孟子,名柯,战国中期鲁国邹人,是战国中期儒家的代表。其传世有《孟子》七篇。

(1)仁政。孟子将孔子的"德治"发展为"仁政",并将这种思想运用于政治,缓和各种社会矛盾,将伦理道德和政治紧密地联系起来。我们所熟知的"修身、齐家、治国、平天下"便是由此而来的。

(2)民本。"民本"二字,是贯穿于孟子"仁政"的思想主线,他提出"民为贵,君为轻",重视人民的作用,在乱世之中对于国家具有极其重要的意义。

(3)修德。孟子认为"人人亲其亲,长其长,而天下平"。只要人人都孝敬父母,尊重长辈,那么社会就会和谐平安,这是一种道德规范。孟子将道德规范归结为仁、义、礼、智四条,将人伦关系归结为父母、君臣、夫妻、长幼、朋友五类,只要每一个人都做好自己应做的本分,社会就能够和谐统一,孟子用这样的思想规范人们的行为,以达一统。

(4)个人。孟子的思想在诸多方面都是围绕着人展开的,认为个人才是治国根本。只要每一个人都能够做好自己,明辨是非,不做不仁不义之事,那么社会就会和谐统一,向善而为。

(二)儒家人本管理思想的主要内容

人本管理,顾名思义,与现代企业的传统管理模式不同,其不是将管理核心"人"作为管理的工具或一种手段,而是经过深刻的积淀,意识到人在社会经济活动中的作用,在此基础上,实现以人为本的管理模式,突出了人在管理中的地位。儒家人本管理思想涵盖了如下内容:

(1)以开发人的潜力为其宗旨。每一个人都隐藏着巨大的才智和能力,智慧无穷,能力无限。现代企业管理者意识到,管理的首要任务和目标便是如何最大限度地调动人的积极性,挖掘人的潜力和毅力,激发每一位员工的内在能量,以极大的热情和创造力为企业服务。要解放生产力,必先解放人。现代企业管理的日益改革和进步,正是为管理的主体"人"创设了良好的环境和机制,使其能够充分发挥潜能。

(2)对人的尊重是基础。在企业中,上至管理团队,下至普通员工,都是具有独立人格和个性特点的,无论是东方还是西方,尊严是比生命更重要的精神象征。孔子以"礼"治国的思想,也反映出对于人的权利和人格的保护,理所当然地要使人受到应有的尊重。每一位员工都希望得到他人特别是直属上司的认可和尊重,当他得到了充分的肯定后,会更加积极用心地投入到本职工作中,从而达到企业设定的目标。作为企业来说,不仅要尊重每一名员工,还要尊重每一名客户和消费者,企业的发展和成长,不仅需要员工的支持,也需要消费者以及客户接纳和认可,让其真正意义上成为上帝,提高对企业的满意度和知名度。

(3)倚人为重是精髓。随着工业的发展,人们在很长一段时间里不断地追逐着利润和产值,不停地追求着经济利益所带来的快感,忽略了创造这些财富和价值的人。作为社会经济活动主体的人,是所有资源中最重要的部分。如果没有人来进行经济行为,则一切交易都是空谈,如果没有活力的人来进行生产,则企业将会是死气沉沉,缺乏活力和竞争力。在多年的经营实践中,人们意识到,一个企业的成功与否,其决定因素不是先进的技术、优良的设备,而是执行这些资源的人是否具有智慧、知识、技能和才能。在组织中,我们必须通过全体成员的共同努力,倚靠人这个最核心的资源,打造辉煌业绩。

(4)打造高素质团队是重要的一环。创设自己的团队,且是一支训练有素的团队,是众多管理者的理想和目标,也是企业至关重要的环节。知识更新过快、技术周期缩短等问题,迫使现代企业管理将团队建设及培养作为人事工作的重点,只有不断提高团队素质和素养,培养关键核心人才,提高团队的整体质素,方能在日益激烈的竞争中突破重围,增强企业的生命力。

(5)凝聚力的加强是关键。每一个组织都不是个体的,而是由个人共同组成的团体。因此,我们不仅需要每一位个体成员的发展,还需要整个组织的良性发展,国人讲究"团队协作",这也正是孔子"义"的体现。在现代企业管理中,每一个有竞争力的团队或组织,他们都有良好的团队精神,齐心协力,配合默契。而如何激发强有力的团队合力,将企业建设成为具有强大竞争力的团队,也正是儒家人本管理需要研究的重要内容之一。

(6)强调人的全面发展是前提。人性是自由的、平等的,这是人类社会进步的标志,是社会经济发展的最高目标,也是管理者梦寐以求的终极目标。在这样一个开放性的社会,势必为人自由而全面的发展创设广阔的平台,也将为企业的发展创造良好的环境。

五、儒家人本管理思想的主要特征

依据儒家的学说,对社会的管理,说到底是对人的管理。因此,对人的研究构成儒家的理论基础。儒学文化的始祖孔子,其关于"仁治"之说,说到底实为"人治",即以人为本的思想,这也形成了儒家管理思想的理论源泉。东西方管理思想最大的差异在于人的整体性与个体性的调动和管理。儒家文化重视社会的整体和谐度,认为人才是社会真正的主体和基础,是组成国家和社会的第一要素,而西方管理思想则认为人是独立的、自由的,不需组成组织或群体,可以独立成事。当然儒家文化也强调人的社会属性,从人的社会关系出发把握人的本质。人类社会中任何一种组织或活动,都有一种较为普遍的管理模式,即以人为中心的人本管理方式,充分尊重人的个性发展,按人性的基本特点展开管理。人本管理的核心是以人性为中心,强调和激发人在组织中的作用,提升人的发展,最终反馈到组织的发展和进步。儒学文化中的"仁""义"都反映出了人本管理的特点。

(一)突出人的主体性

管理要以人为本,所谓人本思想,就是尊重人和推崇人,弘扬人的生命存在的意义和主体独立自觉的价值。而这也正是儒家所津津乐道和汲汲追求的东西。儒家从人性的普遍性出发,把人看成是一种社会性的存在。"夫仁者,己欲立而立人,己欲达而达人""克己复礼为仁"。儒家中的"仁"学,用人性化的自觉自律管理着社会。正所谓"己所不欲,勿施于人",儒学中的以人的价值约束生存,从人本管理中体现出人的主体性。

(二)引导人们树立正确的价值观

如何激发人的主动性和正确的职位观,有效地组织和实现管理目标,儒学文化中用"礼"来约束管理,如"为政以德""礼之用和为贵""道之以德"的管理方式。上级与下级互相学习,互相听取建议和意见,最终目的也是为了通过文化和道德的教化,使人的本质和特性得到不断的升华和提高,人格得到修炼和完满,从而创设建功立业的价值观。

(三)创立"唯才是举,尊重贤才"的用人原则

儒家管理思想的用人之道独具特色,讲究德才兼济、修身立德,提出了"修身、齐家、治国、平天下"的人生理想和追求。任人之道就是"唯贤""唯才是举",德行为先,才能其后。举贤应不分贵贱,不分亲疏,为贤是求,有才必举,各司其职。"子曰:'视其所以,观其所由,察其所安,人焉瘦哉!人焉瘦哉'"(《论语·为政第二》)、"孟子曰:贵德尊士,贤者在位,能者在职。虽大国,必畏之矣?"(《孟子·公孙丑上》)强调用人的标准,有能者居之,量力而行,扬长避短,用其所长。

第二节 儒家人本管理思想的现实意义

在中华五千年的历史中,流淌着一条"中国传统文化"的河流。伴随着历史的演进,它从一条小溪汇成一条长河,如今已经汇入了世界文明的海洋,构成了整个世界文明景观中东方文明的代表。从奴隶制时代、封建时代,到封建时代后期,中国传统文化的内在孕育,更在借鉴与融合中不断发展、丰富和成熟。儒、道两家文化构成了中华传统文化的核心层,除此之外,法、墨、农、兵、纵横、阴阳等七家为副线的中间层,形成一个多元文化体系。这些文化深刻地影响着下至黎民百姓上至官僚阶层乃至高层统治者的思维方式、价值观念、经济思想、统治手段、军事战略等诸多方面。而无论是经济思想、统治手段、军事战略,都离不开以传统文化为底蕴的管理思想的作用。在我们的潜意识里,企业管理理论是源自于西方国家。从美国福特汽车的科学管理开始,管理科学才被提上议事日程。事实上现代企业管理

理论是由每一个国家和民族的文化背景与历史发展所铸就的,每一次社会变革,每一次生产劳动,都对这个民族文明和文化的发展产生了巨大影响。具有五千年历史文化的中华民族,经过千年的积淀和发展,已经形成了具有中国特色的管理文化。要说起古代政府组织与结构,距今已经有四千多年的历史了,追寻其踪迹应该是在夏朝开始之时。在历经时间的磨砺和历史的考验后,中华民族积淀了许多优秀的文化思想可供后人学习和借鉴。前人所留下的不仅是字字珠玑,也是宝贵的思想和理论。管理是一个民族文化和历史的积淀,是文明和经验的传承,纵使维系了几千年的封建主义制度已经消亡,经济基础也不复存在,但是,在中华民族的血液里早已留下了祖先的痕迹、智者的思考方式、管理者的谨言慎行和整个民族所追崇的道德规范。这些都将深刻影响着现代企业管理者的管理方式和最终决策。

一、儒家人本管理思想——现代企业管理理论渊源之一

中国上下五千年文化,深受儒学文化的影响,在历史长河中,我们的祖先已经有了"独善其身,兼济天下"的理想境界,也有"先天下之忧而忧,后天下之乐而乐"的广阔胸襟,儒学文化的信条和教义深深影响着后世,也成为现代企业管理理论的源泉。儒家人本管理思想又将儒学文化发挥到极致,处处都隐藏着前人的智慧结晶,被现代企业所追崇和运用。

(一)为政在人

儒学文化中对于管理者的要求即为"为政在人",认为一位德才兼备的当政者和管理者是治理好国家和企业的先决条件。当一个企业或国家选择自己的管理者或领袖的时候,先看其是否具有足够的能力和修养来统领全局,是为"尊贤";优秀的管理者不仅需要丰富的理论知识、宽广的胸襟,还需要能够识人用人,组建一支属于自己的团队,是为"修己";而管理者在日常管理中,要以自己的品格和人格魅力,影响和引导整个团队,让企业的价值观念和文化理念深深植入下属和成员的心里,使大家朝着统一的目标前行,是为"安人"。在现代企业管理中,越来越多的"80后""90后"参与工作,由于文化背景、教育年代、认知水平、性格特点的不一,"安人"变得尤为重要,事实上对于个性彰显的"80后""90后"员工,人本管理思想最适合不过,这种以人性为先的管理模式,充分尊重人格,正符合了他们自由、个性的特征。

(二)唯才是举

人本管理思想中对于团队成员的要求即为"唯才是举"。但凡是人才就应该引荐和举荐,不该计较过往或偏见视人。古有曹操重用荀彧,为其建功立业,称之为"吾子之房"。当今社会,企业的竞争实际上就是人才的竞争,现代企业中人力资源

管理成为十分重要的部分,而儒家人本管理思想中唯才是举的理念,正符合现代企业管理求贤若渴的现实状况。这也要求管理者要心胸开阔地对待员工和下属,尤其是人才不可假公济私,排挤他人,重视能力,最大限度地发挥其主观能动性。

(三)以人为本

儒家人本管理思想中最核心的观点即是"以人为本"。孔子强调个人在组织中的作用和群体在社会中的作用和认为做好个人就能反馈于团队,做好团队就能反馈于组织,这个观点也正被运用于现代企业管理中。优秀的企业管理制度和规范,都有一个特点,那就是如何最大限度地调动员工的主观能动性,将个人潜力发挥到极致,而优秀的管理者,都有一个特点,那就是在管理中以人为本,根据个体不同的特征,因人而异地展开管理,使个人力量得到充分的调动。当然人的调动不是崇尚个人主义,是在充分尊重人的个性和发展的前提下,展开管理,强调的是人本,当然管理者在实施过程中需要注意度的把握,否则将使企业陷入危机,人心不齐,秩序涣散。由上文可见,儒家人本管理思想在现代企业的运用举足轻重,前人留下的智慧结晶正发出璀璨光芒。

二、企业人本管理的方法

(一)企业人本管理方法的含义

企业人本管理方法就是指企业为了达到人本管理的目标,保证人本管理活动顺利进行而采取的各种具体的管理方式。

(二)企业以人为本人才观的作用

儒家以人为本的人才观有利于企业人才竞争优势的形成,儒家文化形成了一套从识人与选人、团队建设、激励机制、员工培训机制等方面比较系统详尽的人才观理论。既要有高尚的道德品质,又要有丰富的文化知识和运用知识解决现实问题的能力,这是儒家人才观对人才的要求。儒家在识人与选人方面,"选贤任能"是其总的方针。儒家在承认人才重要性的同时,承认金无足赤、人无完人的道理,因而在"举贤才"时倡导对人不可求全责备,必要时需"赦小过"。儒家在坚持人本思想的同时,强调人与人之间的团结和协作,只有"人和",企业才会有凝聚力、向心力,从而形成人才竞争力。儒家在倡导"和为贵"思想的同时,坚持"和而不同"的协作观念。在企业中,和而不同允许员工个性差异存在,有利于激发员工的创造性。民本思想要求为政者除满足人们的基本生存需要外,还要尊重人、关心人等,这为现代企业的激励机制提供了丰富的借鉴价值,有利于调动大众的劳动积极性。尊师重道是我们中华民族的传统美德。儒家非常重视对人的教育,"因材施教"的教学方法和"有教无类"的教学态度对现代教育也有重要的借鉴意义。在企业中建立健全员工培训体系,进一步开发员工的潜力,有利于提高员工的竞争力。

(三)企业人本管理主导方式的内容

1. 自我管理

自我管理是一种有效地体现人本管理宗旨的管理环节和管理方式,是企业员工从自身出发参与人本管理的活动。所谓自我管理,是指企业成员对自己的思想和行为表现进行管理以导向人本管理宗旨的活动。企业员工通过自我管理,可以主动而积极地参与到企业的一切工作中去,并在工作中发挥自身的作用,激发自己的潜能。把管理与自我管理结合起来,就能使人本管理成为全体企业成员共同决策、共同实施的管理活动,全体企业成员因此都成为人本管理的主体,从而避免了管理活动中管理人员一厢情愿的倾向性和管理成效的不可控性。显然,这是企业推行人本管理并力求取得预期成效所必需的。

由此可见,自我管理是企业实行人本管理必不可少的一种方式,缺少了自我管理这一环节,就等于放弃了让企业员工主动配合、积极投身于人本管理的机会,就可能使人本管理流于形式。要使自我管理取得成效,就必须与企业组织的管理主体一样具有管理知识与技能。为此,培训就显得尤为重要,培训不仅起到让企业员工认识和掌握正面管理的技术、管理的内容与作用,还能培养企业员工在自我管理中实现由管理客体向管理主体角色转换所需的主体意识和自我意识,使企业员工有能力、有意识地对自身的思想和行为表现有一个客观的认识与评价。在此基础上,企业员工还应与企业的规范和要求相对照,以调整或修正自己的思想和行为,达到自我管理,实现自我发展与组织发展的结合,并以自身的修炼与发展推动组织的发展。企业员工的这种自我反省、自我监督与自我组织的内在素养既是在自我管理的实践中锤炼提高的,又是企业组织系统而又有目的地加以主导、造就的。所谓管理即培训,在这里就体现为对企业员工主体意识、自我意识的培育,以及对企业员工在人本管理和企业一切工作岗位上应具有的知识与技能的训练。无论是从管理的内在素养的提高,还是从工作必需的技能拓展和更新方面看,培训和自我管理的结合,将更有效地激发企业员工参与管理、协商决策和实现个人与组织目标的主动性、积极性和创造性,有效地推进企业员工个人自由而全面地发展。

2. 激励管理

美国通用公司总裁弗朗克斯说过:"你可以买到一个人的时间,可以雇用一个人到固定的工作岗位,可以买到按时或按日计算的技术操作,但你买不到人的热情,买不到创造性,买不到全身心的投入,你不得不想方设法去争取这些。"从这一段话,我们可以领略出激励的重要性。有学者研究表明,如果没有激励,一个人的能力发挥只不过20%～30%,如果得到激励,则会发挥到60%～90%,由此可见,激励得当,一个人可以发挥四个人的作用。由此可见,激励应该是也必须是企业人本管理的一种主导方式。激励是一门综合性的学问,企业想要取得好的激励效果,在实施激励时必须把握几个原则:第一,及时,及时的激励会产生良好的效果;第二,规范,必须有健全的激励机制来保障;第三,系统,要注意对人的行为进行全过程的激励;第四,公正,要正确评价员工的贡献,根据能力和贡献大小予以不同的激励;第五,创新,不断创新激励方法以适应人不断变化的需求。在激励方法上,要多采用正面激励,因为正面激励和积极肯定可以增强人的自信,强化人的行为,赞美和表扬是最强有力的激励,没有什么比自己的成就得到赞美和表扬更能鼓励一个人的斗志了,因此,管理者应该认真找出部下可赞美之处,适时地赞美,这样不仅可以温暖人心,还可以营造出信任、和谐的良好氛围。另外,要注意为员工提供良好的成长通道,通道畅通,员工将随同组织的发展而发展,通道堵塞,员工的目光也许就会投到其他的企业。

3. 文化与环境塑造

文化与环境塑造是指人本管理组织既要注重外在的企业成员工作、生活等"硬件"环境的完善与修正,又要注重价值取向、团队精神、道德信念等内在的"软性"的企业文化氛围的塑造与提升。企业成员工作环境、生活环境的改善,有助于保护企业成员的身心健康和工作后的恢复与休闲、学习,有助于提高员工的工效,恢复员工的体力,增进和更新运用的知识和技能。这是以人为本的管理所必需的,但还不够。企业组织还应该注重员工价值取向、道德信念的熏陶和团队精神的培育。员工的价值观将影响其对事物的看法和判断,影响与他人的关系,影响其目标选择和实现目标所选定的手段与措施。道德信念将影响员工对自身进而对他人行为进行反省和评价的道德标准与适用,影响员工的处世态度、行为方式与生活方式,团队精神将影响团队的组织化程度和运作机制,影响团队成员的角色分工、沟通和交互作用。一个旨在使人本管理取得预期成效的企业组织是不应偏废于外在的硬性环境或内在的软性氛围的单方面的提升与塑造,而应该将两个方面的工作有机地结合起来,为激发员工工作的积极性、主动性和创造性以及为推进员工的自由和全面发展创造条件。如果将外在的硬性环境和内在的软性氛围的塑造合称为企业文化的建设。在这个意义上,企业文化将对员工的行为表现和个性发展起着整合、导向、凝聚、规范和激励等作用。事实上,企业组织推行人本管理,本质上就是一种"以人为本"的文化理念的实践与体现。要使这种以人为本文化为内在驱动力的管理活动取得理想的预期绩效,企业还须应用文化的策略与措施来推进人本管理。例如,进行示范文化建设、经营文化建设和管理文化建设,使企业形成和谐向上的文化氛围,使企业理想的工作、生活环境能满足员工的工作要求与生活的个性要求。由于文化与环境的塑造在人本管理中具有的重要作用,因此也必定成为人本管理的基本方式之一。

4. 权变领导与差异管理

按照弗列德·菲德勒的"权变领导模型"理论,企业组织及团队的领导与管理是否有效,除激励因素外,还取决于领导者与被领导者之间的相互关系、工作任务是否明确与适当,以及领导者的职权是否具有足够的权威这三个要素的组合。菲德勒的权变领导模型认为,对于注重工作的领导方式,只有当三个要素组合得最为有利或非常不利时会取得预期结果,而采取以人为本、注重人际关系的领导方式,可以在三个要素组合不那么有利时,取得预期结果。对于一个旨在推行人本管理的企业组织来说,注重工作的领导方式显然是不合时宜的。权变领导与差异管理正是从尊重企业成员的个性差异、实施有效的差异管理开始的,可以克服工作任务和职权等方面的不利因素,取得较好的管理绩效。以人为本、注重人际关系的领导方式,在工作任务和职权两个因素从最不利到最有利的整个域值范围内都可以取得较好的甚至理想的预期结果。这是企业组织和团队领导充分发扬企业成员的集体意识和团队精神,充分发挥企业成员各自的特长并加强协作和利导的结果。任何企业的任何成员之间必然在技能、知识、经验以及态度、价值取向、信念、意志力等方面存在差异。这种差异既可以成为企业组织创新开拓、努力争先、相互取长补短的主要动力,也可以成为企业组织内部产生冲突和分歧的主要来源。因此,企业成员的个性既可以是企业组织滚动发展的资产,也可以是企业营运的"亏损黑洞"。任何强求一律的抑制和分而治之,都无助于成员的个性差异转化为企业财富。以人为本、注重人际关系的领导和尊重成员个性差异前提下的因势利导,则有利于理顺企业组织内部关系,激发团队精神,有益于工作中的相互沟通和协作,使冲突得到疏通,使各自的长处得到发挥。由此可见,要实现真正意义上的企业人本管理,权变领导与差异管理就理应成为一种企业管理的主导方式。

5. 职业生涯管理

职业生涯管理是人类社会发展到一定阶段出现的一种全新的管理理念和管理模式。职业生涯管理可以从两个层面进行理解,从企业的角度出发,它是指企业从组织目标和员工能力、兴趣出发对员工一生连续从事的职业和职务及职位发展道路的设想和规划管理。从员工个人角度出发,就是员工为寻求个人的发展,而与组织共同制订和实施的既能保证个人得到充分的发展,又能保证企业目标的实现的个人发展计划。员工的职业发展需要企业创造和把握机会,改善其发展条件,帮助其诊断发展潜力。成功的职业生涯设计与发展,不仅对员工个人有利,而且对稳定员工队伍,提高经营绩效,增强竞争能力,促进企业发展更有利。职业生涯管理是劳动者工作动机高层化和多样化的结果。由于人们收入水平的上升,取得经济收入已不再是其就业的唯一动机,人们参与生产劳动,更多的是为了获得成就感,增加社会交往,提高社会地位,他们希望在工作中有独立性和自我决策性,希望参与管理,对自己上司的决策有越来越大的影响力,他们希望工作有兴趣和挑战,要求在工作中能不断地有成长和发展的机会,并能在工作中不断地提高自己的满意程度。如果企业能适应这种变化趋势,允许并帮助员工建立起在本企业内部的发展目标,设计在企业内部的发展道路或通道,为员工提供在实现目标过程中所需要的培训、轮岗和提升,企业员工的工作积极性将更高,劳动效率也由被动促进转为主动推进。由于市场变化迅速,产品更新加快,企业竞争加剧,从而对员工素质和积极性的依赖程度越来越高,它不仅要求人员配置合理,还要求增强单兵作战的能力,这就迫使企业必须重视人力资源在企业经济活动过程中的重要性,通过生涯管理,为员工的"自我实现"提供最有效的帮助,改变了传统人事制度中以静态岗位的需要为唯一出发点的方式,而是从每一个员工个人的角度,考虑到员工个人的因素,即能做什么,想做什么,从员工职业生涯来进行该员工的人力资源开发和配置的设计,不仅动态地提高了人力资源配置的合理性,避免员工走弯路,提高员工的素质,而且可以持久、内在地提高员工的积极性,并在全部员工个人目标得以实现的过程中实现组织的整体目标。因此,职业生涯管理是人本管理思想的又一具体表现方式,是共创企业和员工繁荣未来的有力载体。

三、企业人本管理体系

(一)企业人本管理保障机制

1. 企业人本管理保障机制的含义

机制本来是指机器的构造和工作原理,借指有机体各部分的构造、功能特性及其相互联系和相互作用等。保障就是保护、防卫的意思。企业人本管理实现的保障机制就是指为了保证企业人本管理的有效进行所建立的一系列相互联系、相互作用的制度和措施。

2. 企业人本管理保障机制的作用

首先,企业人本管理保障机制为企业实施人本管理各项策略提供了保证和支持;其次,企业人本管理保障机制为企业人本管理目标的实现提供了促进作用,可以让员工体验到企业各项措施的公正公平性,从而激发他们更自觉地投身到企业人本管理中来。

3. 企业人本管理保障机制的内容

一般来讲,为了顺利有效地实现企业人本管理的目标,有必要建立以下人本管理保障机制：

(1)注重实绩的人力资源甄选机制。随着市场化就业机制的形成和完善,在人才市场上,企业与求职者应通过双向选择实现人力资源的优化配置;在企业内部,企业与员工为了共同利益的最大化,也同样有双向选择的权利,因此,企业有必要创造一种良好的竞争机制,以利于人才的脱颖而出和优化组合,从而建立企业结构合理、素质优良的人才群体。

(2)适量淘汰的人力资源竞争机制。人的发展是需要压力的,具体到一个企业,这种压力就包括竞争的压力和目标责任压力。竞争的压力使人面临挑战、有危机感,从而可以激发人产生一种拼搏向上的力量。而目标责任制在于使人们有明确的奋斗方向和承担的责任,迫使人们努力去履行自己的职责。企业在用人、选人、工资、奖励等管理工作中,应充分发挥优胜劣汰的竞争机制。许继集团就在严格的科学的考评制度基础上实行动态的人事管理制度,从总经理到普通员工采取不同层次的比例淘汰,这样使得企业里每一位员工都分担企业发展的压力,从而激发员工不懈努力,去履行自己的职责,同时促进企业的发展。

(3)建立利益共同体的协作机制。企业的发展需要全体员工共同努力的合力,这就要求企业建立一个包括企业所有员工在内的新的"利益共同体"。这样做可以使员工感受到自己真正成为企业实实在在的主人。比如说员工持股,它从本质上承认了劳动力、智力也是资本。同时也从根本上避免了人才流失,凝聚了人心,形成了一支富有团队精神的队伍。同样,企业的发展是建立在个人发展的基础上的,企业是人们实现人生梦想的地方。利益共同体的建立也使人才得到了应有的尊重,使知识能创造财富。而正是这样的"利益共同体",使科研成果迅速转化为商品,使企业在市场竞争中赢得优势。

(4)"工作—学习"的创新机制。人的惰性使得人总是喜好按照习惯办事,在特定的环境条件下,我们做对了一件事,并不意味着我们永远都可以沿袭这一做法。当今社会信息如此发达畅通,万事万物可说一日千变万化,如果还是按习惯行事,那么注定是要失败的。未来的世界属于不断创新的人。要想维持组织的持久发展,就必须使企业员工充分认识到当今企业所面临的环境是不断变化的,在管理工作中必须训练员工敢于不断创新的心理品质,在提高员工学习能力的同时,提升组织以及每个员工的创新能力,形成完善的、全员参与的、科学的工作—学习创新机制,形成思维创新、技术创新、管理创新、机制创新的链式创新网络,营造出观念更新、管理规范、重视科技、尊重人才、创新发展的良好环境。

(5)激发动力的激励机制。为了激发员工的工作动力,调动其工作积极性、主动性、创造性,企业有必要建立一套形式多样的激励机制。人力资本的激励机制主要包括物质激励和精神激励。物质激励是指通过物质刺激的手段,鼓励职工工作。它的主要表现形式有正激励,如发放工资、奖金、津贴、福利等;负激励,如罚款等。精神激励则包括工作激励、参与激励以及员工个体成长和职业生涯设计,通过工作激励,尽量把员工放在他所适合的位置上,并在可能的条件下轮换一下工作以增加员工的新奇感,从而赋予工作更大的挑战性,培养员工对工作的热情和积极性。同时,通过参与,形成员工对企业的归属感、认同感,可以进一步满足自尊和自我实现的需要。而个体成长和职业生涯设计则可为员工提供适合其要求的上升道路,使员工的个人发展与企业的可持续发展得到最佳的结合,员工才有动力为企业尽心尽力地贡献自己的力量,与组织结成长期合作、荣辱与共的伙伴关系。

(6)依靠规范制度的约束机制。任何一个企业的成功,在某种意义上都可以说是得益于严格的管理制度。因此,在建立激励机制的同时,还要建立约束机制。一般来说,严格的规范、制度包含制度规范和伦理道德规范两种。前者是企业的法规,是一种有形的强制约束,而后者主要是自我约束和社会舆论约束,是一种无形的约束。当人们的思想境界进一步提高时,约束则将转化为自觉的行为。比如,海尔人认识到员工的素质只有在一点一滴中养成,从严格的管理中逼出来。据此,他们创造了"OCE管理",即全方位地对每天、每人、每件事进行清理、控制,"日事日毕,日清日高",以求把问题控制在最小的范围,解决在最短的时间,把损失降低到最低程度。

(7)环境影响机制。人的积极性、创造性的发挥,受到环境因素的影响。这里主要是指两种环境因素:一是指人际关系。和谐、友善、融洽的人际关系,会使人心情舒畅,在友好合作、互相关怀中愉快地进行工作;反之,则会影响人的工作情绪和干劲。二是指工作本身的条件和环境。人的一生中大部分时间是在工作中度过的,工作条件和环境的改善,必然会影响到人的心境和情绪。提高工作条件和环境质量,首先是指工作本身水平方向的扩大化和垂直方向的丰富化;其次是指完成工作任务所必备的工具、设备、器材等的先进水平和完备程度;最后是指工作场所的宽敞、洁净、明亮、舒适程度,以及厂区的绿化、美化、整洁程度等。创造良好的人际关系环境和工作条件环境,让所有员工在欢畅、快乐的心境中工作和生活,不仅会促进工作效率的提高,也会促进人们文明程度的提高。

(8)完善社会化的保障机制。我国企业由于长期受计划经济的影响,工作人员只进不出,造成了较为严重的影响企业发展的人员"沉淀层"。只有建立完善的社会化保障机制,企业才能轻装上阵,迎战市场竞争。社会化的社会保障机制主要是指法律的保护和社会保障体系的保证。前者主要是保证人的基本权利、利益、名誉、人格等不受侵害,而后者则是保证人的基本生活。此外的企业福利制度,则是作为一种激励和增强企业凝聚力的手段。比如联想集团,在二次创业的时候,就很好地处理了企业最初创建时的一些"元老"的社会保障问题。

(二)企业人本管理有效管理沟通机制

1. 企业人本管理沟通的内涵

企业人本管理沟通是指管理者与被管理者之间、管理者与管理者之间、被管理者与被管理者之间,围绕实现企业人本管理目标而进行的多种多样的形式、内容与层次的、有意义信息的发送、接收与反馈的交流全过程。通过有效沟通,人们可以取得彼此了解、信任和建立良好的人际关系,保证人们在共同活动中协调一致。

2. 企业人本管理沟通在企业人本管理体系中的作用

第一,管理沟通是企业实施人本管理各项管理职能的主要手段和途径。在以人为中心的企业管理中,只要想实施管理的各项职能,就必须运用管理沟通才能达成目标;第二,管理沟通发生在企业人本管理过程的每一个环节,贯穿于企业人本管理整个实践过程。管理沟通是企业人本管理目标实现的基础与保证,没有管理沟通的存在,企业人本管理过程就会支离破碎,无法有效衔接,企业人本管理的目标也就难以实现。

3. 企业人本管理沟通所涉及的内容

企业人本管理沟通所涉及的内容包括如下几个方面:

(1)管理沟通的内容。按照管理沟通内容的性质、大小和重要程度,以及其沟通覆盖范围大小,可以将管理沟通的内容分为以下几大类:

其一,情感沟通。企业人本管理是以人为中心的管理,而人有情绪、情感,具有个人局限和偏好,所以在工作中并不总是理智的,不良的情绪和感觉会干扰员工的正常积极性和生产能力的发挥,而好的优良的情绪、情感,如信任感、愉快感等正面感觉和情感,有助于发挥企业员工的最大潜能。显然,为了创造和维持良好的人际工作环境,更为了普遍提高企业员工的工作热情和绩效,了解和疏导、调节人的情感必然成为企业人本管理和管理沟通的最基本而重要的工作。

其二,操作性业务信息沟通。操作性业务信息沟通其实是企业管理中每时每刻发生而且必须发生的工作。它是指人们对关于自己怎么工作和应该怎么工作及目前工作得如何的基础、基本业务信息的沟通。企业每天日常的运行,要依靠它来正常有效地维持。这类管理沟通,按照其内容指向不同,包括上级向下属下达工作指令的工作指令沟通,下属就工作指令执行过程中出现的问题以及工作执行情况向上级反馈的工作意见沟通,以及企业员工在执行工作指令时,根据自己的实践、观察及思考,对自己和别人的工作,甚至企业的局部、全局工作,形成自己独特的甚至是有创造性的新想法和合理化建议的工作建议沟通。在企业人本管理中,随着员工地位的提高以及知识含量在企业生产经营管理过程中不断增加,企业组织结构越来越扁平化,决策授权顺着组织结构向下移动。工作建议作为一种带有创造性质的工作改进意见的沟通,已经广泛发生在各种企业的管理过程中,并确实对许多企业的经营管理产生了积极和巨大的推动作用。

其三,责任、权利、利益沟通。良好有效的责任、权利、利益的管理沟通是企业人本管理得以进行的基础之一。通常来讲,企业中的任何一个员工的权利、责任和利益一般都要以书面形式进行正式管理沟通。但由于企业员工和员工之间的责任、权利、利益范围划分,在企业内部是动态发展和存在交互作用的,所以并非能那么容易地划分清楚。因此,在企业管理中,有关责任、权利、利益关系也需要不断地进行深入沟通。没有权利、责任、利益的这些根本内容的良好、内在沟通,就不可能有其他管理沟通的成功。

其四,决策性业务信息沟通。企业决策性业务信息的沟通在企业中大量、大范围存在,只是它们发生的频次比操作性业务信息沟通见少。对于事关企业一个部门或整个企业或一个集团的比较重大和重大的决策,因其需要信息量大,牵涉范围广,决策有深度和难度,这就需要基层员工、基层管理者和其他中高层管理者的信息支持和帮助,才能保证决策的质量,并获得广大管理者和执行者的支持。同时,对于部门或者企业的决策,具体执行者并不一定总是能理解或理解透。因此,不仅在做出决策时需要大量沟通,而且在做出决策后,也需要解释和分解决策,将其转化为所有相关部门、人员和所有决策执行者都能够深入理解的业务信息,清晰地传达给应该传达的人员和部门。只有在所有决策执行者之间,决策信息被深入传达、领会了,决策的执行才能有真实可靠的保证。

(2)沟通的方式。沟通的方式主要有:方向性沟通、正式沟通和非正式沟通、文字沟通和口头沟通等。方向性沟通包括自上而下、自下而上的垂直和水平方向沟通。领导者或管理者给下属分配工作目标、告知企业的方针政策、指出需要注意的问题等属于自上而下的沟通,这种沟通在企业中应用广泛。员工向上级汇报工作,给企业提意见、建议等则是自下而上的沟通,这种沟通能使管理者了解到员工对他们的工作以及对组织的感觉,了解到哪些工作需要改进,并增进管理者与员工的相互理解。这类沟通渠道较多,如设置意见箱、定期召开员工座谈会、发放员工调查问卷、民主测评管理人员等。企业人本管理强调员工参与管理,对这一类型的沟通必须重视。水平方向沟通是指发生在同一等级员工之间的横向沟通,对促进合作、提高效率也十分必要。横向沟通必须在垂直沟通渠道通畅的前提下才能发挥作用,否则会产生功能失调。如下级员工避开领导进行横向联系、做出决策、采取措施,结果上司不知道,这必然会带来冲突,不仅不能提高工作效率,反而还会使工作受到影响。

正式沟通是指严格按照企业规定的程序和渠道进行信息交流,如会议、文件、广播、报刊等。这种沟通遵循权利系统要求,主要进行与工作有关的信息沟通。非正式沟通是指正式沟通渠道以外的信息传递与交流,如非正式场合的交流、小道消息的传播,这种沟通不受管理层控制,有些人认为它比正式沟通渠道更可信、更可靠。非正式沟通能反映出员工认为重要的内容,因此它有过滤信息和反馈的功能,也能建构和缓解焦虑。

文字沟通包括书面、电子邮件、多媒体等通过书写的文字表达的沟通,这种沟通发送者与接收者不直接联系,较少感情色彩,比较严肃和直接地表达某种意思。这种方式信息传送速度快,但反馈慢甚至无法反馈。在企业中,主要用于文件的传达、情况报告等。口头沟通是指接收者与发送者直接通过语言进行的沟通,如电话、面对面谈心等,这类沟通虽然耗时耗力,但有利于信息传送和反馈。

(3)影响企业人本管理沟通的因素。管理沟通是企业实施人本管理过程中最为常见的管理行为。从其行为构成要素来看,它包括沟通背景、沟通发起者、沟通编译码、沟通渠道、沟通干扰、沟通接收者和沟通反馈。上述诸要素的科学合理配置、选择与否对组织沟通的效果都有不同程度的影响。同时任何组织的沟通总是在一定背景下进行的,受到组织文化类型的影响。企业的行为文化直接决定着员工的行为特征、沟通方式、沟通风格,而企业的物质文化则决定着企业的沟通技术状况、沟通媒介和沟通渠道。正如世界著名的 GE 公司,它的企业文化突出"以人为本"的经营哲学,鼓励个人创造力的展现,并充分重视和强调个人,尊重个体差异。因此 GE 的沟通风格是个体取向的,并直言不讳。企业内部的员工在任何时候都会将自己的新思想与意见毫无掩饰和过滤地反映给上层管理者。而对于公司的管理协调,GE 员工习惯于使用备忘录、布告等正式沟通渠道来表明自己的看法和观点。与此同时,前通用 CEO 杰克·韦尔奇在公司管理沟通领域提出了"无边界理念"。将各个职能部门之间的障碍全部清除,工程、生产、营销以及其他部门之间的信息能够自由流通,完全透明。在这样一个沟通理念的指引下,GE 更为有效地使公司内部信息在最大程度上实现了共享。实践证明:良好的企业必然具有良好的沟通,而良好的管理沟通必然由其良好的企业文化所决定。除此之外,领导者作风也是影响管理沟通的重要因素。社会心理学家勒温曾把领导者在领导过程中表现出来的极端工作作风分为三种类型:专制作风、民主作风和放任自流作风。三种不同的领导作风对于管理沟通效果的影响是大不相同的。专制作风的领导者实行的是个人独裁领导,把权利完全集中于自己手中。他个人独断设计工作中的一切,很少与企业成员进行沟通,更谈不上向企业成员征求决策意见。所以这种领导作风表面上看来虽然是一种极为严格的管理,但无法顾及企业成员的精神与情感需求。因而,企业内部弥漫着消极态度和对抗情绪。从长远看,这种领导作风必将有害于企业的发展与成长。民主作风的领导则会把部分权利授权给企业成员,并积极提倡企业成员之间相互交流并商讨组织事务与决策。同时,还关心他人,尊重他人,鼓励企业成员提出新意见、好想法。最终达成良好的沟通氛围,以至在最大程度上调动了企业成员的积极性。而放任自流作风的领导虽然也积极倡导企业内部的良好沟通,但缺乏科学的管理,从而使得企业整体工作效率低下,甚至不能有效地完成企业目标。

(4)企业人本管理沟通应遵循的沟通原理。企业要达成有效的沟通,保证信息及时、准确、完整地完成,必须遵循以下基本沟通原理:

一是真实性原理。即有效沟通的内容必须具有真实意义,沟通过内容与过程必须具有真实性,沟通的信息必须至少对其中一方是有用和有价值的信息。一个良好的沟通过程,必须要有富有意义的信息需要沟通,这是沟通能够存在、成立和有效的内容基础与首要前提。没有真正意义的信息需要传递,哪怕整个沟通过程全部完整,沟通也会因为没有任何实质内容而失去其价值和意义。

二是渠道适当性原理。有效沟通必须将有意义的信息,通过适当和必要的沟通渠道,由一个主体送达另一个主体,此即为有效沟通的渠道适当性原理。不同的信息对于传递渠道的选择有要求。真实的信息,选择了不恰当的渠道进行传递,就会产生信息误读或扭曲,导致沟通受挫或受阻,有时甚至产生沟通灾难。

三是沟通主体共时性原理。要想达成有效的沟通,信息的发出者和接收者都应该是而且必须同时恰好是应该发出和应该接收的沟通主体,发送者和接收者的主体适当或共时性这两者缺一不可。如信息虽由适当的主体发出,但接收者不对;或者接收者对了,但发出者身份或地位不适当,都会导致沟通失败。

四是信息传递完整性原理。由于各种原因的影响和各种因素的干扰,被传递的信息有可能在被传递的过程当中,人为或自然地损耗或变形。如果这种情况发生,接收者接收到的信息就已经不是发出者所发出的严格意义上的同一信息,就有可能发生沟通失误或误解信息。因此,本书认为沟通要完美和有效,必须保证信息在传递结束时仍然保持其内容的完整性。

五是时间性原理。任何沟通都是有时间限制的,整个沟通的过程必须在沟通发生的有效期发生完毕,否则,也会失去沟通的意义。

六是连续性原理。有效沟通还必须具有时间和沟通内容与方式上的连续性,这是说,沟通主体之间要达成有效的沟通,必须考虑到相互之间沟通的历史情形。对沟通对象的了解越多、越深,就越容易找到有效沟通的切入点和恰当的方式与途径。从沟通内容与方式上来讲，我们应该尽量对双方均已熟悉的沟通内容和方式不要发生突变，保持一定的连续性，会有利于沟通对象快速准确地理解要沟通的内涵。

七是目标性原理。有效沟通自然也应该具有明确的沟通目的或目标，没有沟通目标的沟通，是很难把握与衡量其沟通效果是否与沟通的本意相偏离的。沟通目标、目的不明确，必将造成信息发送者所发信息混乱、模糊、含混不清，接收者只能靠经验和场景猜测对方的用意，从而极易导致沟通误差或沟通失败。

（三）企业人本管理的人力资源管理机制

儒家"仁者爱人"的观念可以说是一种早期简朴的人本主义思想。孔子在《礼记·中庸》中回答鲁哀公时说道："为政在人，取人以身，修身以道，修道以仁。仁者人也，亲亲为大。"指出执政关键在于得民，只有民心归一，国家才可能长治久安。由此可见，在儒家的管理思想中，管理方式为"人和"，关键是"得人"，本质是"治人"，即管理是以人为中心的。现代企业的员工关系管理也应该从中吸取这种以人为本的管理思想，从而使得企业拥有最为核心的发展要素。

1. 企业领导者树立以人为本的管理理念

现在的企业，领导者应该把人作为管理活动的中心，不能像过去一样以完全以自己为主导，在管理实践活动中应关心人、激励人、发展人，把人放在首要地位，树立以人为本的理念。把员工放在心上，处处真正为他们考虑，坚持"以人为本"，充分激发人的主观能动性，把员工看作企业生存发展的根本，以此来兼顾人的不断发展和企业效率的提升。领导者要做到以人为本，就要以了解员工作为基本条件，而领导者了解员工的最基本和直接的手段就是倾听。倾听是每个人在人际沟通中都应掌握的沟通技巧，作为企业领导者来说，倾听是领导者了解员工心声和组织基本情况的最有效的方式，然而，在现实中，一部分领导者或者因为官本位思想，只习惯于自己讲、下属听，虽然这样的情况在企业中更为普遍，尤其是公开聚会的场所，但如果在与下属进行交谈时，仍然是自己说、下属听，这样就不利于组织的发展；或者因为不懂得倾听的技巧，往往抓不住员工讲话的基本内容，从而造成信息传递被阻碍，影响领导者以后的管理力度。高效的倾听效率也可以体现一个领导者的领导水平，一个好的领导者，无疑应是一个好的倾听者。

那么怎么样才能提高领导者的倾听效率呢？首先，给予下属全心倾听的态度，这一点，对于主动反映情况、寻求重视的下属非常重要。当领导者与下属开展谈话时，要让对方感觉到领导者非常重视他的讲话，即便是在一个热闹的场所，也不能被其他情况打断注意力，让下属感觉到现场只有两个人。领导者能够做到专心倾听，会使得下属无话不谈，传递给领导者更多的信息，这样，下属得到了他所需求的重视,而领导者也得到了关于组织更多的信息,便实现了沟通的良好效果;其次,对于不同倾诉目的的员工,应该采取不同的倾听技巧。比如有部分员工自认为在企业中受到委屈,不被重视等,向领导者申诉,这时,领导者只需要更多地表示出极大的耐心,因为从某种程度上看,员工只是倾诉便可以解决他的大部分问题。当员工去寻求意见或帮助时,领导者应鼓励员工将情况详细讲解,并在倾听过程中,适当地进行反问,帮助员工自己厘清思路,使得员工在倾诉结束时自己便能找出适当的解答。另外,领导者在积极倾听时,还应敏锐地观察,一方面可以表示对员工的关心,另一方面可以给员工提供最贴切的建议,使员工产生信赖感。当员工对领导者产生信赖感时,员工关系管理才能发挥到最佳状态。

2. 安排组织人员参加训练

其具体要求如下:

(1)组织管理者应意识到训练的重要性。组织通过人来帮助其实现价值,所以人是组织存在的基础。提高员工的技能是使组织拥有优秀人才的关键,这种方法可以有效地提高组织整体的能力。组织在刚建立时,受困于规模、资金、发展前景等原因,人才依靠外界的"拿来主义"是可以理解的,但是从企业的长远发展来看,必须要在组织内部训练员工。在员工接受训练的过程中,提高员工的个人技能知识训练的一个目的,更重要的是它能提高员工对组织的信任度,引导员工的个人目标向组织的核心目标靠拢,使得员工将组织看成像自己的家一样。严格的训练机制可以帮助组织提升员工的工作能力,以促进组织招聘更多的优秀员工。增强企业内聚力,从而提升企业的竞争力。

(2)制订系统的训练计划。训练计划的制订应以企业的实际情况和发展目标作为基础,另外还要考虑员工个人的实际情况,给予符合其未来发展的个性化培训,充分结合企业和个人的具体情况制定合适的培训系统。除此之外,还应根据不同的培训内容(比如营销、企业文化、项目管理等)制定多样而具体的培训主题。

(3)要采取多种形式的、有目的训练。具体来讲,一是训练内容的设计要抓住主题,紧紧围绕培训的主题和需要达到的目标;二是形式要多样化,避免单调地灌输,让员工易于、乐于接受。培训形式可以采用传统的方式,如案例分析、研讨会、课堂培训等,也可以采取新的方式,比如管理游戏、互联网培训等,要在实践中,不断地推陈出新,老旧结合,以此提高训练的效率,使得训练达到当初设定的目标。

(4)鼓励更多的员工参与训练。组织必须让员工意识到参加组织的训练有着很重要的作用,训练的开展不仅可以帮助员工提高个人能力,还有助于其做更好的个人人生规划。从员工内在激发参与培训的兴趣,与此同时,还应建立外在的培训激励制度,对于经过培训取得明显进步的员工,企业应以能力、业绩为导向给予相对应的奖励,而对于培训不合格的员工,应采取适当的惩罚措施,以促进培训效果的提高。

(5)企业应规避培训后员工离职的风险。企业回收培训投资的方法大概有以下几点:首先,培训前收回投资。在培训前,企业可以先从员工工资或者其他奖励中扣压员工参加训练的学费。一旦某位员工在训练中有很明显的提高,可在训练老师的推荐下报销一定数额的费用;其次,培训时收回投资。这种策略主要是采用使用期制度,根据员工培训过程的学习,决定其试用期的长短以及最终的决定;最后,培训后收回投资。对于参加训练的组织内部人员,训练老师可与其达成一定的共识,并形成书面文字。文字中必须说明在训练中合格的员工在一定时期内是不能离开公司的。如果离开公司,管理者就可以采取相应的惩罚措施。

(6)评估培训效果。培训结束之后,还应采取培训评估,测量培训收到的效果。一般需关注以下几个方面:首先,参加的训练项目有没有起到推进组织进程的目的,不论开展什么样的方法,是否能注重"学习"二字,参加训练的员工通过一定时期的锻炼能否完全理解所训练的内容;其次,在培训过程中顺利完成学业的员工能不能在未来的工作中运用到培训的内容,是否对其工作有很大的帮助;最后,评估团在对员工的培训效果进行评估时,要看到培训带来的长期效益,而不是短期的效果。

3. 开展组织人员人生规划管理

组织人员人生规划管理主要指的是组织需了解关键员工的人生规划,组织在制定自身的发展战略时需将关键人员的人生规划考虑在内,在适当的时候给这些员工适当的培训机会,从而帮助员工实现自我人生价值的活动。组织人员人生规划管理主要包括两个方面的内容:一是自身人生规划。员工个人为自己的人生规划发展而制定的管理措施,包含社会行动者整个职业生命周期中相关变量构成的职业发展进程;二是组织职业生涯管理,由组织执行针对个人和组织发展需求而开展的职业生涯管理,目的是开发、留用员工,帮助员工实现自我价值。企业实施人员人生规划管理的流程如下:

(1)确定目的和计划。根据企业的发展现状以及对未来的发展要求,确定员工职业生涯管理的目的,如构建和谐的企业文化氛围,不能一步三丈远,一定要考虑组织本身的能力,施行阶段性的改变。一旦确定目标之后就要根据这个目的制订计划。一般来讲,计划主要是从时间、任务、方法上以及微观层面和宏观层面对员工职业生涯管理进行总体规划。在制订计划时,要注意应用目标管理的方法,目标必须牵涉到每一个在组织内的员工,它必须是明确的和具有一定挑战性的,并且要渗透到每一个部门之中。否则,就会难以达到制定的目标甚至起到反作用。

(2)设立专门的人员人生规划委员会。这个委员会一般涉及三个部分:企业人力资源部、各个部门的负责人和员工代表。整个管理过程应是人力资源部负责开展的,所以人力资源部负责人主要发挥主导和协调作用;另外,这项工作还会牵涉到企业各个领域和部门,组织职业生涯管理能否切实地执行还有赖于各负责人的配合和支持;还有,企业相应的员工也是领导小组的一个关键的组成部分,因为组织的人员人生规划管理机制和它开展的方式是否迎合员工的口味,员工本身对人员人生规划的认知程度等,都需要企业员工及时地向管理层反映。

(3)开展职业生涯管理宣讲和学习。主要是向企业成员传递员工人生规划管理的观念和开展方式,能够让员工对个人人生发展有一个形象的认知。这项工作可以分阶段执行:首先是对职业生涯管理小组成员的宣讲和学习,他们是整个过程的执行者和主导者,是人生规划管理的第一受益者;其次便是其他员工。组织人员对人员人生规划的认识和配合程度决定了整项工作能否得到有效开展,所以在对此项新型的管理进行宣传的时候,必须运用大量的篇幅对为什么要开展此类活动,对组织有什么好处以及其他员工需要做什么进行细致的介绍。

(4)构建职业生涯规划路线图。首先,在组织内部定期开展各个层级之间有效的沟通工作,这项沟通最好采用面谈的方式,以方便上下级之间更为细致的了解。在沟通中,领导需对下级员工过去的工作取得的成就、所具备的能力以及不足之处,然后加上员工对自我的认知,全面评估过去、现在和未来。在面谈的基础上,进行资料的系统化分类,弄明白员工究竟想要什么样的职位;其次,根据员工提出的自己想要的薪酬或者职位来制定相应的实施道路;最后,在与员工协商的基础上,确定职业生涯规划路线图。企业只有在与员工充分协商的基础上,才可能制定出切实可行的职业生涯规划路线图。

(5)制定人员人生规划管理线路。要想更好地实现员工的人生终极目标,就必须在人生刚开始时就对整个人生线路有一个清晰的认识。目前,企业内部的员工发展类型主要有两种路径:纵向发展路径和横向发展路径。纵向发展路径是指员工在某一领域内职位得到不断的晋升;横向的发展路径是指员工在不同的部门和领域之间转换工作,帮助员工获得新的职业发展机会,为下一步的晋升打下基础。当企业构建完路径后,还应给员工提供相应的学习和帮助,这样一方面可以满足员工更高的发展需求,另一方面也是向整个员工职业规划流程导入激励因素,促使更多的员工参与这项管理。

(6)评估和反馈。有了评估和反馈,员工职业生涯管理才能是一个完整的、有生命力的体系。因此,在上面几步完成之后,要对整个过程以及结果进行评估,发现问题和总结经验,为下一轮的职业生涯管理提供科学的依据。开展评估和反馈主要在两个维度：企业和员工群体。企业在这项管理活动中的支出和收益比，企业的人才竞争力是否得到加强等；而在员工群体方面，有员工的满意度是否提高，员工的工作行为发生了哪些改变等。只有科学地进行评估和反馈，企业员工职业生涯管理工作才能更好地发挥它的作用。

总之，正是儒家这种重视人的作用、关心人的状况、提倡人治的文化传统，深刻地影响了儒商的管理思想，形成了独具特色的人本管理模式。应该说，儒商以人为本的管理方式是有较大的优越性的。它抓住了经营中最根本的因素，以符合人的本性的方式来调动人的积极性、主动性，因而往往能够以较少的成本，创造出更高的经济效益。经济活动说到底是人的活动，商品的价值是人的劳动创造的，经营的效益也是人能动作用的结果。因而只有充分重视人的价值，发挥人的作用，才能创造出最佳的经济效益。商品经济，特别是建立在现代社会化大生产基础上的市场经济，在客观上要求有稳定的秩序和有效的分工合作，这一切都依赖于严格的制度规范，否则就不能保持稳定而有序的发展。依赖人是正确的，但如果没有制度规范，往往就会造成因人而异、人变事变的不稳定性，也难以把众多的人有效统一起来形成有机整体，因此，将导致经营的不稳定，甚至无序性。同时，制度也在一定程度上塑造着人。完善的制度可以抑制人的消极性，又助长人的积极行为，从而促进人的完善。如果缺乏严格的制度约束，就可能使人的消极的性情放任自流，优良品性不能持久下去，从而也就不利于人的成长与人的能动性的发挥，影响经营效率的提高。因此，儒家的以人为本的思想应该与以制度为基础的原则结合起来，才能发挥出最佳的效益。

四、贯彻以人为本思想应当注意的问题

多数企业都努力营造一个以人为本的企业文化氛围。然而，如何落到实处，一直是每一个企业都在苦苦思索的难题。1999年9月，深圳赛意法微电子有限公司每月由各部门经理投票选出的优秀员工首次踏入了五星级酒店，在总经理、副总经理及部门经理的陪同下用餐。一开始，总经理提出这一倡议时，遭到了大多数经理人员的反对，认为如此奢华的五星级酒店并不适合奖励一线操作员工。但总经理解释说，这些员工大多都是20岁以下，来自内地贫困山区，他们还没有机会享受一流的服务。他们迟早都要为人父母，有过这样的一次经历，就会鼓励自己的孩子努力学习，有更高、更好的追求，而教育员工、教育员工的下一代，是企业的责任。这种做法已经坚持了六年，并在企业的管理人员中形成了共识，而基层员工也将此作为一种很高的荣誉。"赛意法的企业文化的核心只有三个字：People! People! People!"赛意法的副总经理兼人力资源部经理韩平表示，公司以人为核心的企业

文化能落到实处，与高层管理人员的践行和企业制度的保障执行是息息相关的。在赛意法的实际工作中，由于工作分歧而与总经理产生冲突甚至拍桌子的事情比比皆是，"这并不是鼓励员工冲突，而是在一种平等的氛围下才会发生的现象。"韩平说，在每月一次的员工大会上，总经理除了给获得各项奖励的员工颁奖、报告当月的生产和销售情况之外，还要接受员工的质询。任何员工都可以在会议上就公司的任何一个问题向总经理发出提问，总经理必须现场回答。赛意法还设立了人权委员会，由人力资源部的主管人员及各部门经理组成。人权委员会负责监督员工平等待遇的执行问题。赛意法与员工签订的是终身合同，除非员工的确犯有严重违纪的错误，否则不能开除员工。员工可以向人权委员会申诉。此外，人力资源部在开除员工进行面谈时，也必须向被开除员工提供公司所在地的仲裁员及劳动局的投诉电话。结果是，每一个部门的主管在做出裁员决定时，都会慎之又慎，不敢随便找个茬开掉自己不喜欢的员工，改变了普通员工始终处于弱势地位的困境。赛意法一直强调人是企业的根本，而尊重员工的选择权则是以人为本的重要前提。"以人为本"的企业文化是企业"合力场"的核心。

"以人为本"的企业文化强调在战略上与社会各方面和谐统一，它以提高人的创造力为手段，以提高人的工作生活质量为目标，它强调企业所有员工地位平等，在劳动分工的基础上互相尊重和密切协作。它承认每个人的自身价值，倡导人们的首创精神，尤其鼓励人们的创造性劳动。为此，它把塑造员工共同的理想、信念和价值观作为企业的动力源，主张尽可能地给员工提供宽松的工作环境和良好的工作氛围，努力创造尊重人、理解人、关心人、成就人的优秀的人文环境。在组织指挥上，由过去的以命令式为主转为以协商式为主，实行双向沟通；在激励考核上，由过去的以监督为主，转为以目标管理为主，依靠自觉努力；在资讯反馈上，由事后他人反馈，转为事中自我控制、自我管理。"以人为本"的企业文化符合人们的行为规律，把枯燥的劳动过程变为丰富多彩的个人价值和乐趣的实现过程，极大地调动了企业员工劳动的主动性、积极性和创造性。它适合现代化大生产的特点，企业给员工充分的信任，员工给企业坚定的承诺，每个员工都可以及时、灵活地处理生产经营现场随时出现的问题，保证生产经营的连续性和稳定性，从而显著地提高劳动效率和经济效益。增进员工的创造力已经成为企业的重要功能，员工的创造力是企业最主要的发展动力，如何激发、培育员工的创造力，成为企业管理工作重点。这要求投资者与员工的合作，企业以尊重人、识别人、培养人、用好人、留住人的观念和政策培养和锻炼员工，使员工具备创新才能，员工以严守承诺的工作作风和团结、创新、积极向上的精神状态投入企业，共同推进企业的发展，从而达到人企合一的境界。员工的智慧和能力的积累越多，人力资源的价值越大，企业的创造能力就越强,企业核心竞争能力越大,企业的价值也就越大。正如松下幸之助所说"企业最好的资产是人"。江苏省钢绳集团将"以人为本"的企业文化细化表述为"人心为本,人智为本,人和为本",海尔集团提出"以人为本、以德为本、君子之争、和气为本",诺基亚手机也以"科技,以人为本"为广告词来吸引人才加盟。"以人为本"的企业价值观越来越成为人们的共识。

  总之,在当下国际竞争如此激烈的今天,中国企业要想适应这个环境,必须建设自己的企业文化,而做到这一点,就要是中国的企业文化本土化,这就需要我们认真学习儒家的经典思想,运用于企业管理,将我国企业的实力大大提升。

第八章

和谐是企业发展的保障

2008年以来,由美国金融市场产生的金融危机波及世界各地,迄今世界经济还没有从危机当中真正解脱出来。众所周知,这次金融危机是1929年美国大萧条以来最严重的一次金融和经济危机,其起因是美国住房市场的次级贷款危机,而道德缺失正是导致金融次贷危机的深层次原因之一。商人投机,见利忘义,损坏公众利益,丧失道德底线;金融机构利用各种复杂的金融衍生品谋取利益最大化,然后转移叠加风险;这种运作对美国社会乃至世界的经济运行秩序造成了不良影响,以至于造成世界金融危机。

这次经济危机危害世界许多国家和地区,中国也受到了这次世界经济危机的影响。经历了30多年的改革开放,中国经济已经发展到了相当大的规模,国民生产总值已经超越日本,跃升为世界第二位,对外贸易额已居世界第一位,外汇储备已居世界第一位,中国已经成为世界经济发展的火车头,世界工厂的地位初步确立。而与此同时,中国经济发展的道德基础或道德正当性问题正受到国内外越来越多的关注。市场经济发展到一定阶段所伴随的诸多社会矛盾和道德困惑开始显现。在GDP保持多年高位增长的情况下,人们忽视了对"什么是发展,为什么发展,为谁发展"等最终目的问题的价值关怀。在这种情况下,中国经济要获得进一步的可持续发展,并在对内建设和谐社会,对外促进和谐世界的伟业中发挥更大的作用,就必须建立既有中国传统文化特色又能融合西方经济伦理的现代商业伦理。现代商业伦理的和谐思想起源于中华民族传统的儒家思想。儒家和谐思想是在中国先秦时期逐渐发展起来的基于礼治社会、仁爱思想基础上的和谐观念。

先秦儒家主张的社会成员各安其分、各尽其责的思想正是社会和谐观。今天在正当我们努力构建"和谐社会"的形势下,大力倡导构建基于法治社会的和谐企业。两千多年的儒家文化积淀和历史惯性的力量,使得中国现代社会仍然保有深深的传统印迹。先秦儒学作为一种精神品格和社会伦理,演进至今仍不失魅力。所以,构建中国法治和谐社会,从儒家思想资源中吸取精华,发挥其文化的人文价值是十分必要的。

第一节 儒家"和谐"思想探源

一、儒家"和谐"诠释

"和"是先秦儒家的最高价值追求,也是先秦儒家思想体系的核心概念。和谐思想早在西周初年就已经提出,并被概括为"和而不同""和实生物"的价值原则。战国时期齐国的晏婴以"相济""相成"的思想丰富了"和"的内涵。和谐思想首先要承认"不同",在"不同"的基础上形成"和"才能使事物得到发展。先秦儒家继承和发展了原生的和谐思想,并以之为最高价值原则。孔子基本上继承了《左传》和《国语》中的和同之辨,把"和谐"作为人类社会最理想的价值原则。他说:"君子和而不同,小人同而不和",并在《中庸》中提出"执两用中"的致和方法论等一些具体的和同范畴。先秦儒家继承和发展了中国古代的和谐观念,建构了传承几千年的儒家和谐思想体系。

(一)儒家道德伦理的基本范畴

1. 儒家"仁学"思想

儒家注重人道,体现了儒家伦理的基本精神,支撑整个规范体系。儒家创始人建立"仁学"体系,把"仁"作为儒家道德伦理的最高原则。"仁"包含"恭、宽、信、敏、惠"诸德。孟子从诸多的德目中抽象和概括出仁、义、礼、智最基本的四个德目。"仁义礼智四者,仁足以包之。"说明在儒家道德理论中,"仁"是其他诸道德的核心和总纲,统摄其他道德规范,其他道德境界和道德品质都是"仁"的原则的具体展开和体现。东汉董仲舒把"信"补充到德目之中,构成了所谓的"仁、义、礼、智、信"五常。此后,儒家学者大都是对这些原则进行阐释,视其为中国社会道德伦理的基本范畴和道德规范的基本准则以及个人道德修养的衡量标准。

"仁"是儒家思想的核心,在儒家思想中占有极其重要的地位。《吕氏春秋》提到过"孔子贵仁"。《孔子家语·弟子行》说孔子"汲汲于仁"。程颐说:"学者须先识仁。"这些论述都反映了儒家对"仁"的思想原则的高度重视。孔子多次强调"仁","志士仁人,无求生以害仁,有杀身以成仁。""君子无终食之间违仁,造次必于是,颠沛必于是。""民之于仁也,甚于水火。水火,吾见蹈而死者矣,未见蹈仁而死者也。""当仁,不让于师。"《论语》中多处对"仁"的思想原则进行了强调和论述。孔子的"仁学"思想一直为历代儒家学者所重视,并成为儒家道德理论乃至整个思想学说的核心。正因如此,儒家学说有时也称为"仁学"。

2."仁学"思想的价值

孔子的"仁学"思想包括"爱人"和"爱物",认为将爱施之于人类、施之于万物,人的仁德才是圆满的。孔子不仅承认人的内在价值,而且承认自然界的生命也有内在价值。看到了人与万物之间的联系,看到了自然界一切生命的内在价值,这就是人的生存方式和生活态度。在孔子看来,物是人类的朋友,是应当受到尊重的。孔子曰"岁寒,然后知松柏之后凋也。"松柏可以说是自然界生命力的象征,它耐寒而挺拔,能给人以力量。这种类比体现了人与自然界之间建立了一种生命的交融和谐。孔子这种对自然界和其他生命的关怀,是一种极富生态意义的生命哲学,以此为仁者人生的终极关怀。仁性的实现就是同情心、爱人、爱物之心的充分显示。人要将同情心、爱心培养、扩充、发扬起来,与"他人"和"他物"和谐相处,才能享受到生命的本真快乐。正是基于这种仁爱的思想核心,才能够创造出人类的和谐,有了和谐的体验才能够实践儒家的人学思想。

(二)先秦儒家"社会和谐观"

孔子提出"仁学"思想是"礼"的先决条件。在"仁爱"的基础上提出"礼之用,和为贵",并以此作为修齐治平和解决社会矛盾的政治主张。儒家以"正名"为目的,主张社会成员要各安其分,各尽其责,创造出礼治秩序基础上的"和谐社会"。

1. 儒家"和谐观"的内涵

儒家"和谐"观,包括自然秩序本身的和谐、人与自然的和谐以及人与人之间即社会的和谐,三者密不可分。

自然秩序本身的和谐是指天地万物自生、自发的运动轨迹和规律。先哲曾言:"天何言哉?四时行焉,百物生焉,天何言哉?"即宇宙万物的运动,乃自然而然而又生机勃勃。天地万物运动的终极驱动是"天道",与人的意识无关,具有独立性。当人类介入了自然秩序的时候,自然资源的有限与人类欲求的无限就发生冲突,而且这一矛盾是无法消除的。先秦儒家主张通过修身以"成人",使人成为具有价值和意义的道德存在物。修身成人实质是张扬"人性"精神价值。

孟轲认为"尽其心者,知其性也。知其性,则知天矣。存其心,养其性,所以事天也""心之官则思,思则得之,不思则不得也。此天之所与我者"。这就是指人性与天道达到同一、人与自然相处和谐,即后世所谓"天人合一"。

儒家赋予了"天人合一"以普遍意义。它不仅是个体的人与自然之间的和谐,而且是人与人之间符合天道的和谐。先秦儒家以修身求善而达到"天人合一",提出"复礼"的政治主张,并以"正名"为核心,构建其理想的"和谐社会"。孔子云:"名不正,则言不顺;言不顺,则事不成;事不成,则礼乐不兴;礼乐不兴,则刑罚不中;刑罚不中,则民无所措手足。"孔子把"正名"作为重建礼治秩序的需要,向世人描绘人能各守其所的礼治社会图景。

荀子主张"治之经,礼与刑""儒法合流,以礼入律"。在荀况的"礼法"结构中继承了孔孟的礼治思想,坚持"礼"是治国教民之根本。"故人无礼则不生,事无礼则不成,国家无礼则不宁"。礼法结合起于西汉的"德主刑辅""春秋决狱",发展于西晋的"纳礼入律",直至唐代的"德礼为政教之本,刑罚为政教之用"基本成型。《唐律》成为礼法合流最成熟的表现形式。

然而,先秦儒家所设想的"和谐社会"的核心要素是"礼"的伦理自觉性。"礼"是为一个集伦理力量与法律力量于一体的调节器,已然融入到"法"的灵魂之中,成为一种判断是非曲直的行为标准。

2. 儒家"和谐"思想现代传承

先秦儒家"社会和谐观"在当代"和谐社会"思想中得到延续发展,因为先秦儒家思想承认多元、差异的"和而不同",能够为当代构建和谐社会所用。孔子说:"君子和而不同,小人同而不和。"不仅强调"和",还追求"异"。"同"否定多样性,否定个体的独立性;而"和"的前提是承认个体差异,允许个体保持其独特性。因此"和而不同"由差异性、独立性发展为整个社会的彼此了解、彼此接受、互相包容的"和谐"状态。

当今,社会利益分化和社会分层随之清晰,不同利益主体之间的冲突加剧。由于各个社会阶层都有属于其阶层的道德价值体系,因此不同主体在谋求自身利益的时候,会造成道德价值观的冲突。所以在当代中国构建"和谐社会",是一个解决利益冲突和道德价值分歧的问题。在当代中国构建和谐社会需要有包容心态,不能因为怕"异"而一味求"同",从而扼杀社会多元化。

当代意义的和谐社会承传了"和而不同"的理念,承认并保护利益多元、价值多元。先秦儒家"社会和谐观"不仅塑造了"和谐"的理念,还更加倚重于制度保障。修身求善,以达"天人合一"是先秦儒家"社会和谐观"的基本理念。修身求善,最高境界是孔子所言之"仁","天下归仁"之后,社会自然、和谐、无争。

二、儒家和谐思想的价值

(一)晋商的儒家"和谐观"实践

明清山西商人称雄国内商界五个多世纪,"生意兴隆通四海,财源茂盛达三江"。明清晋商的成功并名扬四海依赖于他们的一种特殊精神作为其灵魂,这种内在的灵魂是实践活动中最活跃的能动力量。这种特殊精神包括进取精神、敬业精神、群体精神,统称为"晋商精神"。这种精神也贯穿到晋商的经营意识、组织管理和心智素养之中,可谓晋商之魂。晋商精神正是儒家思想的真实写照,诚信经营、团结协作实践了儒家的诚信、和谐与仁爱的人本思想。

山西商人在为人之道上也表现了诚实忠厚的一面。他们认为"和气生财""和为贵",凡事不做过分,不做法外生意,讲求以诚待人。孟县商人张静轩说:"(经商)结交务存吃亏心,酬酢务存退让心,日用务存节俭心,操持务存含忍心。愿使人鄙我疾,勿使人防我诈也。……前人之愚,断非后人之智所可及,忠厚留有余。"洪洞人王谦光经营山东的盐时,不少商人"率辄心计,尚诈伪,由是术辄倍息,独君异其趣,……人咸谓君长者,多倚为重",后"累致万金"。史籍中有关晋商忠厚待人的记载很多。如明代临县人王子深以开客店为生,有客商住宿后遗金一袋,王收金待客,后客商啼还,王验证给之,客以分其半,拒之,客商叩恩而去。清代泽州人王文宇,"贸易保定府完县,与葛东岗友善,东岗有子弗立,惧其毁败,阴以白金800两付文宇,不令子知,东岗死,文宇督其子,俾其成立,将东岗所遗金还之。"清代汾阳人崔崇于,"以卖丝为业,往来张垣、云中,一岁折阅十余金,其主人偶有怨言,崔恚愤,以刃自剖其腹,肠出数寸,气垂绝,曰:吾拙于贸易致亏主人资,我实有愧,故不欲生。"由于山西商人主张行商不欺诈,为人诚恳忠厚,故人皆愿与之共事。

(二)儒家"和谐"思想的当代价值

在几千年的历史发展中,儒家和谐思想形成了独具特色的文化传统、价值观念和行为规范。儒家和谐思想作为中国传统文化的重要组成部分,在今天,无论是对于个人身心健康发展还是对于家庭教育、学校教育,以及我们今天所要构建的社会主义和谐社会来说,都具有重大的意义。

儒家和谐思想针对人心中无止境的物质欲望,提倡身心和谐,追求快乐心境。告诉人们生命的意义在于奉献,而不是索取。在今天,面对人类欲望的日益膨胀,倡导节约,反对浪费,反对私欲,已经成为重要的一个环节。在构建社会主义和谐社会的今天,提倡"光盘"行动,反对抵制各种无节制的浪费。在科学发展观的指引下,倡导集体主义;在满足人基本需求的前提下,反对任何形式的个人主义。这些都是对儒家和谐思想的重要借鉴,有利于净化人们的心灵,纯洁社会风气,积极构建社会主义和谐社会。

(三)企业道德文化建设问题

创新是企业的灵魂,是企业文化建设的特点和生命力所在,是企业价值观的内在核心,与时代环境协调和谐。企业道德文化的创新主要体现在企业的价值观、市场观等方面,使企业目标追求和企业精神更能够体现地方文化历史渊源以及道德观念,实现法治环境下的儒家道德教化与升华。儒家"仁、义、礼、智、信"五性理念在新时代得到批判地应用。在国家的法治环境下,体现对员工、对客户、对消费者等的泛众"仁爱"与"仁义",对待市场以及消费者更要体现出"诚信"思想,这样才能够创新企业道德文化。

人才的竞争是企业核心竞争力,道德文化建设一定要体现以人为本的理念。企业的生产与经营更多地体现在对人的管理上,人的管理实现了人本化管理思想,使得全体员工在组织活动中能够齐心协力完成工作目标。

第二节　和谐与现代企业发展

儒家以人为本,重视人际关系是毋庸置疑的。仁学是孔子学说的核心,"仁"字在不同的地方可以表述为不同的含义,但它始终离不开"人",总是和"人"的问题联系在一起。既然如此,那么处理人际关系的准则是什么呢? 是"和"。在儒家看来,"和"是管理活动的最佳境界。儒家之"和"在管理活动中的运用,一是用来协调管理者与一般老百姓的关系,达到二者之间的团结;二是用来协调最高管理者与各级管理人员的关系,取得二者之间的和谐。

现代企业文化是指企业在建设和发展中形成的物质文明和精神文明的总和,包括企业管理中硬件与软件、外显文化与隐形文化两部分。现代企业文化不仅包括非物质文化,而且还包括物质文化。狭义的企业文化,是指企业所创造的独具特色的精神财富,包括思想、道德、价值观念、人际关系、传统风俗、精神风貌,以及与此相适应的组织与活动等。如企业人员的构成、企业干部及职工队伍状况、企业生产资料的状况、企业的物质生产过程和物质成果特色、企业的组织形象等都是企业文化的重要表现。

企业文化应以人为着眼点,是一种以人为中心的管理方式,强调要把企业建成为一种人人都具有共同使命感和责任心的组织。企业文化的核心是一种共同的价值观,是企业职工共同的信仰,它是指导企业和企业人行为的哲学。

企业文化对企业的长期经营业绩有着重大的作用,企业文化属于现代企业管理理论和管理方式的重要内容,其丰富的内涵、科学的管理思想、开放的管理模式、柔性的管理手段,为企业管理创新开辟了广阔的天地。企业文化对企业生存与发展具有很多重要作用,比如凝聚作用、激励作用、协调作用、约束作用、塑造形象作用。可以说不同的企业应该有不同的企业文化,不同的企业文化应该有自己的特殊性,但是企业文化也有着共同的内容,按照企业文化作用范围来划分,企业文化包括经营性企业文化、管理性企业文化、体制性企业文化三大内容。

国外的企业文化发展始于两个明显的事实:一是日本企业的生产效率大大赶超了美国,日本的产品占领了原本属于美国的许多市场;二是美国本土的许多企业,在世界剧烈的竞争中始终立于不败之地。国外企业的企业文化的本质特征是

"以文明取胜"。它有两层含义：一是企业通过生产更好的产品为社会服务，从而提高企业的形象；二是通过尊重和理解他人来赢得人心，以使得企业能够在竞争中立于不败之地。在"为社会服务"方面，如日本企业家松下幸之助就提出"企业应以加速社会繁荣为使命"，认为"经营者不应该凭权势与金钱作恶性竞争，而应该以建设公平、合理的社会为己任"。美国的企业家也都相继提出了"紧靠用户、顾客之上、竭诚服务"等信条。在"尊重和理解人"方面，主张员工参与管理，培养员工的主人翁精神，甚至提出"普通职工比企业主管更加伟大""管理者应该对职工怀着尊敬和感谢的心情"等。

一、儒家文化对现代企业文化发展的影响

现代企业文化提倡的"忠于职守、勤奋敬业"可溯源于儒家文化提倡的"忠"。企业文化追求的第一大效果就是员工对企业的高度"忠诚"。这似乎又刚好与儒家人本哲学所提倡的"忠"不谋而合。曾子说："夫子之道，忠恕而已矣"，忠的基本意思是尽心竭力。儒学传到日本后，被加以改造，把"忠"提到了高于"仁"的地位，并把"忠"演变成为对君主和国家的信从与效忠，使之成了日本民族的道德支柱。过去传统人事管理所追求的目标是员工对企业的遵从、服从，而现代企业文化所寻求的是雇员对组织目标的"忠诚"，这无疑是更高层次的要求。

儒家思想的"忠"含义比较广泛，除了指人与人之间的忠诚以及臣民对君主的效忠外，还包含有对待工作要忠于职守，勤奋努力的意思。在《学而》中，孔子讲到的"敬事而信"是指对待工作要恭敬谨慎，兢兢业业，而不能懈怠散漫，更不能玩忽职守。强调管理者要在其位，谋其政，勤勤恳恳地对待本职工作。

现代企业文化强调"以人为本"，突出"人文关怀"，提倡"团队精神"与儒家文化的"仁"大同小异。搞好企业的经营管理需要有一个和谐的人际环境。在这一方面，东西方有着很大的不同。在西方，人与人之间隔着一个上帝，个人只对上帝负责，这便造成了人与人之间的隔阂。西方的唯理性主义总是把人视为物，视同机器，因此就有了如何进行管理控制以及如何规划人的行为等一系列问题。在儒家文化浸润中的东亚社会，神灵的支配力量远不如现实人生哲学的指引，人们更注重的是人与人之间的情感交融及忠信和谐。

企业经营者要以仁爱之心去对待下属和工人，一切管理人员也必须以仁爱之心去对待员工；同样，员工也应该以仁爱之心去对待企业管理人员，只有这样，企业才能产生内在的凝聚力。过去传统的人事管理的职能以"控制"为主，现代企业文化强调以"关怀"为主，力求营造一种和谐的团队精神，在这些企业中，经营管理者都表现出对员工十分的关心和爱护，员工也都很热爱自己的工作，十分投入地进行

工作。这就是现代企业文化要追求的目标。

现代企业文化追求的"学习型组织"的目标并加强学习和培训,与时俱进以及强化"文化影响"与儒家提倡的"自强不息""修齐治平"是一致的。

——儒家十分重视学习,《论语》首篇第一句话便是"学而时习之,不亦说乎?"

——学习型组织具有四大特征:一是有一种鼓励每个人学习并发展自身潜能的氛围;二是能够用学习的文化影响供应商、客户和重要的股东;三是使企业文化发展战略成为企业政策的核心;四是不断地进行组织变革。学习型企业的要求已远远超出传统的企业内部培训和教育的范畴,它更强调团队的互动,要求团队每一名成员不仅要"学而时习之",而且要用自强不息、勇于创新的精神去推动企业不断向前发展。

儒家的经典《礼记·大学》中明确指出,"修身"是齐家、治国、平天下的前提和基础,为使国家国泰民安、兴旺发达,强调自天子以至庶人,应该以修身为本。儒家认为,每一个人的道德修养犹如树的根,国家的兴旺犹如茂盛的枝叶,如果树根枯萎了,又怎么可能有茂盛的枝叶呢?现代企业文化特别重视"文化力"的影响,重视企业文化的培育。企业文化是一种价值理念,是人的思想的组成部分,有点类似于社会道德。国家靠依法治国,但法律有失效的时候,这时就得靠社会道德。当前我国一些企业大兴建设企业文化,借鉴儒家文化,对企业的发展不无裨益。

现代企业文化提倡"物质文明、精神文明、政治文明",正确处理义利关系的激励机制,与"义利并举,义以生利,以义为上"的儒家价值观是相吻合的。

孔子在谈到君子应具备的人格品质时,特别强调"义",他明确指出:"君子义以为上""君子义以为质""君子喻于义,小人喻于利。"这里所说的"君子""小人",主要是就道德人格而言的。"义"主要是指一个社会人们普遍推崇的道德原则和规范,而"利"则主要是指个人的物质利益和个人物质欲望的满足。对于管理者来说,要使自己具备君子的品格,必须处理好义与利的关系,使自己的思想和行为符合"义"的要求。

孔子认为,应"因民之所利而利之",这是他教导弟子从政的一个重要思想,他强调"恭、宽、信、敏、惠"。所谓"惠",就是要给老百姓以恩惠,因为"惠则足以使人"。他在和弟子冉有谈到如何治理人口众多的卫国时,认为首先要使这个国家的老百姓富裕起来。

在现代社会市场经济高度发展的情况下,利益是调节人们经济活动的主要杠杆,"何必曰利""义以生利"的说法似乎已经不合时宜。但是不可忽视义在调节人们的经济活动中仍应有它的地位。义与利说到底并无必然对立,义也是一种利,只不过不是一人之私利,而是一种整体的利,或称"公利"。我们强调义,即是强调应该把整体的利放在首位,私利的追求应以不损害公利为原则。

二、取长补短、兼收并蓄地吸取各种管理理论精华

中国儒家思想历来不重玄想,而是务求经世致用、知行合一。孔子告诫其弟子:"君子欲讷于言而敏于行。"孔子本人对此也身体力行,到晚年仍周游列国,不遗余力地宣扬儒家学说,甚至达到了"知其不可而为之"的忘我地步。儒家不仅有这种务实好学的事功精神,而且有虚怀若谷的超凡气度。孔子主张"见贤思齐",又说:"三人行,必有我师焉。"儒家崇尚的事功精神和宽宏气度表现在管理上,就形成了一种取长补短、兼收并蓄的实用理性。

日本是世界上最善于吸收外来文化的民族。日本历史上并没有什么重大的发明和发现,本国资源相当匮乏。日本对外来文化进行自主性的移植和创新,使自身迅速跨入先进文化的行列。从某种意义上说,日本文化是东方儒教、佛教文化、西方文化的综合体,正是这样一个国家,一跃成为世界经济强国。

取长补短、兼容并包,并不意味着儒家伦理在东亚管理中的地位和影响力降低了。恰恰相反,信奉儒家伦理使他们更具广博的胸怀和宽容的心态对待外来文化。儒家文化对东亚经济的影响主要在于将儒家文化的人本主义、重人际关系的伦理观念注入现代管理过程,使社会伦理关系融合在企业管理模式之中,在企业外部塑造了相对安定的经营环境,在企业内部形成了比较和谐的人际关系,从而淡化了劳资对立,促进了生产力的发展。所以,并非只有西方的理性观念和数学公式才是科学,我们两千年来继承并发展的儒家文化同样是人类高超智慧的结晶,是现代企业文化和实践的丰富源泉。

企业文化在一个企业中已经超出了管理手段这一基本职能,企业文化还可以增强企业内部的凝聚力、开拓力和竞争力,可以说企业文化是企业的灵魂和生命线。如北京中药企业同仁堂由乐显扬创建于清康熙八年(公元1669年),从一开始,同仁堂就重视创业的德、诚、信,通过长时间的培育,形成了同仁堂特有的企业文化,而"同仁"一词出自《易经》,意思是和同于人,宽广无私,无论亲疏远近一视同仁。

在一个古老农业文明中成长起来的儒家文化传统,在知识层面上当然无法与当今的工业文明相比;但它在生命智慧的层面上,却未必真的不如工业文明。儒家文化传统"自强不息"的进取精神、"厚德载物"的包容胸襟、"与时俱进"的自我调节,还有原始人道、自然秩序、天然情感和随机应变的生命智慧,毫无疑问都具有某种永恒的魅力。儒家文化是中国人道德构建的传统渊源和出发点,它对协调和整合社会具有特殊的积极作用。

第三节　构建和谐的现代企业

儒家"人者,天地之心也"的这种以人为中心的"人治"思想,重视人的价值、特殊化和可能的道德发展,肯定人的主观能动性的作用。这种思想虽有别于现代意义的人本主义,但它肯定了人是社会根本的要素。"以人为本"是企业文化的精髓,人是企业的主体,企业文化要将人这一生产力中最活跃、起决定作用的因素作为管理的着眼点,自觉确立人在企业中的主体地位,关心人、尊重人、理解人、信任人、爱护人,重视人的价值,调动人的积极性、主动性和创造性,最大限度地发挥员工的价值。儒家文化以人为中心的思想与今天企业文化建设"以人为本"的核心含义是一致的。

孟子曰:"天时不如地利,地利不如人和。""和"字指的是人与人之间、群体与群体之间的团结合作,追求的是一种和谐一致的境界,儒家文化所提倡的伦理行为规范等都是为了达到和谐,消除社会的纷乱与争斗。"和为贵"这一传统思想,可以帮助企业形成企业与员工之间、企业与消费者之间、企业与社会之间、企业与合作者之间的和谐、融洽,但孔子的"和"不是千篇一律、毫无差别的,而是"君子和而不同",和谐而又各有其责,不同又不相互冲突,是多元化的统一,是在保持差别和个性的前提下的和谐一致。在这个讲究个性的时代,发扬儒家文化中"和"的思想,积极培养组织成员间的团结协作,塑造员工的团队精神和集体主义精神,接受文化的多样性并加以吸纳,形成多元共存的和谐企业文化氛围。

企业文化作为一种亚文化根植于企业经营特定时空内的社会民族文化当中。当代中国企业文化也必然受到现代中国社会文化的影响。可以说,中国传统文化是中国企业文化产生的条件和土壤。中国传统文化的主流是儒家文化,儒家文化是一个趋时更新、兼收并蓄的博大精深的思想体系,在中国历史上曾长期作为官方的意识形态。发挥以"仁"为核心的儒家思想在企业文化建设中的底蕴作用,对于创建既具中国特色又具时代风采的企业文化,以及对我国企业文化建设的创新和深化,进而对构建和谐社会产生积极意义。现在我国正在进行企业改造,塑造独特、稳固、优秀的企业文化会给企业注入新的活力,可以提高企业的生存能力和市场竞争力。儒家文化博大精深,源远流长,是我国企业塑造企业文化取之不竭、用之不尽的思想宝库。

经过三千年的传承与发展,儒家文化对亚洲,特别是对日韩等国的行为模式、信仰、习俗都产生了巨大的影响。从20世纪80年代起,东亚地区的经济发展开始为世界各国所瞩目。儒家文化调和了市场经济时代的诸多弊端,为这些国家创造了和谐、有序的经济发展环境。韩国的企业主要表现出重家族、重群体、重社会、重国家和轻个人的伦理观念,以及忠于国家、尊敬长者、勤劳敬业的道德规范。这都与儒家文化的观念是相一致的,是对儒家文化的继承和发展。与韩国相比,新加坡是深受"全盘西化"之害但醒悟得很早的国家。早在多年前,时任新加坡政府副总理的吴作栋就提出把儒家基本价值观升华为国家意识。新加坡政府既不盲目模仿西方的经济发展模式,同时也不完全照搬儒家文化,而是按照本国的国情走一条新加坡模式的发展道路,值得我们借鉴。日本学者伊腾雄写道:"日本企业家只要稍有水准的,无不熟读《论语》与《道德经》,孔子的教训给他们的影响巨大,实例多得不胜枚举。"西方发达国家美国和西欧从日本以及后来的亚洲"四小龙"的成功中得到启发,从而加强对儒学的研究和应用。

我国现代企业文化建设,既要借鉴西方国家的先进经验,又要汲取我国传统文化中的儒家优秀思想,将其应用到企业文化建设中,形成具有本国特色的企业文化,以适应激烈的市场竞争的态势。继承儒家思想的精华,以诚信为本是现代企业文化建设的基本核心,仁爱怀柔是现代企业文化建设重要的内在驱动,义利统一乃现代企业文化建设的重要表征,礼仪规范作为现代企业文化建设的厚实基础,以此合力推进我国现代企业文化建设。

第四节 企业"仁义"缺失的危害

一、现代企业"仁义"缺失表现

企业的生产与经营都是建立在企业的文化管制下的经济活动。在现代社会,有许多企业能够秉承"童叟无欺""诚信"经营理念,坚持"义利兼顾""先义后利""以义取利"的经营原则;但也不乏有不少企业无视社会公德和职业道德,巧取豪夺,制造污染;逃避责任和税法,无视公益;背信轻义,严重危害消费者利益;急功近利,尔虞我诈等。

(一)污染环境,破坏人与自然的和谐

在中国几十年的经济发展过程中,资本积累过程一直不够重视环境的保护,无视可持续发展。企业与自然之间存在巧取豪夺、破坏环境的企业经济行为。

一些欠发达、后发达地区的环境危机一点也不"逊色"于发达地区,它强烈地警示人们:如果企业不切实践行可持续发展观,发生在发达地区的环境悲剧,就将在后发达地区重演。

自工业革命以来,大量掠夺环境资源成就社会经济高度发展的事实,在20世纪中期面临考验。企业为了追求自身的经济利益,往往对作为生态系统的自然实行"巧取豪夺",结果使"高投入、高消耗、高污染"的生产方式膨胀,导致资源锐减、环境污染、生态失衡加速,出现了大气污染、臭氧层破坏、温室效应、水污染以及其他诸如森林绿地面积减少、土地沙漠化、水土流失严重等一系列生态环境问题。因大量使用氯气、碳化物等化学物质,导致臭氧层破洞,紫外线直接照射地球,致使皮肤癌及白内障等病症患病率增加;因大量使用化石燃料,释放过多的二氧化碳导致全球暖化,继而引起气候变迁;因医疗废弃物及有害废弃物的任意弃置,垃圾掩埋场的不敷使用或未做妥善的防护措施等,严重污染环境;为追求生活的便捷,大量使用对环境不友善的物质,增加环境负担;为了达到人类发展史上前所未有的物质生活水准,相对牺牲了环境的保护。

在生态破坏尤其是环境污染中,企业承担着不可推卸的作用。可以说,现在世界上的环境问题都与企业有关,企业既是污染物质的主要生产者,又是污染物质的主要排放者,是资源破坏的主要来源。企业在实现利润最大化时,只考虑或主要考虑企业行为的经济效益,不考虑或很少考虑企业行为的社会效应和环境效应,造成严重的资源损害和环境污染,导致对社会、子孙后代利益和生命与自然界利益的损害。因此,企业除了追求利润最大化,实现经济效益和社会效益外,还需要考虑资源和环境,采取有效措施保护环境,治理污染。

(二)背信弃义,严重危害消费者利益

顾客是企业的上帝,没有顾客,企业的产品也就没有了市场,其经济活动失去了它存在的价值。企业产品销售一定要在立足于服务顾客,满足消费需求,维护消费者的正当权益的条件下才能够进行。"三鹿毒奶粉事件"严重危害了消费者的人体健康,其企业行为有违职业道德、行业道德,实为"背信弃义"。

随着我国市场改革的深入推进和市场开放程度的不断加深,诚信不仅成为市场经济发展的重要基石和社会和谐稳定发展的重要保障,而且成为企业提升商誉、树立品牌形象和增强市场竞争力的必备条件。

从当前情况来看,我国的诚信体系建设仍滞后于市场经济的发展,失信行为依然比较普遍,各种商业欺诈、假冒伪劣商品损害着用户和消费者的利益,对市场经济秩序的正常运行造成了极大的干扰和破坏。现在有很多企业认为企业存在的价值和目的就是为了创造利润,因此不讲道义,不惜制假、贩假、以次充好来损害消费者的利益来追逐自己超额的利益,这不但不利于这些企业的长远发展,也扰乱了市场经济的秩序,更破坏了我国企业的对外形象。"三鹿毒奶粉事件"让我们看到了诚信危机给社会、人民生活以及企业自身和所在行业带来的严重影响。造成这一危机的原因是复杂的和多方面的,既有社会不良风气的影响,也有市场治理结构不完善、监管不力、执法不严、社会信用管理不完善等方面的原因,但更主要的是企业诚信的缺失。因此,企业要以"三鹿毒奶粉事件"为鉴,切实加强诚信道德建设,规范自身行为,自觉维护市场经济秩序。

(三)企业失信,尔虞我诈,破坏内部和谐

企业员工是企业的主人,是企业一切经济活动的关键。所以,内部的管理激励措施十分重要。要严于律己,宽以待人,重视员工,礼让员工才能确保企业的正常发展。失去礼仪,缺乏信任,待人刻薄,欺诈剥削只能让企业倒闭或破产。"美国安然公司破产事件"能够给人以警示。

美国安然公司的超常规发展带有一种传奇色彩,由一个不起眼的地方性企业在短短的几年中迅速发展成为世界级的大集团。安然如此大的成绩就是安然的企业文化孕育了安然的成功,但是由于安然公司的企业文化是一种违背道德发展规律的伪企业文化,因此带来了灭顶之灾。

安然公司的经营理念是为获得成功不择手段,对内部员工采取残酷的优胜劣汰制度,即"压力锅"式的企业文化。安然公司石油和天然气勘探部门前负责人福里斯特·霍格伦说:"驱动力是一种非凡的形象,并且使其业绩记录不断上升。"但是这种"只能成功"的格言在这种环境下,使偷窃他人成果变成很平常的事情。在安然,失败者总是中途出局,获胜者会留下来,指望获得做成最大交易的那些人更是可以得到数百万美元的奖金。这就是安然公司的"赢者通吃"文化。这种"高压锅"的企业文化给员工打下了一种"只许成功,不许失败"的烙印。犯了错误的员工立刻就会被解雇,结果不仅促使员工尽可能地掩盖过失,也使员工失去了许多锻炼的机会。公司过去的和现在的一些雇员都曾指出,保持安然股价持续上升的压力,诱使高级管理者在投资和会计程序方面冒着更大的风险,其结果就是虚报收入和隐瞒越来越多的债务,最终造成了安然经营业绩持续增长,而企业却负债累累的状况,前经理玛格丽特·切科尼说,安然是"一座用纸牌搭成的房子",必然的结果是树倒猢狲散。以上的举措,正是安然公司"赢者就是一切"文化蛊惑下的恶果,也正是由于安然公司恶劣畸形的企业文化,自己把自己送上了绞刑架,导致安然公司毁灭和倒闭。

因此,企业要发展,除了建立优胜劣汰的竞争机制外,还应该加强企业职业道德建设,传承孟子的"德治思想",尽可能实现"以德治企"。

(四)企业之间的尔虞我诈

市场的大小是相对的,不是绝对的;竞争者之间应该建立在相互的理解与法律许可的范围内,公平竞争,以义取胜;在质量上竞争,在服务上竞争,在诚信上竞争才能有更好的发展。企业之间的急功近利、尔虞我诈也会给企业带来很大的损失。

通过影响较大的阿里巴巴与百度"互掐"事件,可以了解企业之间是否能够和谐相处。

从百度宣布进入电子商务之后,百度与阿里巴巴双方在C2C、搜索引擎、网络广告、在线支付、企业贸易推广等业务上都存在直接竞争关系。特别是百度启动的某一种电子商务B2B项目正面冲击阿里巴巴旗下业务。2008年10月29日,阿里巴巴正式发函告知百度,全面停止在百度的广告投放。随即,百度强硬回应称阿里巴巴因为"公司资金链出现严重断裂"而停止广告投放。阿里巴巴称其举动完全基于效果的考虑。"根据客户数据分析结果显示,百度的流量质量逐年下降,还存在相当比例来源不明的无效流量。百度所带来的点击,与中小企业的需求不符合。"

实际上,阿里巴巴和百度都暴露其弱点:百度遭人诟病的广告竞价排名,阿里巴巴遭遇金融危机举步维艰的B2B。前几年在全球金融危机中,中小企业纷纷遭遇市场及资金危机,百度仍然有意趁阿里巴巴对外扩张之时,依靠本土内需建立一个全新的B2B市场。据《北京商报》报道,百度B2B项目将推出类似阿里巴巴的贸易平台,在阿里巴巴的核心业务上"正碰撞"。目前,百度与阿里之间的直接竞争已达到五大领域。

根据业内人士的分析,阿里巴巴和百度两大中国互联网的巨头互掐,一方的不克制只会造成恶性竞争,两败俱伤,从而影响中国整个互联网的良性发展。他们认为,阿里巴巴和百度应该把精力放在修炼内功上,阿里巴巴目前应该做的是完善电子商务生态链,以度过电子商务的寒冬。而百度重要的是如何调整企业收入来源,重塑企业形象,做好已经上线运营的C2C业务和即将上线的B2B业务。

以往人们对竞争的理解与实践,都以一方的取胜建立在另一方失败的基础上。就像下棋一样,输赢双方的结果属于"博弈论"中的"零和游戏",即胜负之和为零。对企业来说,人们往往把竞争看作是通过挤垮或打败竞争对手来发展壮大自己的主要手段。

例如,有的强势企业用价格大战把自己竞争对手中的一些弱势企业置之死地,以扩大自己的市场份额,赢得更多利润。前些年家电企业的几场价格大战,人们记忆犹新。恶性价格战不仅恶化了企业的生存环境,而且还扭曲了消费者的消费心态。由于某些运营商违规降价,于是宠坏了诸多不知情的消费者,使之逐渐产生"不降价就不是好企业"的不良消费心态。这种将竞争对手彻底打垮的竞争方式,虽然得胜一方暂居优势,获得了一时的利益,但迫使弱势企业倒闭、破产,大量职工失业,加剧了社会矛盾,从社会全局来看是得不偿失的,与构建社会主义和谐社会的目标背道而驰。即使从竞争得胜企业本身的利益来看,也未必是好事,因为倒闭、破产的企业大量职工失业,失去了谋生手段,必然造成社会购买力下降,市场萎缩,并不利于竞争得胜企业的持续发展。

二、企业"仁义"缺失的成因及结果分析

现代企业利益驱动的基本诱因和物欲膨胀,使经济伦理受到前所未有的冲击。改革开放的深入使得人们对物质享受的要求越来越高,很多企业为了达到追逐利益的目的,不惜违反国家的法律法规,不惜蒙蔽自己的良知。因此,企业"仁义"缺失的根本原因是企业对利益的无畏追求,从而忽视了健康的符合时代要求的企业文化的建设和培育。

(一)失"仁义",不正当竞争葬送企业发展先机

企业处理与竞争对手的关系,由于理想目标的短视性,为短期利益采取不正当的竞争手段,从而葬送了企业生存和发展的条件。在现代市场经济的条件下,企业积极参与市场竞争,去追求产品的最优化和利润的最大化,从而促进市场经济的发展。在真正成熟的市场经济的社会环境里必然存在企业间的竞争。这种竞争是无时不有、无处不在的。由于完备的法律、制度的约束,这种竞争虽然有时十分激烈,但却是有序的、健康的、非垄断的。由于我国的市场经济发育不成熟,有关竞争方面的法律、法规还不够健全,企业尤其是民营企业一般历史较短,一些企业经营者的素质偏低,所以普遍存在着畸形的竞争文化现象。如利用政府行政干预进行不公平竞争,利用行贿取得有利于自己的竞争条件,试图牟取垄断地位,挤垮竞争对手等。这些种种不正当竞争手法对不少民营企业家有着相当大的诱惑力,特别是对企业眼前的发展和短期利益的获取有立竿见影的效果。但对企业的长远发展却是一剂毒药。

(二)传统观念和自私本性违背可持续发展观

"人不为己,天诛地灭""人为财死,鸟为食亡"等观念在人们思想中根深蒂固,加之人的自私本性,要使公平、协作规范的概念深入人心,落实为企业的行业准则实在很困难,从而在市场经济中滋生了畸形的不正当竞争文化。随着我国经济持续高速发展,市场竞争愈加激烈,为争夺市场,企业之间展开了全方位的竞争。但是,总有些企业想得更多的不是怎样去树立和维护自己的品牌,而是想方设法地去破坏竞争对手的声誉;有的企业热衷于不正当竞争,唯利是图地欺诈消费者,尽可能地逃避税收和社会保障资费,不考虑扩大社会就业而将负担甩向社会;有的企业为了取得对市场的垄断地位,搞垮对手,不断掀起所谓的价格大战,有的甚至不惜以低于成本的价格销售产品。很多企业觉得自己可能会被不正当竞争所击垮,所以他们就先采取不正当竞争的方式去击垮别人,目的只有一个,把竞争对手挤出市

场。这样的后果，虽然给竞争对手造成了伤害，但其实也损害了自己的利益，是典型的损人不利已的行为。不正当竞争的实质是企业不讲信义、不讲规则、不讲法制，与市场经济规律背道而驰。虽然在一个不成熟的市场中，弄虚作假、偷税漏税、不正当竞争能获得最大利益，但是从长远来说，这种不正当竞争不利于企业的可持续发展，也不利于提高企业的核心竞争力。

儒家思想内容丰富、形式多样、结构复杂，是一个文化事实。而基本精神则蕴含在其中，作为儒家文化的基本精神，一方面，它必须有广泛的影响，为大多数人所认同，是他们的基本人生信念和自觉的价值追求；另一方面，它具有维系民族生存和发展、促进社会进步的积极作用。其核心精神"仁"映射到企业文化建设中主要有"天人合一、义利兼顾、人我有别、敬业诚信"。

"天人合一"体现了儒家"仁"的生态伦理思想，通过赋予天以伦理道德的属性，达到自然与人的和谐的统一。"大哉！尧之为君也。巍巍乎，唯天为大，唯尧则之。"孔子认为只有尧才能仿效天，因为尧是人类最杰出的代表，蕴含着人与天可以相通，即人与自然可以统一。"仁，知之人爱人，也爱物；爱社会，也爱自然。""翼不称其力，称其德也"，动物不论其力量的大小，都有情感、语言和意识，也能够成为人类的朋友和助手，值得人们去关爱、理解和尊重。"岁寒，然后知松柏之后凋也"，植物也有自己的性格品质，可以让人亲近，与人相通。可见，人类与山水、动物、植物之间存在着一种追求和谐、统一共生的生态关系。

孔子曰"钓而不纲，弋不射宿"，钓鱼不用系满钓钩的大绳来捕鱼，不用带丝绳的箭来射鸟，不射归巢的鸟。说明孔子具有取物有节、处事有度的自律观念。孟子、荀子进一步发展了这一思想。孟子说："数罟不入洿池，鱼鳖不可胜食也；斧斤以时入山林，林木不可胜用也。"荀子说得更具体："草木荣华滋硕之时，则斧斤不入山林，不夭其生，不绝其长也……污池渊沼川泽，谨其时禁，故鱼鳖优多而百姓有余用也；斩伐养长不失其时，故山林不童而百姓有余材也。"这就是说，密网不入污池、川泽，鱼鳖繁荣，鱼鳖就吃不完。砍伐山林之时不伐小树，促其林木，林木就用不完。这就蕴涵了这样一个重要思想：人类的生产活动，要有益于生态环境的保护和发展，自然界生物系统对人类的支持能力、供应能力才能不断扩大。

儒家提出"取物有节"的生态发展观。人类社会是在同生态环境进行物质、能量、信息的交换中存在和发展的，人类要开发自然，向自然界索取，但这种索取要适时有节，不能过度，不能肆意掠夺资源。儒家的生态伦理思想就是这种适时节用思想。所谓适时，就是按照自然规律和动植物的生长特点，去利用自然资源。所谓节用，就是指在开发和利用自然的过程中要讲究适可和适度，不能毁灭地采伐林木和捕杀动物，必须维持物种的繁荣和生态的平衡。

人与自然的关系和谐,往往会影响人与人的关系、人与社会的关系,如果生态环境受到严重破坏,人们的生产生活环境恶化,如果资源能源供应高度紧张,经济发展与资源矛盾尖锐,人与人的和谐、人与社会的和谐是难以实现的。社会主义企业在保持生态平衡,加强环境保护理念的指导下,应在学习国外先进治理经验的同时,继承国内优良传统和思想,采取一系列环境保护和治理措施。如对矿藏资源的滥采滥挖的遏制,对工业废水、废气、废渣的治理等,并从法律和道德的角度,建立环保长效机制和道德规范。

市场经济企业之间的契约正常有序地履行,必须立足于企业经营者之间互守诚信的道德基础之上。一旦某个企业失去诚信而违约,市场交易的连续性链条就会发生断裂,市场运行的正常秩序就会被打乱,就会使相关交易伙伴的利益及社会整体利益受到损失,同时也会使自身的市场信誉、社会形象遭受贬损,并最终影响到自己的长远利益。在市场竞争、优胜劣汰的社会背景下,诚信已成为一种道德资源和一项巨大的社会资本。诚信与否,关系到企业的兴衰成败,乃至生死存亡。同时,要形成确实有效的利益奖惩机制和强有力的现代契约制度的系统保障,从而建立起完备的现代信用体系,维系社会诚信。

企业文化是现代企业不可缺少的内容,随着企业的发展而不断发展。企业文化不仅具有鲜明的时代性,而且深受传统文化的影响和制约。企业文化之所以能显示出新文化的生命力,不仅在于它具有全新的物质基础,还在于它继承和吸收了传统文化尤其是儒家思想中的优秀成分。如果失去儒家的"仁"这一基础,它就会失去强大的生命力。因此,儒家思想不仅是进入知识经济时代企业文化建设的重要源泉和基础,还是具有中国特色的企业文化建设的重要支撑。

科技的进步和经济的飞速发展使得企业创造出丰富的物质财富和精神财富,但是也出现了许多问题。20世纪以来,全球的生态危机严重,如土地沙化、环境污染、能源短缺、森林锐减、某些物种灭绝等,已经严重威胁到人类的生存和发展。为此,应对全球的生态危机的可持续发展理论得到很多国家的认可,并付诸政策落实。1992年联合国环境与发展大会通过的《21世纪议程》给"可持续发展"下的定义为:既满足当代的需求,又不危及后代满足需求能力的发展。可持续发展的核心思想是健康的经济发展应建立在生态可持续发展、社会公正和人民积极参与自身发展决策的基础上。可持续发展强调经济发展与人口增长、资源利用、生态环境保持和社会进步的相互协调。企业作为社会的一员,理应承担起可持续发展的重担。

可持续发展观认为,社会发展是一个人类与自然协调发展的过程,人类史与自然史彼此制约,人与自然必须保持一种和谐关系,否则会出现灾难性后果。可持续发展既涉及政治决策与各国之间的协商问题,也涉及科学技术与社会的问题,但最根本的思考应当从人文价值及其哲学基础入手。在这个问题上,中国儒家哲学有很深的现实人文价值。

三、建设企业和谐文化措施

(一)树立人与自然和谐理念,确保企业可持续发展

儒家文化中的"天人合一"思想,要求人与自然保持和谐统一,其价值就是承认自然界具有生命意义,具有自身的内在价值。换句话说,自然界不仅是人类生命和一切生命之源,而且是人类价值之源。

儒家"天人合一"思想与现代可持续发展原则相统一,因而其价值越来越受到当代企业家的重视。企业可以通过贯彻"天人合一"的儒家和谐思想,建立企业生态文化,以追求人与自然的和谐发展,生产绿色产品、保护环境和有计划地使用自然资源,以期促进企业和社会的可持续发展。

(二)树立"义利"和谐统一的企业经营理念

企业经营理念是企业领导者在长期的生产经营实践中,洞察和把握企业内部与外部的各种条件变化,集中全体员工的智慧,逐步建立起来的,并形成企业所遵循的根本原则及企业全体员工对共同理想和信仰的追求。企业经营理念确立了企业的行为目标和发展方向,综合地反映了企业精神,有效地进行企业文化定位,从而在消费者心中建立起区别于竞争对手的独特的经营理念。企业经营理念是在本企业特定的条件和环境下创建并形成的,深刻反映企业的经营追求和企业的精神风貌,是企业全体员工统一的共同意志,对推动企业的发展有着巨大的精神作用。

在当今企业管理中,企业内部以及企业与外部之间的利益调节,始终是一个重要的问题。儒家"义"的思想要求企业在追求利益的同时,必须有益于社会和员工,以义生利,实现企业自身利益、社会贡献以及员工利益的统一。"义利相统一"的经营原则要求企业必须遵守一定的道德规范,对外要讲究诚信经营;在与消费者或其他企业的相互交往中,诚实守信,而不能只考虑本企业的利益,忽视国家、社会和消费者等的利益,甚至为了获得利益而不惜以破坏生态环境为代价。当企业面临义利冲突时,应该把公利放在第一位,私利放在第二位,"见利思义""义然后取",而绝不可违背道德去追求私利。

因此,企业在建设现代企业文化过程中,必须正确处理企业与社会、企业与员工、企业与顾客、企业与竞争对手的关系,以义利合一的价值观指导设计企业外在的经营管理模式,逐步凝练出符合本企业发展的理念和精神,形成本企业的文化特

质,使之成为企业持续发展的内在推动力。企业处理好"义"和"利"的统一问题,以义取利,企业才会树立良好的社会形象,赢得同行和社会各界的认同与赞誉,从而直接提高企业品牌效应。

(三)树立"以人为本"的企业价值观

内求团结是企业内部的和谐。企业本身是一个由各类人群组成的综合体,由于成员之间在知识、能力、经验、个性、信念以及职务、地位和利益关系等方面存在着差异,客观上相互间在人际关系上存在着各种各样的矛盾,企业就需要通过如思想政治工作等各种软性管理和规章制度执行的硬性管理去调适与化解矛盾,并进而确立共同的价值观念和共同的企业目标,使企业内部形成一种互相依赖、相互依存、和谐融洽的氛围与人际关系。

企业价值观是企业全体成员所具有的共同信念和判断是非的标准,以及调节行为及人际关系的导向体系,是企业在追求经营成功的过程中所推崇的基本信念和奉行的目标,还是企业全体员工一致赞同的关于企业意义的终极判断。企业价值观因企业目标不同而存在差异,如"企业的价值在于致富""企业的价值在于利润""企业的价值在于服务"或者"企业的价值在于育人"等,不同的价值观能体现企业不同的价值取向,决定了企业在生产经营过程中对各种相关利益的选择和判断。总之,企业价值观反映着企业生产发展的基本信念和最高目标,具有普遍的共同性。价值观是企业文化的核心和灵魂,是判断企业行为的标准,也是指导企业发展的精神动力。

当今社会的科技人才的作用和重要性日益突出,所以,人才管理成为企业更加重要的因素,强调以人为本,在企业管理中,以人为中心,尊重人才,注重对人才的培养,满足人才合理的需要,为人才的成长创造一个良好的环境,以充分调动人才的积极性和创造性,达到人尽其才、才尽其用的目的。企业的主体是人,对任何一个组织而言,要获得成功,取得长期的生存和发展,就必须以人为本,只有充分调动员工的积极性,开发他们的智力,发挥他们的聪明才智和创造力,才能从根本上提升企业的效益。

传统上以组织为本的企业文化中,人被看作是专业化分工和机器的附庸,人在企业的生产经营活动中处于从属和被动地位。在以人为本的企业文化下,管理制度中首先要体现人在生产经营活动中的主体地位,管理必须体现人的全面发展的要求,既有助于人的理性发展,又有助于人性的实现。并且管理必须致力于开发和充分应用人的潜能,有助于企业成为员工生命和生活的载体,成为员工自我实现的舞台,才能够确保企业目标和个人目标的吻合。企业文化理论更多的是强调在员工中传播企业价值观,企业管理者通过推动全体员工对企业工作的使命、愿景、战略和目标达到共同的认识来增强企业的凝聚力,激发员工努力奋斗的热情和团结协作精神。而以人为本的企业价值观更加具体化,即企业通过树立以人为本的企业价值观来形成企业目标与员工目标的自然吻合,两者目标的完美结合是调动员工积极性的最好方式。只有将企业目标和个人目标完美地结合,才能实现人的全面发展,企业目标才能得以最大限度地实现。

(四)建立良好的信任沟通机制

企业建立对人的信任机制是实施以人为本的企业价值观的一个重要特征。信任机制具体包括高层管理者之间的相互信任,高层管理者和员工之间的相互信任,员工和员工之间的相互信任,而这些信任必须落实到具体的企业行为中。培育信任感可以遵循以下方法:向他人表明既是为自己的利益而工作,也是在为别人的利益而工作;用语言和行动来支持自己所在的组织;开诚布公、公平地说出自己的感觉;表明指导自己进行决策的基本价值观是一致的;保密;表现出你的才能。具体到企业行为上,企业应建立公平、公正、公开的管理制度,保持政策的相对稳定性和连续性,对所有员工一视同仁。企业领导者要做到言必行,行必果,并在领导和员工之间、员工和员工之间营造建立信任的组织氛围。

良好的沟通不仅对于组织工作绩效的提高很重要,而且是激励员工的重要手段之一。知识经济时代的员工对情感的需要日趋强烈,组织对员工情感的关心、理解等需要的满足是企业与员工建立和谐关系的重要因素。良好的沟通机制是满足这种需要的根本。员工通过组织内部良好的沟通机制,一方面可以表达自己的成就感、满足感、挫折感等各种情感和社交的需要;另一方面可借助于高效的沟通机制提高其工作效率。企业建立高效的沟通机制,运用各种沟通方式,加强组织员工的沟通。沟通的实质是信息的传递和相互理解,管理者要具有良好的倾听习惯,经常倾听下属的心声,了解下属的需要。

(五)做诚信敬业、严于律己、宽以待人的企业家

孟子特别强调在协调人际关系的过程中,要严于责己。他说:"有人于此,其待我以横逆,则君子必自反也:我必不仁也,必无礼也,此物奚宜至哉?其自反而仁矣,自反而有礼矣,其横逆由是也,君子必自反也:我必不忠。自反而忠矣,其横道由是也,君子曰:此亦妄人也已矣。如此则与禽兽奚择哉?于禽兽又何难焉?"他还说:"仁者如射。射者正己而后发,发而不中,不怨胜己者,反求诸己而已矣。"宋代朱熹认为一个人如果要处理好人际关系,就要搞好自身的修养。

(六)树立和谐的企业形象

企业形象是指企业、企业行为及行为后果在社会公众心目中留下的整体印象和评价,包括内部形象和外部形象两部分内容。内部形象是企业员工对本企业的

整体看法和评价,表现为员工对企业的信赖和忠诚度;外部形象是社会公众对企业的印象和评价,构成了企业生存和发展的重要手段与内容。企业的良好形象一经确立,对内就成为员工群体的价值准则,对外能够提高企业的知名度、美誉度和信任度。因此,能否树立和谐的企业形象,关系到企业的兴衰与发展。

在现代社会,企业之间的竞争日益激烈,企业内部能否团结一致、和谐相处是企业生存和发展的关键。正如松下幸之助曾说过的"事业的成功,首先在人和……公司上下能不能团结一致是企业成功与失败的关键"。

儒学文化强调用"礼"来规范社会各阶层人们的行为,约束人们的行为,使之不产生偏颇或越轨的行为,每个人都应该按自己的身份、地位所规定的权利和义务行事,从而平衡社会的各种关系,使之达到和谐的目的。"和"的概念不仅反映了一个组织、一个社会理想的运行秩序,而且反映了达到这种秩序的内在平衡机制。"礼"和"和"的思想对于建立良好的企业管理理念具有很好的启发意义。"礼"的思想要求企业的管理者和员工都要在自己的职权范围内做好本职工作,各安其分,各尽本职,立足本职岗位,朝着共同的目标一起努力,为最终达到"和"做好充分的准备,而"和"的思想则要求企业在各部门分工的基础上,应注重合作。具体而言,管理者应注重调节企业内部上下、左右、人与人之间的关系,并通过各种形式的活动,使得企业内部各个生产环节之间、企业组织机构各个部门之间、管理层与员工之间、员工与员工之间都各得其所并相互配合、相互协调,建立一种融洽团结的气氛,促成企业团队精神的形成,人们的积极性能够得以充分地发挥。管理者提倡"人文关怀",增强企业的凝聚力。人与人的和谐是儒家思想的重点,儒家文化承认人与人的社会差别,但认为在人格上是平等的,它强调的人与人的和谐,更多的是在平等的前提下主张人与人之间建立和睦融洽的关系。孔子强调:"礼之用,和为贵。"孟子认为:"天时不如地利,地利不如人和。圣人所贵,人事而已。"强烈的人文关怀,是儒家一以贯之的思想。儒家提倡父慈子孝、兄友弟恭、朋友有信、忠恕之道等观念,突出强调了处理人际关系中相互以对方为重的基本原则。它能使企业的人际关系有一种爱和信任,个人在企业中受到尊重,有一种幸福感和自豪感,促使企业内部组织的和谐协调,使企业产生凝聚力,一致对外竞争,有利于提高企业在市场中的竞争力。"仁爱"思想是企业内部加强团结和增强凝聚力的基础,企业的领导、企业家们要以"仁爱"之心,激发员工对真善美的追求,使他们珍惜自己、热爱企业,把自己的命运与企业的生存发展紧密结合,形成企业强大的凝聚力,以达到经济价值和社会价值的最高统一。

(七)培育精诚合作的团队精神

(1)精诚合作的团队精神是企业成功的保证。团队精神培养是企业文化建设的重要内容。在当今世界,生存与发展是企业永恒的两大主题,而企业能否生存与发展,关键在于能否在企业内部形成一种凝聚力,能否发挥企业员工的积极性和创造性。因此,让管理亲和于人,让管理者与员工融为一体,互相激发灵感,最大限度地激发员工的积极性、创造性,形成积极向上的价值观和道德观是企业成功的必要保证。团队精神对于企业的经营业绩、企业兴衰具有巨大的作用,要培养这种"和为贵"的企业文化,就要培养职工团体的协作精神,集中广大职工的智慧,把员工的利益期望与资本结合成"利益共同体",塑造企业内部的和谐、融洽及共识于一体的群体关系,在企业文化的浓厚氛围中,增强责任感和事业心。

(2)增强企业员工的团队意识。儒家主张"修身、齐家、治国、平天下",把个人、家、国、天下四者统一起来,在社会整体中确立个人的价值,强调培养个人对社会、对国家的使命感,以天下为己任,"天下者非一人之天下也,天下人之天下也""国家兴亡,匹夫有责",倡导"先天下之忧而忧,后天下之乐而乐"崇高的人生价值的追求。另外,主张"二人同心,其利断金""君子合而不同,小人同而不合",倡导团队中的团结与协作。

(3)以家庭观念为先导的团队意识在企业文化建设中发挥积极作用。企业可以视同"一个小家庭",保持人与人之间的和谐关系,增强企业员工的"家庭"观念,有利于企业形成团体凝聚力和竞争力,有利于重构人们以团体利益为重的团体精神。在企业里,职工的主人翁意识往往借助于家庭观念,如"爱厂如家"表现出来。"孟泰精神""白云山精神""志在改革齐进取,爱厂如家当主人"的企业精神,"和谐管理",可以看出"爱厂如家"是企业凝聚力的源泉。一方面,意味着工厂像家庭一样温暖,领导像父母一样可亲可信,同事像兄弟姐妹一样团结友爱;另一方面,意味着员工对企业像对家庭一样关心爱护,与之融为一体,休戚与共,心甘情愿地为振兴企业而出谋划策和忘我劳动。这是我国企业文化内容中一个独具特色的优势文化。因而继承和发扬儒家文化的团队意识和忧国忧民、爱国爱民的高度责任感,处理好个人与整体的关系,在充分发挥个人才能的基础上增强整体的凝聚力也是企业文化建设的一项重要内容。

(八)创造和谐的外部环境

对于现代企业而言,和谐是全方位的。外求发展时企业应注意调适与政府、社团等方面的社会关系,使企业在社会上树立起有良好信誉、为社会造福的良好形象,与社会各方面和睦相处。企业调节好与社会各方面的关系,有利于实现企业与社会的和谐发展。

企业文化建设的好坏关系到企业的生存和发展。塑造优秀的企业文化,提高企业的核心竞争力,关键是将优秀的传统文化融入其中。以"仁"为核心的儒家思想是中国传统文化的精髓,它是中华民族在漫长、悠久的社会生产、生活实践过程中所创造的文明积淀,是中华民族的精华。以"仁"为核心的儒家思想在企业文化建设中发挥出更显著的作用,努力建立起具有中国文化底蕴的社会主义企业文化,并在坚持科学发展观的基础上,结合现代人文精神、科学态度和西方先进的管理理念,不断推进社会主义企业文化建设的新发展。

下篇

第九章 儒商文化的功效

第九章

儒商文化的功效

第一节 中国历代商人的经商之道

懂得经营之道是企业做大做强最基本和最重要的依托。而懂得经营之道,就要从中国古代商业文化出发,秉着"古为今用"的思想,在中国企业发展的历史长河中汲取精华,将中国古代各个重要时期商人卓越的经营思想与方法加以分析和归纳总结,可为现代企业在发展中遇到的各种问题提供有效方法。

一、探究古代商人经营之道的时代背景

中国人经商的历史源远流长,其商业文化博大精深,在漫长的商业活动中逐渐培育出中国商人独特的经营之道。从出现以贝为货币的商周时期,到出现第一大儒商的春秋时期,到商业空前繁荣的两宋时期,再到以徽商、晋商为代表的十大商帮迅速发展的明清时期。在不同的时期,中国与许多国家相比,经济实力等方面都能处于领先地位,这与其商业的发展是分不开的。由此,从中国古代商人经营之道中总结归纳可取之处,古为今用,找出现代企业解决问题的方法,从而使企业能够尽快适应新环境,做得更好,走得更远,创造丰厚的利润和社会价值。

二、中国各重要时期商人的经营之道

(一) 春秋战国时期商人的经营之道

在春秋战国时期,铁器和牛耕的普及便于农民深耕细作,不少大型水利工程的兴建也促进了农业生产的发展,如都江堰、郑国渠等。农业生产的不断发展,为社会提供了丰富的物质基础。而且,"废井田,开阡陌",土地私有制逐步确立。大量山林池泽逐步开放,生产范围逐渐扩大,也为手工业的发展提供了丰富的资源。至于战事的频繁也刺激了诸如兵器、造车等手工业及商业往来的发展,道路的开通为

其提供了方便。都市兴起、平民解放等等都为这一时期商业的第一次繁荣奠定了基础。随着商业的发展,逐渐涌现出中国乃至世界第一批大商人——范蠡、白圭等,并出现以计然为代表的大商理论家。他们构成了这一时期商界的主体,其经营之道也必有值得探究之处,值得现代人学习借鉴,从而针对自身问题得到相应的启示。

1. 第一代大儒商——范蠡的经营之道

范蠡,春秋末著名的政治家、军事家和实业家,后人尊称"商圣"。在十九年之中三致千金,自号陶朱公,乃我国儒商之鼻祖。世人誉之:"忠以为国,智以保身,商以致富,成名天下。"其能获得如此高的评价是与其经营之道分不开的,在《陶朱公理财十二则》中,一些内容对解决现代企业存在的问题仍然有很大的价值。

第一,能知机,售贮随时,可称名哲。宜兴之陶业,相传为范蠡所创,蜀山之西有地名蠡墅者,即为范蠡别墅之故址。范蠡看到宜兴鼎蜀山区附近的泥土黏力强,耐火烧,宜做陶器,便发动当地群众从事生产。从这里可以看出,宜兴可制陶不是范蠡到那里时才有的,也许有很多人都知道宜兴的泥土可制陶,但只有他意识到了这里的商机。他用商人的头脑,看到了财源,并以实际行动把有利的条件转变为现实。所以,能够把握机会,抢占先机是商人必备的首要内在素质,在激烈的商品竞争中,商人能时刻把握商机便是时刻把握住金钱。

第二,能敏捷,犹豫不决,终归无成。能够及时且果断地确定自己的想法,并且正确地进行决策。范蠡经商之地的选择是对其最好的诠释。抛开范蠡是否为了躲避勾践这个政治因素不说,单从经济学角度来分析,地理位置、交通及资源的分布对企业发展和对商业企业的经营至关重要。从定陶的地理位置来说,定陶地处东西南北交通中枢和济水、洛水的交汇点,水上交通十分便利。东可入海,西可逆流而上,南可达宋,北可入晋卫,位置优越,货物的运转十分便利;从定陶的政治、经济地位来说,定陶是曹国的都会,是一方的政治经济中心。由此我们将不难理解范蠡之所以把家迁到山东济阴,以陶为天下之中,经商致富的个中原因了。可以看出,根据商业经营的内容,选择那些资源丰富、交通便利、人流集中的地方经商,是商界人士必须考虑的外界因素。

第三,能接纳,礼文相待,交往者众;能爱人,回报社会,德行在首。在经营过程中,待人接物以礼,交往人数众多,从而可以为自己商业的发展避免不必要的麻烦,并得到支持。范蠡作为儒商,儒家核心"仁德"的思想便是其道德标准。这不仅体现于待人接物温文尔雅,更多地体现在他的"富好行其德者",这也是他作为商界成功人士的魅力所在。从古至今,商人尤其是富商在人们的印象中总容易与"为富不仁""唯利是图"相联系。但范蠡作为中国商人的鼻祖,却做到了这一点:经济利益不是他追求的唯一目标,行德济众才体现了他的人生意义。他去齐止陶时"尽散其财,以分与知友乡党,居陶经商","十九年之中三致千金,再分散与贫交疏昆弟"。他这样做在别人眼里似乎不可思议,但这正是他成功的重要因素。在他看来,富是仁德的物质基础,仁德是富的精神寄托。商业交易不仅是物质的流通,也是人性的体现。他散去的是金钱,收获的是众人对他个人与事业的支持,这才是智慧的做法。在当今社会,这就类似于一个企业的形象或品牌。

2. 治生之祖——白圭的经营之道

白圭,战国时期洛阳著名商人,也是一名著名的经济谋略家和理财家。有"治生之祖"(经商致富之祖)之美誉。他知识广博且联系实际,其经营之道的精髓如下:

第一,乐观时变,人弃我取,人取我与。根据自己总结出的农业经济循环论做出市场预测,一旦市场有所反应"趋时若猛兽鸷鸟之发",抓住商机,获取利润。其具体做法是在收获季节或丰年,农民大量出售谷物时,适时购进谷物,再将丝绸、漆器等生活品卖给这时手头较宽裕的农民;而在收成不好时,适时出售粮食,同时购进滞销的生活品等。而且白圭所说的"与",是予人实惠的意思。当某些商品积压滞销时,一些奸商将价格贬得更低再大量购进,而此时白圭却用比奸商收购价要高的价格来收购;等市场粮食匮乏时,奸商们又囤积居奇,白圭却以比他们低廉的价格及时销售,满足人民的生存需求。白圭的这种经营方法,既保证了自己能够取得经营的主动权,获得丰厚的利润,又在客观上调节了商品的供求和价格,并在一定程度上保护农民、个体手工业者以及一般消费者的利益,这也便是白圭口中的"仁术"。难怪其商业上的造诣如此之高。

第二,能薄饮食,忍嗜欲,节衣服,与用事僮仆同苦乐。他曾说过现代人汗颜羞愧的经商思想:"欲长钱,取下谷,长石斗,取上种。"意思是说如果为了省钱而买谷物自己吃,就买差一些的谷物;但如果是为了做种子来年丰收,那就请买上等的种子。他不但为对方着想,还计划得合情合理,既要节俭,又要丰产,可谓将思想工作做到了家。这种经营思想和真诚为顾客着想的人在当今社会都少见。如果商家想要有更多顾客,应该真心实意为顾客着想,而且要像白圭那样想在前边,这才是有效吸引客户最有用的策略。

(二)唐宋时期商人的经营之道

唐代是中国古代商业发展的黄金时期,而宋代则是继承并发展商业的顶峰时期。在这个阶段,城乡经济和商品流通十分活跃,加之宋朝是中国古代唯一一个长期不"抑商"的王朝,经商风气空前盛行,商业活动几乎波及社会各阶层。在此基础上,商人阶层的规模不断壮大,经营思想和方法也呈现出一系列的新特点。

1. "窦家店"的建立者——窦义

唐朝著名商人,十三岁开始经商,白手起家,不到三十岁便成为一方巨富。他生财有道,名下商铺上千间,每间商铺价值上百万文银,分布于长安城的繁华闹市,人称"窦家店"。他能取得如此成就,其经营之道可归纳为如下三点:

第一,先谋后事,稳健发展。纵观窦义行事,无不经过深思熟虑。就拿种植榆树来讲,窦义初涉商海,非常小心谨慎,充分利用一切可以利用的资源,来降低自己投资的成本与风险:空地是伯父免费提供的,种子是树上掉下来的榆钱;耕种、灌溉、砍伐,事事亲力亲为。由于榆钱长成木材,需要经过好几年的培植和投资,为了保证自己在榆树成材前的生活所需,窦义先砍下榆树条子,贱价出售,出售所得钱财也解决了其资金周转问题。五年之后,树苗长大成材,可供盖房子用的椽材就有千余棵,可以造车用的木料则不计其数。一个十几岁的少年,凭着自己成人尚难拥有的毅力与智慧完成了资本的原始积累,生活富足有余。

第二,熟悉环境,善察商机。他知道长安盛夏多雨,用于燃料的干柴短缺,他便采购原材料和设备,雇人制作了法烛。由于柴薪价格暴涨且严重缺货,法烛销售一空。由此成功地完成了从个体户到实业家的转型,赚得盆满钵满。他能一眼看出小海池那处卑污之地所处的得天独厚的地理位置,发掘其潜在价值,充分体现了"人弃我取"的精神。他也能把握朝廷中一些大人物的喜好,投其所需,为自己的事业打造了坚实的背景。对市场和商机的敏感度,也是窦义成功的关键。

2. 其他人的经营之道

品牌作为经营活动的魅力点,唐宋商人对此已具有较成熟的理念和成功的实践,表现为商标的出现和使用。北宋时期济南刘家功夫针商标,中心画一只白兔抱着一根针,两边以文字提醒顾客"认门前白兔为记"。由于当时人们已有"多趋有名之家"的购物心理和风尚,商人就将打造商铺名号作为提高品牌知名度的重要手段。许多商铺的名号往往取得吉祥、响亮且富有文学色彩。如"清风楼"可能出于苏轼的名句"清风徐来",表示该店环境幽雅;"状元楼"是专门接待进京举子的。此时期的广告宣传的形式已注意对店铺经营范围和经营特点的介绍。如《清明上河图》中描绘的"赵太丞家"医药铺,除了门首所悬挂的"赵太丞家"医药铺字号横牌外,尚有四块竖牌,分别写有"治酒所伤良方集香丸""五劳七伤回春丸""赵太丞统理妇儿科"等字样,使人们对该医药铺的特点一目了然。具体的广告形式多种多样,如牌匾、灯笼、旗帜、彩欢门、传单等。除此之外,商人也非常注重门面包装,这有助于吸引顾客,促销商品。如临安城的许多酒肆,"店门首彩画欢门,设红绿杈子,绯绿帘幕,贴金红纱栀子灯,装饰厅院廊庑,花木森茂,酒座潇洒",给人以富丽气派之感,适合于客人饮酒作乐。茶肆的装饰则注重清新雅致之感,"插四时花,挂名人画"。

(三)明清时期商人的经营之道

中国社会发展到明清时代,社会生产力已经有了较高的发展,农业和手工业已十分发达,商品流通范围日益扩大,商品经济进一步发展和商品流通的日益扩大,商人资本变得日益活跃起来,诸多的商人集团——徽商、晋商、陕商、闽商、粤商、浙西龙游商等商帮逐渐凸显,其中又以徽商最具代表性、最为著名。戚斗勇先生曾指出,徽商所以能在激烈的商业竞争中独占鳌头,跟他们在商业活动中自觉、严格地遵守中国传统文化尤其是儒家的思想道德是分不开的。我们都知道,公平守信、诚实不欺等是儒家的传统思想,许多徽商就把它变成了自己的道德伦理与经营原则。据出身新安巨贾家庭的徽商代表汪道昆所撰的《太函集》记载,大盐商吴时英某"章计",曾借用吴的名义向别人借了 16 000 缗钱,到期后无力偿还。事发后,吴时英自己还了这笔债务。有人不解,对吴时英说:他的债他还,你何必这样呢。吴解释说,借给他债的人在不认识这个人的情况下,就借钱给他,无非是信任我的名号。我手下人借用我的名号干这种事,归根结底我也有过失,背离德行是不行的,也是不吉祥的。由于中国传统文化的熏陶,徽商普遍看不上那些腰缠万贯而又唯利是图的人,他们尊奉"见利思义""以义制利"的信条。《太函集》还记述了一位"长公",他既不囤积居奇,也不在谷价踊贵时投机获利。这种做法,实际上也使得徽商广揽了声誉,提高了社会地位,推动了商业经营。

中国古代商人的商业道德:第一,强调诚实守信,市不豫贾,买卖公平,童叟无欺,严禁以假充真、以劣充优;第二,肯定勤俭经营,开源节流,精通商术,知人善任;第三,倡导和气生财,礼仪相待,敦睦亲邻,疏财济世。晋商票号业曾经风行天下,它的理念都是儒家理念。乔家大院的主人乔守庸是儒家理念的践行者,他用《朱子治家格言》等书来教育子弟。一些老字号,如北京的"同仁堂",长期以来善于吸取中国传统文化的优秀遗产。"同仁堂"创建于 1669 年,即康熙八年,它在长达 300 多年的历史中长盛不衰,日益兴盛,很重要的一点就是坚持继承发扬中华民族的传统美德。创始人岳显扬曾说:"可以济世,可以养生者,唯医药为最。"他以济世养生为办企业的宗旨,对顾客一视同仁,童叟无欺。对待店内职员,也一视同仁,以诚以礼相待。直到现在,"同仁堂"老职工还记得两句话:"修合无人见,存心有天知。"就是说,制药谁也看不见,但是我们要以良心对待制药工作。"同仁堂"还有一个规矩,就是不许说"不"字,要什么药,店里没有,请顾客写下来,他们帮助去买,对顾客总是有求必应。先前,"同仁堂"还办粥场、办义学、施义财、办水会等公益事业。积德行善,济世养生,才使得"同仁堂"取得了企业的长远经济效益和社会效益。

1. 徽商的经营之道

徽商居十大商帮之首，俗称"徽帮"，即徽州商人，是旧徽州府籍的商人或商人集团的总称。徽商萌生于东晋，成长于唐宋，盛于明朝。鼎盛时期徽商曾经占有全国总资产的七分之四，亦儒亦商，辛勤力耕，赢得了"徽骆驼"的美称。能有如此成就，其经营之道主要概括为以下三点：

第一，薄利竞争。经商离不开竞争，而价格竞争则是一种有效的竞争手段，而徽商大多数都信奉薄利竞争。徽商有商谚："耕者什一，贾之廉者亦什一，贾何负于耕？古人病不廉，非病贾也，若弟为廉贾。"意思是，农耕能获什一之利，经商若亦取什一之利，就不会受到人们的诟骂，自己的心理也得到了平衡。这或许就是其只取薄利的原因之一。如休宁商程锁在溧水经商，这里的惯例是"春出母钱贷下户，秋倍收子钱"，但程锁贷钱"终岁不过什一，细民称便，争赴长公"（指程锁）。某年丰收，米谷登场，粮价大跌，其他商人乘机压价，唯有程锁以"平价囤积之"。第二年闹饥荒，粮价上涨，他本可以大赚一笔，但他却"出谷市诸下户，价如往年平"。由于他始终低息便民，薄利竞争，终于树立起自己的"廉贾"形象。他在溧水市场坚持薄利竞争，使他的资产也"累数万金矣"。商家与顾客的关系不是对立的，相反是双方相互依存、互惠互利的。只取不予，一味敲诈顾客，虽然能给自己带来暂时的利益，但却毁掉了双方长期合作的基石，导致顾客流失，从而失去获利的机会，这绝对是得不偿失的。大多数徽商正是看到了这一点，所以才自觉地薄利经营。"利者人所同欲，必使彼无可图，虽招之将不来矣。缓急无所恃，所失滋多非善贾之道也"，这可谓是大多数徽商的共识。给予民利的同时，薄利竞争的营销策略又使徽商在市场竞争中稳操胜券。

第二，以义取利。义利关系是经商活动中碰到的最多的问题，商场上见利忘义、取不义之财的现象屡见不鲜。而徽商却始终坚持"以义为利，不以利为利""职虽为利，非义不可取也"的思想来经营事业。婺源朱文炽贩茶叶去珠江，抵达后却错过了大批交易的好时机，新茶也就不新了，于是他出售时自书"陈茶"二字。这当然影响茶价，当牙侩（买卖介绍人）劝其去掉"陈茶"二字时，朱文炽却不为所动。在徽商眼中，义和利的关系就好比泉水的源和流的关系，有源才有流，有义才有利，若"今之以狡诈求生财者，自塞其源也。今之吝惜而不肯用财者，与夫奢侈而滥于用财者，皆自竭其流也"，若义与利出现冲突，不可兼得时，便坚持宁可失利，不可失义，舍利取义。明代休宁商汪平山经营粮食生意，正德年间，某地闹灾荒，粮价猛涨，而他正蓄积了大批谷粟。如按时价出售，可多获利几倍，但他不愿乘人之危牟取暴利，而是将谷粟"悉贷诸贫，不责其息"，帮助众人渡过难关。像这样舍利取义的事例，在徽商中很常见。徽商能取得如此成就跟这一点有着密切的关系。

第三，注重质量，提高信誉。徽商经营的商品，以质量高而著称。茶商经营的歙县茶叶，因质量好而销路广，"北达燕京，南极广粤，获利颇赊"，清代婺源茶叶还远销于"外洋"。徽州的加工业，工艺水平高，"歙工首推制墨，而铜锡竹器及螺钿诸品，并号精良。若罗经日晷，则奇巧独擅矣"。徽墨也是历代贡品。这些高质量的商品，为徽商赢得了信誉。经商面临的对象是广大顾客，顾客的信赖是企业兴旺发达的源泉。而经营商品不求质量，则会使信誉受损，顾客流失，生意减少。对于这些道理，徽商在实践中有深刻的理解。因此他们对于自己所经营的商品，十分注重质量，靠质量提高商品的信誉度。清朝休宁制墨商号胡开文就以质量上乘闻名遐迩。据载，胡开文的第二代传人胡余德，曾研制一种墨，在水中久浸不散，因而声名鹊起。一位顾客慕名购得此墨一袋，谁知在返回时不慎将墨袋掉入河中，捞起后发现黑墨已开始溶化，立即返回去找胡余德。经证实后，胡余德一面道歉，一面以一袋名墨相赠。同时通知各场各店，立即停制停售此墨，并高价收回业已售出的劣质墨锭，全部毁掉，从而使自己的商业信誉蒸蒸日上。良好的商业信誉是靠商品的质量、优质的服务、经营者长期的艰苦努力建立起来的，是一种无形资产，它是商品价值的一个重要组成部分。徽商的发迹，与努力提高和积极维护自己的信誉是分不开的。

2. 晋商的经营之道

晋商是指明清500年间的山西商人，晋商是最重信义之商，主要经营盐业、票号等商业，尤其以票号最为出名。晋商始于隋末，壮大于唐宋，明清期间达到顶峰。其经济实力可从当年八国联军向中国索要赔款，清政府就向晋商的乔家借钱还国债一事反映出来。晋商经济实力的强大，源自以下几点：

第一，审时度势，灵活机动。晋商颇精此道，他们有这样的商谚："屯得应时货，自有赚钱时""人叫人，观望不前，货叫人，点首即来。"明代蒲州商人王海峰，当蒲州人大多西到秦陇、东到淮浙、西南到四川经商时，他却深思熟虑地看中了到人们不愿意去的长芦盐区去经商。当时长芦盐由于官僚显贵、势豪奸绅上下勾结，使这一盐区的运销不能正常进行，商人纷纷离去。但王海峰在了解该盐区运销史、盐政情况后，审时度势，断然决定在长芦盐区经商，并向政府提出了整顿盐制、杜绝走私的建议。后来，长芦盐区经过整顿，盐的运销又繁荣起来，盐商重新蜂拥而至，长芦盐区的税收也随之倍增，王海峰也成为这一盐区的著名富商。明代有人评说："海峰王公者，雄奇人也……胸中有成筹矣，人所弃我则取之，人所去我则就之。"由此可见，善于审时度势，是经商成功的必要条件。

市场行情瞬息万变，顾客要求也不断变化，故商业活动必须灵活机动，善于组织顾客最需要的货源，才能达到购销两旺。如旅蒙商（活跃于蒙古的晋商）的兴盛：

蒙古牧民喜欢穿结实耐用的斜纹布,大盛魁便将布料拉成不同尺寸的蒙古袍料,由蒙古牧民任意选购。蒙靴、马毡、木桶和木碗等是蒙民生活中的必需品,大盛魁便专门加工订做。因此蒙民只要见是大盛魁记商品,就争相购买。蒙古牧民过的是游牧生活,居民皆分散而居。大盛魁便采用流动贸易的形式,深入到蒙古牧民居住的帐篷中做买卖。蒙古牧区货币经济不发达,大盛魁便采取以物易物和赊销方式,甚至到期也不收取现金,而以牧民的羊、马、牛、驼和畜产品等折价偿还。由于大盛魁商号货源组织有针对性,营销方式灵活机动,从而在蒙古草原的经商活动中取得了巨大成功。

第二,薄利多销。如明代商人王文显,经商40余年,百货心历,其为商"善心计,识重轻,能时低昂,以故饶裕人交,信义秋霜,能析利于毫毛,故人乐取其资斧"。又如祁县乔氏在包头开的"复"字商号,做生意不随波逐流,不图非法之利,坚持薄利多销,其所售米面,从不缺斤短两,不掺假图利;其所用斗称,比市面上商号所用斗称都要略让些给顾客。于是,包头市民都愿意购买"复"字商号的米面,生意越做越好,收到了薄利多销、加快资金周转的效果。山西商人在经营活动中,还总结了许多薄利多销的经验,并归纳为营销商谚,如"不怕不卖全,就怕货不全""买卖争毫厘""生意没有回头客,东伙都挨饿""买卖不算,等于白干"等。

第三,合作谨慎,慎待相与。晋商重视稳妥经商,慎待"相与"。所谓"相与",就是有相互业务的商号;所谓慎待,就是不随便建立相与关系,但一旦建立起来,则要善始善终,同舟共济。如山西祁县乔氏开办的"复"字商号,尽管资本雄厚,财大气粗,但与其他商号交往时却要经过详细了解,确认该商号信义可靠时,才与之建立业务交往关系。否则,均予以婉言谢绝,其目的是避免卷入不必要的麻烦之中。但是当看准对象,摸清市场状况,认为可以"相与"时,又舍得下本钱,放大注。对于已经建立起"相与"关系的商号,均给予多方支持、业务方便,即使对方中途发生变故,也不轻易催逼欠债,不诉诸官司,而是竭力维持和从中汲取教训。合作可以互利,却也要谨慎小心。

第四,信义为重,俭约自律。晋商极重信义,认为经商虽以盈利为目的,但凡事又以道德信义为标准,经商活动属于"陶朱事业",须以"管鲍之风"为榜样。有很多关于信义的商谚语,如"宁叫赔折腰,不让客吃亏""售货无诀窍,信誉第一条""秤平、斗满、尺满足"。可见,"诚信不欺,利以义制",是山西商人在经营活动中严格遵循的信条。晋商大家乔致庸把经商之道排列为一是守信,二是讲义,三才是取利。清末,乔家的复盛油坊曾从包头运大批胡麻油往山西销售,经手伙计为图暴利,竟在油中掺假,此事被掌柜发觉后,立即饬令另行换售,代以纯净无假好油。这样商号虽然蒙受一些损失,但信誉昭著,近悦远来,商业越发繁盛。"克勤于邦,克俭于家",是古人一贯提倡的节俭作风。晋商一直保持着俭约风尚,认为"勤俭为黄金本"。明人沈思孝《晋录》载:"晋中俗俭朴古,有唐虞夏之风,百金之家,夏无布帽;千金之家,冬无长衣;万金之家,食无兼味。"晋商节俭精神由此可见一斑。

三、各时期商人经营之道的共性及现代价值

(一)知地取胜,择地生财

兵法云:"夫地形者,兵之助也。料敌制胜,计险厄,远近,上将之道也。知此而用战者必胜,不知此而用战者必败。"可见地形对作战之重要,为将者不可不察也。经商如作战,商场如战场,经商者如指挥千军万马之将帅,智慧的将帅往往会占据有利的地形,最终取得战争的胜利。范蠡因陶地"天下之中,诸侯四通"而选为营销点,从而造就其"商圣"之荣誉。"淮左名都,竹西佳处"的江苏扬州,地处南北要冲,交通发达,水运便利,货往频繁。其地膏沃,有茶、盐、丝、帛之利,众多商人纷至沓来,一时商贾云集,秦商、晋商在这里定居经营。有名的徽商也就是从这里开始起步,称雄江湖。

(二)时贱而买,时贵而卖

"时贱而买,虽贵已贱;时贵而卖,虽贱已贵。"这句话就是强调商人要善于捕捉商机,把握时机,不失时机地买进卖出。商业的利润本源于买卖的差价。一旦发现买卖的时机一到,则要当机立断。如范蠡、白圭、窦乂等乐于观时机,凭着这点精心经营,以至家累千金。

(三)见端知末,预测生财

"管中窥豹,略见一斑",敏锐的观察力和准确的判断力是经商者财富永不干涸的源泉,也是经商者必备的能力之一。如范蠡的"能知机""能敏捷";白圭的"乐观时变";计然的"与时逐";徽商、晋商的"审时度势"等都可体现出来。

(四)薄利多销,无敢居贵

司马迁曾说:"贪买三元,廉买五元",就是说贪图重利的商人只能获利30%,而薄利多销的商人却可获利50%。徽商所坚持的"耕者什一,贾之廉者亦什一,贾何负于耕?古人病不廉,非病贾也,若弟为廉贾"以及晋商所坚持的"不怕不卖全,就怕货不全""买卖争毫厘"等都是这句话的写照。

(五)雕红刻翠,流连顾客

这一经商之道以唐宋时期最为突出,《燕京杂记》中载:"京师市店,素讲局面,雕红刻翠,锦窗绣户。"有的店铺招牌高悬,入夜家家门口点起了五光十色的锦纱灯笼。有的店铺张挂名人书画,附庸风雅,以此来升华店铺的品位。还有些茶肆、饭馆、酒店中特意安排乐器演奏和评书为客人助兴。经营者深深懂得豪华的装饰反

映一个店铺的实力,于是店堂设计画柱雕梁,古色古香,金碧辉煌,极尽铺陈之能事,迎合达官巨贾、贵妇名媛"以求高雅"的消费心理。在服务上进门笑脸相迎,出门点头送行。这些敬客如神的做法加上高贵典雅的装饰,使众多顾客"如坐春风""一见钟情",从而流连忘返、百顾不厌。

(六)重情信义,以义为利

徽商商谚有云:"财自道生,利缘义齲",以此严于律己,做到"视不义富贵若浮云"。子曰:"君子爱财,取之有道。"以义取利,德兴财昌,舍义取利,丧失了"义"也得不到"利",为商者应深以诫之。范蠡的"尽散其财,以分与知友乡党",白圭的"能薄饮食,忍嗜欲,节衣服,与用事僮仆同苦乐",徽商的"以义为利,不以利为利",晋商的"诚信不欺,利以义制""售货无诀窍,信誉第一条"等,都是对此的解释。

(七)长袖善舞,多钱善贾

"鄙谚曰:'长袖善舞,多钱善贾',此言多资之易为工也。"这里强调了一个"善"字。资金不足,必须善于使用,使用的目的也是获利,唯有资金与商品流通不息,才能使利润滚滚而来。计然所提出的"无息币""财币欲其行如流水"最能体现这一点。宋代的沈括也如是说,十万元资金倘不周转,"虽百岁故十万也",如果贸而流通,加快周转,"则利百万矣",由此可见资金流通的重要性。

(八)奇计胜兵,奇谋生财

兵家有言:"将三军无奇兵,未可与人争利","凡战者,以正合,以奇胜。"司马迁《史记·货殖列传》中说:"治生之正道也,而富者必用奇胜。"范蠡的"售贮随时",白圭的"乐观时变""人弃我取",窦义的先谋后事,善察商机,徽商、晋商的关注市场、灵活机动等都是其具体体现。

(九)居安思危,俭约自律

生意要勤快,切勿懒惰,懒惰则百事废;用度要节俭,切勿奢华,奢华则钱财竭。如白圭的"薄饮食,忍嗜欲,节衣服",晋商所坚持的"勤俭为黄金本"等。由此可见,经商者居安思危,勤俭为尚。"处乎其安,不忘乎其危",少一些安乐,多一份忧患,将使经商者进入佳境。

20世纪20—40年代,中国老一辈工商界的创业者,例如荣宗敬先生、荣德生先生等实业巨擘,提倡和实行传统文化精义,特别是"儒工""儒商"的经商管理之道和做人之道,将"己欲立而立人,己欲达而达人""以诚待人""以德服人""己所不欲,勿施于人"等儒家信条融入他们的经营原则。这种以自我管理为中心,调动人的积极性,协调各种人际关系,形成公司群体的企业精神,从而达到全系统管理的做法,曾使他们获得极大的成功。无锡荣宗敬、荣德生的实业理念是"仁爱、自律、务实"。荣德生先生的立身治家之道,就是孔子儒家的"己欲立而立人,己欲达而达人"。荣德生先生说:"古之圣贤,其言行不外《大学》之明德,《中庸》之明诚、正心、修身终至国治而天下平,亦犹是也,必先正心诚意,实事求是,庶几有成。"他认为要提高生产率,除了增添新设备、改进操作技术外,还要从"人工"出发,加强人事管理,视人为生产力之第一要素。这种运用以诚待人、以德服人的管理思想来调动人的积极性,协调管理者与被管理者之间以及管理者内部的关系,形成一个力量集中的生产者群体的做法,是一般以单纯改进操作方法来提高劳动生产率的做法不可比拟的。

第二节 现代企业运用儒家文化取得成功的典型案例

儒家文化在 21 世纪经济文化新思潮不断涌现的大环境下再次引起世人的关注,使中国的传统文化瑰宝发扬光大,也使每一位炎黄子孙再次承蒙其恩惠,使我们的民族焕发崭新的风采,这样,才能够不负一代又一代圣贤不懈的探索与教诲。河北省保定大午农牧集团有限公司的老板是一个儒家思想文化虔诚的崇拜者和身体力行儒家思想的实践者,也是儒家思想文化的受惠者。该公司是集养殖、种植、农产品加工、农业观光旅游、民办教育等行业为一体,"以农牧为主,以工业、服务业为辅"的省级农业产业化经营重点龙头企业。在企业治理层面首创私企君主立宪制,企业所有权、决策权和经营权三权分立,并立并行。

一、以儒家文化理念发展企业

人是应该有信仰的,因为信仰使人坚定,信仰使人崇高,信仰使人奉献。大午集团从无到有,从弱到强,一步一步地走来是靠信仰的力量。"路漫漫其修远兮,吾将上下而求索",对于儒、佛、道的理论,公司高管都探求过,在十几年以前,他们就坚定不移地信奉了儒家思想。公司建有敬儒祠,以"仁、义、礼、智、信"和"温、良、恭、俭、让"等传统儒家文化为基础,确立了"不以盈利为目的,而以发展为目标,以共同富裕为归宿"的指导思想。他们凭着对儒家文化的信仰,走出了"农牧根深,诚朴勤奋,繁花硕果"之路。在过去的发展历程中,他们遭受过哄抢、投毒、放火等伤害,经历过毒打、暗杀、诬告等险恶。人间正道是沧桑,"民间正气参天地,尧舜业绩泣鬼神",他们通过弘扬儒家文化促进了企业的发展。

(一)君子周而不比,小人比而不周(《论语·为政》)

公司长期向干部灌输"君子讲团结,不讲勾结;小人讲勾结,不讲团结"的思想。人们为志向而团结,为利益而勾结;有永恒的利益,没有永恒的朋友。但永恒的志向,能凝集永恒的团结和永远的奋斗。孔子周游列国期间,在陈绝粮,在宋遭追杀,在匡受围困,惶惶如丧家之犬。但是弟子们都不离不弃,因为他们师徒追求的是一种济世安民的共同志向。

企业为公，有德者居之。宗派力量、宗派理论可以起家、立家，但绝不可以治国、治企。作为私营企业，他们不搞家族管理，他们坚持工人自私不会是好工人，干部自私不会是好干部，企业自私不会有大发展理念。私营企业创造的是社会财富。公司内部干部之间情深，但情是私情，理是公理，通情是为了达理。提倡不被名累，不为利动，不让情伤，唯理行事。

办企业要正心修身。公司老板曾经给他两个儿子出过这样两道思考题："路上有10块钱，你去不去捡？""给别人擦皮鞋挣10块钱，你去不去挣？"他告诉孩子们，"路上的10块钱不要去捡，因为那不是你的，是不义之财，这便宜让别人去捡；而给别人擦皮鞋挣10块钱是可以做的，因为这是自己的劳动所得，这钱挣得光明磊落。"有人说，有便宜不捡白不捡，捡了也白捡，为什么不捡？捡便宜只能助长人的投机懒惰心理，古今中外没有靠捡便宜干成事业的人。孔子曰："富与贵是人之所欲也。不以其道得之，不处也。"（《论语·里仁》）君子爱财，取之有道。公司新来了一个很能干的业务员，跑成了一笔大买卖，某公司经理决定常年购买他们的产品，但条件是该公司经理每吨要回扣60元，如果这样，公司每生产一吨的利润支付对方回扣后仅剩20元。老板知道后坚决制止了，那个业务员一气之下走了。干部们很不理解，社会上都在这么干，我们为什么不干？对方实力很强，货款及时打过来，每吨赚20元公司是稳赚，工人们多生产还能多发工资。但老板坚决不干，工人没活儿另想办法也绝不做苟且之事。他认为这样的买卖表面上是出卖产品，其实是出卖自己的人品。如果对方不要回扣，每吨挣10元钱都可以做。

种禽公司业务员发现有的养殖户进鸡是4元/只，他们进鸡是6元/只。种禽公司经理问大午集团老板可不可以给种鸡场场长送礼。老板说：可以光明磊落地和他们讨价还价，不行宁可多花钱，也绝不送礼，绝不能钻营投机，行贿谋利。做买卖要堂堂正正。邪恶生于心，人心术不正，不可能修身；企业心术不正，不可能把企业做大。做买卖就是做人，仁义买卖才能长久。心术不正的人只能谋利于一时、一事，终究成不了大事。在生产经营中腐蚀国家干部，就是腐蚀自己的干部，纯洁、善良的干部队伍是企业最宝贵的财富。盈利是发展的一个手段，不是目的，暂时不盈利，以后肯定要盈利。办企业就像养鱼一样，越养越大。

（二）"不患无位，患所以立。不患莫己知，求为可知也"（《论语·里仁》）

有权有钱只能体现人生富贵，不能体现人生价值，体现人生价值的是劳动，是知识，是奉献。要树立正确的价值取向，做事业型的人。要想让别人承认，就要做事、做成事、做好事，给予别人，给予社会，奉献社会。这样才能体现自己的价值，也就是有为才有位。给予是富有，而贪占索要是贫穷。什么叫富裕？一个人只要有足够的钱买生活必需品,那么就可以说是富裕了。假如挣了钱自己舍不得花,也舍不得给别人花,甚至都舍不得给父母花,这样的人拥有亿万财产也是个穷光蛋。公司的一名业务员拾到 1 000 元钱,回到单位让同事帮助找失主,为找失主,公司还在当地电视台发布了 3 天的招领启事。这样的人是富有的。做好人难,但一定要做好人,做好事难,也一定要做好事。

(三)己欲立而立人,己欲达而达人(《论语·雍也》)

某养鸡户找到公司说他买了 500 只鸡,死了 200 多只,说鸡苗有问题,要求赔偿。公司技术顾问接待了这个农民,并解剖了他带来的死鸡,发现鸡得的是法氏囊病,不是鸡苗的问题,便告诉他:"一个孵化器一次孵化 19 000 多枚种蛋,出 16 000 多只小鸡,你只接了 500 只,其他十几户接的和你接的是同一批次的鸡,都没出问题。你的鸡伤亡大,主要是你的饲养技术问题,怪不得别人。"但农民就是不走,理由是:"我买的小鸡是你的,饲料是你的,鸡笼子也是你的,饲养方法是你们的技术员告诉的,现在死了这么多鸡,我不找你们找谁?"老板知道后说同意赔偿。我们对客户负责,就是对自己负责,"己欲立而立人,己欲达而达人"(《论语·雍也》)。

(四)中庸之道,求和之道

中庸是为人处事之根本,是企业经营之常道。孔子曰:"中庸之为德也。"(《论语·雍也》)和为贵,在大午人看来不是巧言令色之和,是直中取,不是曲中求之和,中庸是厚道、正道,绝不是歪门邪道,孔子曰:"君子和而不同,小人同而不和。"(《论语·子路》)提倡中庸之道,对外讲求和不求同。世界上的事物千差万别,人的思想也千差万别。在社会的交往中不应追求一致,应该求和不求同,社会求和才能发展。公司在公园小桥上题字"仰思观过,公道共和"。要想做到公道共和,就应该多为对方着想,不要只强调自己这一方,因为求和要互相沟通,互相理解。处理矛盾、解决问题不能站在自己的立场上,而要站在双方的立场上,甚至站到对方的立场上去想、去看、去解决问题。双方合作的基础是互惠互利,双方都是赢家。对内倡导"容"和"鸣"。容是宽容,"海纳百川,有容乃大"。"鸣"是不平则鸣,企业应当允许干部、职工觉得有什么不公平的事就说出来,绝不能忍,忍的结果是忍无可忍,一事无成。孔子很不赞成以德报怨,主张以直报怨。公司依靠法律保护自己,直来直去打官司,不抱怨社会,最后以求和为目的。

思想决定人生,思想决定企业,思想决定历史。大午集团的经营思想是传统的儒家思想、资本主义的法制思想和社会主义的共同富裕思想的结合。不以盈利为目的,最终使企业赢得更大的利润,以共同富裕为归宿,人心凝集,企业稳定地发展壮大。尤其是儒家思想让企业受惠最大,他们敬儒祠的对联是"地荒存天理,教疏润人心",意即"土地荒凉存天理,儒学稀疏润人心"。倡导奉行儒家的思想文化,使企业增加凝聚力、向心力,成为好人相聚的地方,成为一块净土。企业投资1 000万元建成一座占地100亩的"儒家大成院",将历朝历代的著名儒家用文字、图像、雕塑的形式进行展示,留给后人。

二、以儒家文化为民造福

在农村,居民只有一小部分是传统的种地农民,大部分人或是外出打工,或是从事农村二、三产业,或是闲着。中国农民现在是有饭吃没钱花。没钱花是因为没事干,没事干是因为有事没人干,有事没人干是因为人们不能干,不敢干。民为邦本,本固而枝荣。孟子曰:"民为贵,社稷次之。"(《孟子》)只有农村社会经济得到长足发展,农民富裕了,社会才能稳定,政权才能巩固。正如孔子所说的那样:"因民之所利而利之,惠而不费;择可劳而劳之,劳而不怨。"(《论语·尧曰》)现在还需要借政策的东风,使活力不足的农村经济发展起来,在动中求静,在动中求稳。对农村经济发展可以采取"无为而治"的办法,上边给一个大框架、大规划,各行各业都对农民敞开门户,放开农村的金融和土地。允许由富裕农户牵头建立"农户钱庄",让农民、农村有一个自己造血自己用的机制,让资金在农村流动起来。现代金融贵在融通,没有金融可言的农村,也就没有活力。

农村经济的窘迫必然加剧道德的沦落,赌博、盗窃、打架斗殴、虐待老人的现象在农村时有发生,通过弘扬传统的儒家思想可以扭转这一局面。在农村进行传统儒家道德教育的有利条件如下:

(1)农村居民家庭、家族观念强,居住相对集中。如果一个家族内部发生争斗,那比一般外人还厉害;如果一个家族道德水准提高了,对全村也能起到很大的带动作用。

(2)儒家伦理道德在老年人当中影响深远。许多老年人还奉行着"仁、义、礼、智、信""温、良、恭、俭、让"的信条。年轻人受不良文化的影响较多,听不进老年劝导,老年人缺少一个话语空间。

(3)在农村容易形成良好的道德风尚。农村比较封闭,容易形成良好的小气候,一旦形成良好的气候也容易保持。进行儒家道德教育可请有文化、德高望重的老年人进行言传身教,说服力强;也可以企业行为带动周边的社会风气。先进行"孝悌"教育,农民易接受。孝悌促进家庭和睦,家和万事兴,家和也能使社会兴、社会稳。公司有一名员工,因为婆媳关系不和,他每月只给母亲50元钱。公司知道后对他进行"孝悌"教育,孝敬老人是无条件的,养不是孝,孝体现在心上。经过帮助教育之后,他每月主动给老人200元。公司开展敬老扶贫活动,春节向周围十几个村镇85岁以上的老人送鸡、蛋、肉等年货,外加一幅写着:"家有老人是福,是你家之福,也是社会之福"的镜匾,收到了很好的效果。田铺村的李福在感谢信中写道:"我不知怎样表达我的感谢之情,只有孝敬好我的老娘,让她老人家愉快地安度晚年,才能答谢贵公司的厚爱和关怀。"上述活动的开展提高了公司员工的道德素质,他们没有不孝敬老人的,没有打架斗殴事件,没有发生过刑事犯罪。

在农村,应当形成一个农民自己的文化经济组织,这个组织应具备三种功能:传统道德教育功能,科技服务功能,经济互助功能(农户钱庄、土地流动)。这样在道德上收得拢,在经济上放得开,农业的发展和农村的建设一定会展现出新的局面。

孔子说:"弟子入则孝,出则悌,谨而信,泛爱众,而亲仁,行有余力则以学文。"(《论语·学而》)把品德修养放在文化知识的前边。大午集团举办的大午中学在实践中不仅要升学率,还注重加强德育教育,教育学生从最基本的学做人开始,并付诸实际的行动之中。学校大力推行儒学中"孝悌"精神,举办了大型的"母亲颂"活动,教育学生懂得母爱,爱自己的母亲,用实际行动来报答父母的养育之恩。教育学生懂得博爱,爱天下所有的母亲,用实际行动做好人,做好事。作为孝悌精神的延伸,学校还举办了"在家做孝子,出门做好人,在校争全优""师生情"等活动。儒家文化给大午中学的学生播撒下人类品德的光辉,这将使学生终身受益。"儒"是"人"字加"需"字组合而成的,是人人所需的文化、知识与修养。任何人,任何阶层、阶级,任何种族都可接受儒家的思想文化。它是一种文化、一种思想,它属于全世界、全人类。在"有教无类"的前提下,"人人可为尧舜"。

大午集团运用儒家思想文化办企业、办学校造福乡里,赢得了社会的广泛赞誉,一个村民在给公司的感谢信中这样写道:"在中华大地的东方,在冀中平原的上空升起了一颗光耀神州的福星,它辉煌的硕果,仁义的善举,福泽波及乡邻,带动一方百姓发了家、致了富,升华了中华民族几千年尊老爱幼的传统美德,为广大乡邻所传颂……"大午集团维持人与人之间的关系,主要靠道德。市场不但是法制经济,更重要的还是道德经济,产品体现人品,企业要知名度,更要美誉度。大午公司在用户中有很高的美誉度。有了这些,产品不需做广告,不愁销路。信誉就是协议,道德就是合同。人心之路是通天之路,路通四海多上帝,门迎八方大乾坤。

第三节 境外企业运用儒家文化成功的典型案例

境外企业运用儒家文化成功的案例不胜枚举。这里仅以日本、韩国等少数国家的企业案例来飨读者。

一、儒家文化对日本企业产生的影响

中日两国一衣带水,有着源远流长的文化交流史,以儒学为代表的中国文化,不仅影响了日本社会历史的发展,广泛渗透于社会生活的各个方面,而且植根于日本文化传统之中,成为其文化传统的重要组成部分。日本现代化实现的过程,就是吸收与改造儒家伦理的过程。早在19世纪中期,日本的思想家佐久间象山就倡导"东洋道德,西洋艺术",把东方思想与西洋的科学技术结合起来。

第二次世界大战之后,日本经济迅速崛起,成为世界第二大经济强国,究其原因主要是来源于日本企业旺盛的活力,这种活力源于将儒家文化成功地融入企业管理。日本民族善于学习,日本企业家从儒家思想中吸取了积极向上的东西,使其成为企业管理成功的动力因素。可以说,日本在第二次世界大战后的现代化过程中,儒学起了特殊的积极作用。

(一)日本企业推崇的人本思想与儒家的人本思想一脉相承

儒家的核心思想就是"仁",仁学的核心是"修己"以"安人",即安人必先修己;诚以待人;和以待人;关心、爱护、尊敬人;"仁"贯穿在儒学的各个方面。《中庸》有言"仁者人也"。从一定意义上讲,仁学就是人学,是一种以人为本的学说。一个现代化的企业,应当包括生产技术、经营管理两个方面,就企业管理而言,一个重要的方面就是人的管理,日本企业实行的是以人为主的管理制度,强调以人为本作为企业管理的出发点,逐步形成了一种人力资源管理模式。

在日本,当一个新工人到企业报到时,上级不仅要向他介绍企业的情况,征求他对企业的意见,而且要了解其特长、爱好和长远打算。企业老板有什么事,亲自到车间找员工谈话。老板总是尽量使每个雇员感到自己很重要,只要有机会,总是与员工一起吃饭,联络感情。东芝公司董事长光敏夫经常深入员工宿舍嘘寒问暖,与下属情同手足。这样不仅可以赢得员工的尊重,而且往往能在日常的谈话中发现企业管理的漏洞,可以及时采取补救措施。员工结婚和生日,公司会派人送礼物和蛋糕,员工感受到企业的温暖,从而迸发出无尽的积极性和创造力。

企业管理者一般有机会就向职工灌输个人与企业休戚相关的思想,培养他们忠诚于企业的意识。日本企业对员工一般实行终身雇佣制、年功序列工资制和企业工会三种制度。终身雇佣制鼓励员工"从一而终",退休后可以从企业领到一笔可观的退休金。这是企业对员工勤奋工作的承诺,而员工奉献的努力则是对企业承诺的"报恩",形成职工和企业间的"命运共同体",企业不管发生什么困难,决不随意解雇员工。在20世纪30年代经济大萧条时期,松下公司竟然连一个工人都不裁减,而且生产实行半日制,工资按全天支付。同时,要求职员全力推销产品,企业很快渡过了难关,生产恢复了正常。自1990年以来,日本泡沫经济破灭,经济处于缓慢增长期,然而在面临各种困难的情况下,日本企业仍然采取一般不开除或解雇职工。这样做,既保持了稳定的劳动关系,又提高了劳动生产率,使职工有安全感,使企业增强了凝聚力。

为了企业的发展,日本企业非常重视员工的培训,日本企业在对员工的教育培训中,以中国儒家人本思想中的"和""爱""诚""信""忠"为行为标准来提高员工素质,同时积极开展技术教育,提高职工和科技人员的技术水平,他们把对人的长期投资,看成和设备投资一样重要,把人的价值注入到企业之中。松下公司的创始人松下幸之助有句名言:"经营就是教育",丰田公司的口号是"既要造人,又要造车",就是这一思想的体现。打造一支稳定的员工队伍。在教育培训、智力投资方面下大功夫,使员工整体素质不断提高。

人力资源是企业技术发展最富有活力的因素。日本企业十分注重发挥人的作用,千方百计地激发企业职工的积极性和创造力。松下幸之助说过:"任何员工只要认清公司的基本信念和方针,就能充分发挥个人的自主性,可以自主发表意见。碰到问题究竟采取什么行动,不必一一请示上司,以融入自己体内的基本信念为尺度,决定自己的行动。"企业在制定决策的时候,让职工当家做主,采取自上而下的方式,发动广大职工献计献策,经过反复酝酿、斟酌,制定的决策能够得到绝大多数职工的拥护赞成。日企实行"一致同意"的决策方式。这种形式,使公司的员工都成为经营管理者,"个个都是经理"。丰田公司还实行了职工建议制度,鼓励职工为企业献计献策,建议一经采纳,企业给予物资和精神奖励。从日本企业管理体制中的"劳资协议制、工人自治制、票议制"等人本主义管理思想就可略见一斑。日本企业用"以人为本"替代"以工作为核心",强调重视人、尊重人、相信人、关心人、发展人,强调人的主动性,很好地把企业以人为本与员工的以企业为家有效地结合起来,这实际上是日本文化吸收了中国儒学的人文主义,发扬天人合一、万物一体等思想的结果。

(二)日本企业的"和谐"意识、团队精神是儒家"和为贵"思想的体现

儒家思想的根本宗旨和基本功能就是为了求得稳定和谐,求得"人和万物"的协调。儒学是一种"治心"的哲学,它强调修身养性,主张推己及人,更注重协调人与人之间的相互关系。日本企业文化的精粹——"大和精神",是儒家人本文化影响的产物。"人和"是日本吸收中国儒学而形成的人生哲学和伦理观念,也是日本企业的管理哲学。现代社会经济空前发达,社会关系空前复杂,人们面临的最大问题已经不是如何生存,而是怎样处理各种各样的人际关系。"天地之间,以和为贵",日本企业吸收了儒家这一哲学思想。在不少企业中,上级经常抽出时间与下

级一起娱乐，企业充分尊重、信任、理解员工，在和谐融洽的氛围中感动员工，让其尽心尽责为企业工作。在日本，由于群体意识较强，人们普遍珍视和注意保持群体内部人际关系的和谐与融洽。没有和谐的人际关系，群体就会失去力量。日本企业特别强调企业内良好的人际关系，如日立的"和"、松下的"和亲"、丰田的"温情友爱"等管理思想，就是把"和为贵"的儒家思想运用于企业管理，带来了企业的稳定和发展。

日本企业强调集体主义观念和团队精神，他们把这种团队精神渗透到企业文化和管理方法上。在内部管理上讲究方法，采取不过分表扬个人成绩，不过分追究个人责任等手段，企业强调的是集团功利，弱化个人意识，为了实现集团功利，员工甚至可以牺牲个人利益。个人的成功主要依靠集团主义、个人对集团的忠诚和献身精神，而不是靠最大限度地发挥个人的能力。企业与员工结成"命运共同体"，员工与企业之间保持着较深厚的"血缘关系"，从而增强了企业的凝聚力和协调性，产生一种群体力量和群体效益。这种群体力量和效益，又反作用于企业，通过互促互进，强化了企业职工的集体主义观念和集体精神。这种群体意识为企业的生存和发展起着凝聚的核心作用。

日本企业的决策过程，是一个讨论和协调的过程，通过上下的不断协调，以达到意见的一致，尽量避免公开对抗。不少企业把工人的意见纳入决策的过程。企业员工对企业"忠心""守信"。日本按企业组织工会，把劳资关系改造为家族内部关系，企业内一旦出现矛盾，这种冲突和交涉只限于企业内部，强调"家丑不外扬""家内和合"。即使出现矛盾，由企业内工会协调解决。

企业推崇"忠诚"的伦理规范，营造和睦融洽的纵型"家族"。日本企业界普遍认为，虽然现代企业实行的是雇佣制度，但传统文化中所具有的道德观、秩序观则为企业"提供了全部管理活动的思想基础"。在企业内部不应过分强调所有者与从业人员的雇佣与被雇佣关系，应视为"父子"关系，企业是家庭和家族的延伸。员工要关心自己的企业，经营者除了指导工作，还要关心员工的生活，不断优化员工的生活、生产环境。于是，在日本企业内部，雇佣关系转化为一种"亲情"关系。员工对企业保持较为深厚的血缘关系，企业与员工紧紧地"捆"在一起，主仆团结一心，众志成城，在儒家伦理基础上达到企业内部人际关系和谐。

日本企业强调集体主义观念，培养员工"以厂为家"的团队精神，并将这种"和谐意识"和团队精神融入到企业管理中。在日本，员工把企业看成是一个大家庭，而自己则是这个家庭中的成员，人们经常听到诸如"松下人""丰田人"等说法，就是对日本企业文化最典型、最简明的概括。正是由于日本人长期以来保持的这种"和"的原则，不仅团结了企业职工，而且增强了职工的"参与"意识。作为企业，通过职工之间的相互合作、团结一致,保持了极高的生产率。这种集体主义和谐观念,在日本经济高速增长的过程中,起了不可低估的作用。日本企业在协调人际关系、调动职工积极性方面,在很大程度上得益于儒家思想。"日本近代工业化之父"涩泽荣一倡导经济与道德合一,提出"论语与算盘"并行不悖论,可见儒家思想在日本工业化进程中的影响是深远的。

美国环太平洋研究所所长兼大英百科全书主编弗兰克·吉布尼认为:日本经济发展取得成功的真正原因,乃是将古老的儒学伦理与第二次世界大战后由美国引入的现代经济民主主义两者糅合在一起,并加以巧妙运用。日本是东西合璧的"儒家资本主义","以人为中心"的人力资本思想,"和谐高于一切"的人际关系,"高产乃是善"的劳动道德观,是日本经济成功不容忽视的因素。毫无疑问,儒家思想对日本企业的成功和对日本经济的发展产生了积极作用。

从本质上说,日本的传统文化是中国传统文化的外延。以儒家思想为代表的中国传统文化有其积极的一面,也有其消极的一面。终身雇佣制,不利于企业注入新鲜活力,一味地追求"一致性"以保持"和谐"的局面,不利于个性的张扬,只强调人的社会性,而忽视了人的个体性。在经济全球化的过程中,日本企业开始接受西方管理制度,同时从儒家思想中汲取了积极成分,把负面价值的东西抛弃。不仅保留了儒家思想的合理内核,而且把它植根于市场经济中。我们相信,拥有五千年历史的中国优秀传统文化,在经济全球化的今天,影响的不只是日本,对世界的影响也是深远的。

日本工业之父涩泽荣一拿《论语》作为培训工业企业管理人员的教材。村山孚的《新编论语》一书,更是专门从企业经营管理的角度研究《论语》的专著。丰田公司创办人丰田佐吉经营管理的座右铭"天、地、人"。其子丰田喜一郎的座右铭为"天地人、智仁"。其孙丰田幸一郎又增为"天地人、智仁勇"。"天地人"显然来自于《孟子》:"天时不如地利,地利不如人和。""智仁勇"是儒家的"三达德",来源于《论语》的"智者不惑,仁者不忧,勇者不惧",又见于《礼记·中庸》:"好学近乎知,力行近乎仁,知耻近乎勇。""智仁勇三者,天下之达德也。"丰田公司的经营者追求的是技术与人的结合,而不仅仅是生产摩托车,公司重视人的因素,提出了"人要有创造性,决不模仿别人;要有世界性,不拘泥于狭窄地域;要有被接受性,增强互相间的理解"的经营战略、精神理念和文化价值取向。被誉为日本"经营之神"的松下幸之助,他的事业成功,与其理想、言行多蕴含有传统儒家、道家思想有关。他在企业经营上取得了巨大成功,他在回答"你的经营秘诀是什么"这一问题时说:"我并没有什么秘诀,我经营的唯一方法是经常顺应自然的法则去做事。"他的管理智慧是《周易》的变通原则和《老子》的自然之道。松下精神,有人概括为"和谐、自省、纪律、忠诚、献身"十个字。松下公司崇尚敬老尊贤等传统的价值观念,与该公司提倡的竞争自强、讲求效率、奖掖青年并不发生矛盾。松下幸之助的名言是:"松下生产人,同时生产电器。"他建立了一个庞大的培训中心,每年可以轮训五万名员工。松下电器商业学院把中国的儒家哲学与现代管理熔为一炉,对学员进行严格的教育。学院遵守的信条是:和亲合作,全员至诚,一致团结,服务社会。学院把儒家经典《大学》中的"明德,亲民,止于至善"作为学员研修的目标,并做出了创造性的诠释:"明德"就是"竭尽全力,身体力行,实践商业道德";"亲民"就是"至诚无欺,保持良好的人际关系";"至善"就是"为实现尽善尽美的目标而努力"。通过学习《大学》《论语》《孟子》《孝经》这四部儒家的经典,来确立"商业之道在于德"的思想,以此建立人性管理模式。每天早晨,全体学员集合,各自面向自己的家乡,遥拜父母,心中默念《孝经》:"孝,德之本也","身体发肤,受之父母,不敢毁伤,孝之始也。立身行道,扬名于后世,以显父母,孝之终也。"然后,每一个成员正襟危坐,双手合十,口诵"五观之偈",进行自身反省。其五偈——第一偈:"此膳耗费多少劳力";第二偈:"自己是否有享用此膳之功德";第三偈:"以清静寡欲为宗";第四偈:"作为健全身心之良药享用此膳";第五偈:"为走人之正道享用此膳"。松下就是用这样的方法来塑造人性,培养人的至善的仁德。如果一个人连自己的父母都不孝,说明他已经没有仁德了,人性已经发生了异化,怎么能去爱别人呢?松下公司通过学习孝道和儒家推己及人的思想,培养员工的仁爱之心,促进企业的有效管理,实现自己的企业思想。

二、儒家文化对韩国企业积极的影响

韩国的企业文化既不同于欧美,也不同于日本。它是儒家文化、日本文化和西方文化共同作用的企业文化,具有较强的亲和力,其中儒家思想在其中占据主导地位。

(一)和衷共济的团队精神

儒家思想注重"天时不如地利,地利不如人和"的群体意识和团队精神,认为人类社会靠的是有社会组织的群体力量,个人的命运与群体息息相关,整体高于个人,个人应倡导"苟利国家,不求富贵;苟利社稷,则不顾其身"的整体主义原则。在韩国企业文化中,集体主义和团队精神是一个道德原则,在强调充分发挥每个人的积极性、创造性和尊重个人利益的同时,反对极端个人主义和利己主义。

儒家文化从人的群体性出发,主张和为贵,"爱人者人常爱之,敬人者人常敬之",它要求人们以"父义、母慈、兄友、弟恭、子孝,内外平成"的"五典"维持企业成员之间的和谐,以"礼"和"仁"来协调公共人际关系,主张"己所不欲,勿施于人",以体现对他人的尊重和友善。因此韩国企业文化不强调个人主义,注重群体和谐、关心人、敬业乐群、勤奋和谐、互相合作、上下同心等。韩国曾是以种植稻米为主的农业国,"稻耕文化"孕育了以家庭为基础的共同体意识。企业作为传统家庭的变形与扩大,构成了新的共同体,这一点也对形成和衷共济的团队文化产生一定影响。

(二)家长权威的从属关系

儒学强调"三纲五常"(君为臣纲、父为子纲、夫为妇纲、君臣有义、父子有亲、夫妇有别、长幼有序、朋友有信),并将其作为整个社会的道德标准和划分社会等级的标准。"三纲五常"的核心是"君为臣纲",即"忠君",是封建传统阶级意识的"至理",强调下级对上级绝对的忠诚和服从。因此,在韩国企业中,对经营业主的尊敬和对上司的服从被评价为美德,同时经营业主和上司以权威与慈爱带动着员工及下属。这些反映了儒教社会的两面性存续要素,即权威与和睦。同时,在君师父一体的传统理念中,通过对君师父的人伦性礼仪和义务的忠实履行来达到三者间的均衡,但实际上人们在忠孝间更倾向于后者,将孝评价为优先价值,这在近代以后对韩国企业文化的形成具有深远影响。

另外,在韩国家庭里,父亲作为家庭的长辈,要成为夫人和子女效仿的典范,并以其权威来治家。而韩国企业多为家族式管理,企业创始人非常重视家庭的血缘关系,认为具有血缘关系的亲属能够帮助自己巩固企业,所以在韩国企业主多为家长,企业管理者多为亲属。于是,家庭中家长式的权威管理被传递到企业中,形成了下属必须服从上级的垂直式从属关系和服从意识。

(三)务实勤勉的劳动意识

儒家教育思想推崇"名必有实,事必有功"的务实作风和"克勤于邦,克俭于家"的勤勉态度,主张要"谨于言而慎于行"。在儒学基础上形成的实学更是保留了这种思想,实学主张面向现实,不尚空谈,在儒学和新理学的基础上寻求更加切合现实的实际性,提出务实踏实与实事求是的价值观和生活观。20世纪70年代初韩国诞生了"新生活运动","新生活运动是改善农民生活和在农民中提倡新的劳动道德的全国性运动的一部分,其指导方针概括为'勤奋、自立和合作'这样一个口号。"不管是传统思想还是现实运动,都折射出韩国国民务实勤勉和经世致用的思想意识。

另外,韩国的企业多为私人创办,成功的创业者大都经历过白手起家、历经磨难、顽强拼搏、创造巨额财富的实践活动,而且由于韩国民族在历史上一直倍受欺压,所以韩国人又有着振兴民族的志向。吃苦耐劳、勤勉敬业的传统美德,与振兴经济、效忠祖国之志相结合,迸发出巨大的生产力,创业者的奋斗史深深地激励着企业的后来人。于是,在韩国就形成了务实勤勉的劳动意识和工作风格。

(四)重教尚贤的人才观念

在儒家文化根深蒂固的影响下,韩国民众具有重视教育和人才的传统。中古以前的孔子在韩国更多的是作为教育圣人的形象,古代韩国人接受了儒家"君子喻于义,小人喻于利""学而优则仕"等思想,主要在人性伦理上重视对人的教育,他们视受教育高低与否来论人的高下。儒家重视教育,更重视学习,把学习与修身、齐家、治国、平天下等直接联系起来。在学习化时代的今天来理解儒家的这种思想,就是将学习放在首位,树立终身教育、终身学习的观念并付诸实践。

新儒教伦理强调人的学习、修养和教育,强调十年树木、百年树人,对教育赋予了极高的价值。接受过良好教育是通向较高社会地位的途径,全社会都形成了尊师重教、崇尚人才的风气,在企业也不例外。企业录用新职员时,非常注重学历,高学历意味着良好的资质,能获得较高职位。并且十分推崇终生学习的思想,十分重视员工的在职培训,使企业拥有了高素质的人力资源,"人才第一"的思想渗透在企业的经营活动中。

正是坚持以人为本,培养、凝练成一种向上的企业精神,树立起强大的精神支柱,才使员工有了一种共同的理想和追求,从而产生了强大的向心力和感召力。以人为本的人力资源思想,已成为韩国企业发展的重要因素。

结束语

　　总之,不论是东方还是西方,成功的企业都把做人、端正人的生活目的和人的道德性作为企业文化的重要内容,作为经营管理的重要原则和要求。市场经济本身不是目的,健康、健全的人本身才是目的。市场经济的发展离不开人。健康健全的、有德行的员工的培育,商业道德、企业精神与氛围的形成,都有助于市场经济的繁荣和企业的兴旺。我们要把人性中善良、崇高的方面扩充出来,对人性中丑恶、卑劣、低俗的方面加以抑制,仅仅靠道德意识、原则、规范和伦理生活秩序本身是远远不够的,还必须有赖于经济关系、政治机制、法律结构、教育程度、社会文化、家庭伦理等客观基础、条件和各因素的配合。当然,反过来说,新时代的德道伦理,能促进个人道德的自我完善,促进社会公德的健康确立,在社会公正的基础上,明晰公民的责任、义务,维护公民的权利、利益、尊严与价值,同时促进社会理想的实现。

参考文献

[1]杨朝明.儒家文明蕴含时代正能量.齐鲁网,2014—01—03.

[2]苏展.习近平对传统文化现代转换尤其感兴趣[EB/OL].http://www.thepaper.cn,2014—09—26.

[3]田天沐.儒家文化对现代企业文化发展的影响[J].市场周刊.2005—09—27.

[4]张德苏.儒家文化与现代经济的发展[EB/OL].青岛市情网,2011—10—11.

[5]杨悦.文化对经济的影响与作用——一种交易成本理论的解释[D].上海:复旦大学,2004.

[6]刘光明.企业文化[M].北京:经济管理出版社,2004.

[7]华锐.新世纪中国企业文化[M].北京:企业管理出版社,2000.

[8]屈燕妮.中国传统文化对现代企业文化构建的影响[J].企业战略,2008.

[9]陈亭楠.现代企业文化[M].北京:企业管理出版社,2003.

[10]杨淑芳.论儒家思想对现代企业文化的影响[J].山东企业管理,2004(8).

[11]汪宇燕.论儒家文化与现代企业文化[J].郑州航空工业管理学院学报,2005.

[12]邱丽莉.儒家传统思想对现代企业管理的启示[J].经济师,2000(7).

[13]潘承烈,虞祖尧,等.中国古代管理思想之今用[M].北京:中国人民大学出版社,2001.

[14]王德清.中外管理思想史[M].重庆:重庆大学出版社,2005.

[15]曾仕强.管理大道:中国管理哲学的现代化应用[M].北京:北京大学出版社,2001.

[16]曾仕强.中国式领导:以人为本的管理艺术[M].北京:北京大学出版社,2005.

[17]朱迁,袁佳.论中国古代管理思想对当代企业管理的借鉴意义——以儒家、法家思想为例[J].经营管理,2011(17).

[18]陈世骇.中国古代管理思想与现代经营管理[M].大连:东北财经大学出版社,1997.

[19]任多伦.论中国企业管理思想的起源[J].商道,2011(4).

[20]姜官颖.儒家中庸思想对现代企业管理的重要意义[J].中国商界,2010(6).

[21]佘焕新.试论管理思想的古为今用[J].江西教育学院学报,2010(8).

[22]邵汉明.儒家哲学智慧[M].长春:吉林人民出版社,2005.

[23]申望.企业文化实务[M].北京:民主与建设出版社,2003.

[24]宫达非,胡伟希.儒商读本·外五卷[M].昆明:云南人民出版社,1999.

[25]唐凯麟,曹刚.重释传统:儒家思想的现代价值评估[M].上海:华东师范大学出版社,2000.

[26]宫达非,胡伟希.儒商读本·人物卷[M].昆明:云南人民出版社,1999.

[27]姜林祥,薛君度.儒学与社会现代[M].广州:广东教育出版社,2004.

[28]游唤民.孔子思想及其现代意义[M].长沙:岳麓书社,1994.

[29]罗长海.企业文化学[M].北京:中国人民大学出版社,2001.

[30]云冠平,陈乔之.东南亚华人企业经营管理研究[M].北京:经济管理出版社,2000.

[31]解晓燕.儒家管理思想与现代企业柔性管理研究[D].青岛:中国石油大学,2008.

[32]胡君.基于组织变革的员工关系管理研究[D].南昌:江西财经大学,2004.

[33]刘萍萍.员工关系管理的发展及其内容探析[J].企业物流,2009(6).

[34]邢洪军.儒家思想文化与现代企业管理[D].长春:长春工业大学,2007.

[35]王克.董仲舒的管理哲学[D].济南:山东大学,2008.

[36]张锋.把握员工关系管理的拐点[J].企业改革与管理,2005(5).

[37]魏蕾.传统儒家思想对现代人力资源管理的启示[J].科技信息,2011(5).

[38]窦丽萍,沈顺福.论儒家思想中的和谐理念及其现实意义[D].济南:山东大学,2008.

[39]陈晶.儒家人本管理思想对现代管理之借鉴研究[D].福州:福建师范大学,2013.

[40]龙士云.论儒家思想的核心价值与先进文化特性[J].湖北大学学报,2005(7).

[41]王晓梅.浅析儒家文化与现代企业管理[J].滁州师专学报,2002(12).

[42]王文松.儒家人本思想对现代人力资源管理的启示[J].人力资源,2009(1).

[43]宋建民.儒家人本哲学与人力资源管理[J].财经理论与实践(双月刊),2001(7).

[44]罗婕.我国企业员工关系管理策略研究[D].南宁:广西大学,2008.

[45]史保金.西方企业员工关系管理理论的逻辑发展[J].企业活力,2006(6).

[46]高天好,王寿鹏.儒家王道思想及其对现代管理的启示[J].管理纵横,2010(7).

[47]徐华新.儒家人本思想对现代企业管理的影响[J].商场现代化,2006(5):130.

[48]赵克诚.员工关系的影响因素及其对策[J].管理纵横,2000(8).

[49]冯沪祥.中国传统哲学与现代管理[M].济南:山东大学出版社,2000.

[50]吕巧凤.儒家的人本思想及其与现代管理理念的契合[J].理论探讨,2004.

[51]周臻,揭鸿雁.儒家思想与现代企业管理[J].江西化工,2005(1):141—142.

[52]唐凯麟,曹刚.儒家思想的现代价值评估[M].上海:华东师范大学出版社,2000.

[53]罗伟玲.先秦儒家"社会和谐观"之现代反思[J].广东技术师范学院学报(社会科学版),2015(4).

[54]李利.浅析儒家和谐思想及其当代价值[J].太原城市职业技术学院学报,2015(2).

[55]万贺,何强.儒家"和"的思想对构建和谐社会的启示[J].现代交际,2015(1).

[56]李香.儒家"仁"在企业文化建设中的底蕴作用[D].长沙:中南大学,2009(5).

[57]杜慧.儒家文化与近代山西社会[D].济南:山东师范大学,2012.

[58]周建华.儒家"诚信"思想对当代企业信用文化建设的启示.中共山西省直机关党校学报,2013(4).

[59]朱熹.四书章句集注[M].北京:中华书局,2011.

[60]杜振吉.儒家的诚信思想及其现代价值[J].山东社会科学,2012(3).

[61]陈婕.中国商业伦理的当代构建[D].上海:复旦大学,2010.

[62]涂可国.儒家诚信伦理及其价值观意蕴[J].齐鲁学刊,2014(3).

[63]张正明,张舒.晋商兴衰史[M].太原:山西经济出版社,2010.

[64]郭齐勇.中国儒学之精神[M].上海:复旦大学出版社,2009.

[65]戢斗勇.以义取利的生意经[M].济南:山东教育出版社,2011.

[66]山东省儒学研究基地,曲阜师范大学孔子文化学院.孔子·儒学研究文丛(一)[M].济南:齐鲁书社,2001.

[67]任中杰.中国传统义利观的诠释学审视[J].管子学刊,2005(3).

[68]张启伟.传统义利观的历史发展及其当代价值[D].哈尔滨:哈尔滨工业大学,2007.

[69]张立文.儒学的生命在于创新[N].光明日报,2011－01－24.

[70]易孜.儒家文化的精髓及其现代意义[EB/OL].http://www.360doc.com/content/11/1216/20/1311767_172798013.shtml.

后　记

　　在全社会大力弘扬中华优秀传统文化的背景下，济宁职业技术学院在长期办学实践中形成了"产教互融、校企共同、学岗直通、文化育人"的办学特色。依托儒家文化发祥地的区域优势，传承儒家文化"仁和"精髓，遵循孔子"学以致用、学以致道"技道兼修的教育思想，培育"仁爱、和谐、敬业、诚信"儒风雅韵的校园文化。坚持校园文化"三进一融入"，把传承中国优秀传统文化和对学生的"仁和敬信"素质教育结合起来。为构建融合经典儒家文化、融通现代企业文化、融入地域"非遗"文化的"文化三融"育人文化体系，推进儒家文化走进大学课堂，我们组织校内外专家学者开发了儒家文化与企业发展课程，并编写了本书。

　　本书在编写过程中得到了中国孔子研究院、济宁市儒家文化与企业发展协会、曲阜师范大学、济宁学院、山东如意集团和济宁市圣程教育集团的大力支持。这些单位领导建言献策，出人出力，提供资料及线索，在此一并致谢！同时，济宁职业技术学院领导对课程开发和本书编著工作十分关心，并给予支持、指导和帮助，在此，本书编委会表示衷心感谢！

　　由于时间紧、任务重，加之作者水平不高，书中会有一些不妥之处，请读者不吝指正，我们一定虚心接受意见和建议，进一步纠正和完善，使中华传统文化和现代企业发展有机结合起来，成为古为今用、推动经济和社会发展的文化瑰宝。

《儒商文化》编委会
2017 年 10 月 7 日